D1688656

C·H·Beck
PAPERBACK

Unverkäufliches, unkorrigiertes Leseexemplar

Jegliche Form der Berichterstattung vor Ablauf der
Sperrfrist am 20.2.2025 ist nur mit vorheriger schriftlicher
Genehmigung des Verlags C.H.Beck erlaubt.

Vielen Dank für Ihr Verständnis.

«Ich war mit einem Plan hergekommen – zehn langweilige Tage sitzen, darüber nachdenken, wie toll ich war, darüber nachdenken, wie meine Beziehung zu Evelyn in die Brüche gegangen war, nach Hause fahren und alles in Ordnung bringen –, aber wie der Philosoph Mike Tyson einmal sagte: ‹Jeder hat einen Plan, bis er eins aufs Maul bekommt.›»

Adam und Evelyn stecken in einer Sackgasse. Ihr Kinderwunsch ist seit zwei Jahren unerfüllt, ihre Beziehung droht ihnen zu entgleiten. Hinter seinem Rücken meldet sie ihn für ein Vipassana-Retreat an: Zehn Tage Schweigen, zehn Tage Meditieren, zwölf Stunden am Tag! Ohne Bücher, ohne Handy, ohne Internet! Was in diesen zehn Tagen passiert, hat das Zeug dazu, sein Leben umzukrempeln – wenn er nur alles überlebt. Am zweiten Tag hat sich sein Verstand in eine Horde wildgewordener Affen verwandelt, die ihn erbarmungslos attackieren. Ihre Waffen: Fehlschläge, Verletzungen, Enttäuschungen aus seiner Vergangenheit. Auf Schmerz und Wirrnis folgt Wahnsinn – und ein denkwürdiges Gespräch mit einem Wurm. In seinem schonungslos offenen, komischen und berührenden Buch nimmt Adam Fletcher uns mit auf einen Roadtrip ohne Reiseversicherung: ins eigene Innere, wo er schließlich lernt, sich selbst zuzuhören – und wieder hinaus, zu den Menschen und zur Liebe seines Lebens.

Adam Fletcher, 1983 in England geboren, lebt seit 2010 in Berlin. Nachdem er die halbe Welt bereist hatte, stand ihm seine größte Reise noch bevor: die Reise zu sich selbst. Bei C.H.Beck erschienen seine Kultbücher *Wie man Deutscher wird in 50 einfachen Schritten. Eine Anleitung von Apfelsaftschorle bis Tschüss* (^{15}2023) und *So Sorry. Ein Brite erklärt sein komisches Land* (^{3}2022).

Adam Fletcher

IN DER RUHE LIEGT DER WAHNSINN

Wie ich in einem
10-tägigen Schweige-Retreat
den Verstand verlor,
aber mein Glück und alles andere fand

Aus dem Englischen von
Ingo Herzke

C.H.Beck

Originalausgabe
© Verlag C.H.Beck oHG, München 2025
Wilhelmstraße 9, 80801 München, info@beck.de
Alle urheberrechtlichen Nutzungsrechte bleiben vorbehalten.
Der Verlag behält sich auch das Recht vor, Vervielfältigungen dieses
Werks zum Zwecke des Text and Data Mining vorzunehmen.
www.chbeck.de
Umschlaggestaltung und Illustration: buxdesign | München,
Ruth Botzenhardt, unter Verwendung des Autorenfotos:
© Susanne Schleyer – autorenarchiv.de
Satz: C.H.Beck.Media.Solutions, Nördlingen
Druck und Bindung: CPI – Ebner & Spiegel, Ulm
Gedruckt auf säurefreiem und alterungsbeständigem Papier
Printed in Germany
ISBN 978 3 406 82438 8

verantwortungsbewusst produziert
www.chbeck.de/nachhaltig
produktsicherheit.beck.de

«When there is nothing left to burn,
you have to set yourself on fire.»

Stars, *Your Ex-Lover Is Dead*

***

All jenen gewidmet,
die ich im Lauf der Zeit entfreundet habe.
Es tut mir leid, dass ich kein besserer Mensch war.

VORBEMERKUNG

Ich habe Namen und Erkennungsmerkmale vieler Menschen in diesem Buch geändert (einem sogar einen Bart zugefügt!), weil ich fragwürdige Dinge über sie sage und nicht will, dass sie mich finden und verprügeln. Ich habe eine zarte Konstitution, die Prügel nicht gut verträgt. Auch den Namen meiner Partnerin habe ich verändert, weil sie mich darum gebeten hat und wir die Wohnung teilen, weshalb sie mich ganz leicht verprügeln kann, sogar im Schlaf.

In diesem Buch werden die beiden schlimmsten Jahre (Unfruchtbarkeit) und die beiden schlimmsten Wochen (Vipassana) meines Lebens auf eine Art und Weise vermengt und komprimiert, die meiner Meinung nach Ihren Lesegenuss erhöht, sich aber zugleich große Freiheiten mit dem Wie und Wann der tatsächlichen Ereignisse herausnimmt. Bitte verzeihen Sie mir dieses Glattbügeln der Geschichte.

Ich habe auf jeden Fall *alle* Ereignisse drin gelassen, bei denen ich so richtig dumm dastehe.

Gern geschehen.

Legen wir los ...

1. KAPITEL

Bad Neudorf*, Deutschland

In meinem Kopf war irgendeine Sicherung durchgebrannt. Ich packte die Zaunstangen am oberen Ende und schwang mein Bein darüber. Sie hatten gesagt, hier gebe es keine Zäune. Es sei kein Gefängnis.

Sie hatten gelogen.

Herzukommen war keine gute Idee gewesen. *Ihre* Idee. Ich war nicht stark genug für diesen Ort. Würde nicht bis zum Ende durchhalten, selbst wenn unsere Beziehung auf dem Spiel stand.

Ich sah auf die kahlen Felder jenseits des Zauns und in der Ferne dahinter diese Kleinstadt. Ein Ort, wo es ein normales Leben gab, normale Menschen, normale Cheeseburger.

GIN & TONIC.

Ich schwang das andere Bein über den Zaun, sodass ich auf den schmalen Holzlatten saß, die unter mir wackelten. Es war nur ein kleiner Sprung in die Freiheit. Wenn ich unten war, könnte ich rennen, was hier auch verboten war. Hier war alles verboten.

Wollte ich das wirklich tun?

Ja.

Moment, war das ein Pfiff? Ich sah mich um in Richtung Camp.

---

* Ich habe vergessen, den Namen der Stadt zu notieren, aber alle Provinzstädte in Deutschland haben ein Bad vor dem und ein Neu- im Namen, also besteht eine etwa fünfzigprozentige Chance, dass sie Bad Neudorf hieß, und wenn nicht, dann hieße sie jedenfalls gern so.

Er war es. Der junge Uri Geller. Er kam mit dem breiten, durchgeknallten Grinsen auf mich zu, das er immer im Gesicht trug.

«Kommen Sie herunter», sagte er und knipste dann zu meinem Erstaunen das Lächeln aus. «Ich habe schlechte Nachrichten.»

2. KAPITEL

Evelyn: Wo bist du?

Adam: Büro.

Evelyn: Heute ist Samstag.

Adam: Deadline.

Evelyn: Du setzt deine Deadlines selbst.

Adam: Ich bin eben ein strenger Projektleiter ...

Evelyn: Komm nach Hause. Ich hab eine Überraschung.

Ich richtete mich auf und klappte den Laptop zu. Ich lümmelte auf dem schwarzen Ledersofa im Büro und schaute mir eine packende Dokumentation über Aktivisten in Schottland an, die Widerstand gegen den Bau eines Golfplatzes leisteten. Heldinnen und Helden. Es war tatsächlich Samstag, aber das war kein Grund, diesen Ort nicht als Ausrede vorzuschieben, um nicht zu Hause zu sein, in der Wohnung, die ich mit meiner Freundin Evelyn teilte, einer Frau, die einmal vollkommen gewesen war und es, wie ich hoffte, auch wieder werden könnte.

In letzter Zeit kam ich meist hierher, um ihr auszuweichen.

Womit wollte sie mich überraschen? Wieso wollte sie mich überhaupt überraschen? Sie wusste doch, dass ich Überraschungen hasste. Es konnte doch nicht ... oder doch? Ich blätterte in meinem geistigen Kalender. Nein. Es war noch drei oder vier Tage hin. Und sie erzählte zwar dauernd, wie normal sie sich fühlte, aber sie war auch ungeheuer pessimistisch geworden – sie war ihre eigene Regenwolke. Unser Leben war sehr nass geworden.

Ich ging auf die Straße und stieg auf mein Rad. Zehn Minuten und drei Beinahe-Zusammenstöße mit SUVs später öffnete ich die graue Eingangstür unseres Mietshauses und trottete die Treppe hinauf.

Erster Stock.

Zweiter Stock.

Dritter Stock.

Dauerte das sonst nicht länger? Wieso waren es plötzlich nur so wenige Stufen? Hatte jemand Stufen entfernt? Normalerweise wünschte ich mir weniger Treppensteigen; das war jetzt vorbei.

Vierter Stock.

Unsere Wohnungstür.

Ich zog mein Handy aus der Tasche, wischte ein bisschen herum, steckte es wieder ein, überlegte, die Treppen wieder hinunterzusteigen und noch langsamer wieder raufzukommen. Vielleicht auf dem Bauch kriechend. In was für einer Stimmung war sie wohl? Unmöglich einzuschätzen, aber sicher irgendwo zwischen stiller Verzweiflung und … sehr lauter Verzweiflung.

Ich machte die Tür auf. «Hey», rief ich durch den Flur.

«Hi», sagte sie und trat aus der Küchentür, die widerspenstigen blonden Haare zu einem losen Pferdeschwanz gebunden. Sie trug einen blauen Strickpullover und flauschige weiße Pantoffeln, hatte eine rote Teetasse in der Hand und sah aus wie eine Werbung für Kamillentee. Sie führte Krieg mit ihrem Körper und gönnte ihm keine schönen Sachen mehr, nur noch Schlabberklamotten. Zu ihren Füßen lag meine vollgestopfte Adidas-Sporttasche. Die normalerweise hinten unten in unserem Kleiderschrank lebte.

Warum liegt die da? Schmeißt sie mich raus? Möchte ich rausgeschmissen werden? Was ist das für ein Gefühl … Erleichterung?

Moment. Neben der Tasche. Aufgerollt und rot. Ein Kissen? Zwei Kissen? Eine Yogamatte? Ich besaß keine Yogamatte. Yoga war bloß synchrones Verbiegen; ich hasste Verbiegen.

«Willst du verreisen?» Ich neigte den Kopf in Richtung Reisetasche mit gespielter Gelassenheit, wofür ich sowohl ein angeborenes Talent als auch reichlich Übung hatte.

Sie schloss die Augen und öffnete sie wieder. «Das ist *deine* Tasche, Sherlock.»

«Ach ja … stimmt.»

«*Du* verreist.» Sie lächelte verschmitzt, ihre schmalen Augenbrauen zuckten kurz nach oben. «Aber zuerst müssen wir reden. Couch?»

Ich wandte mich zur Wohnzimmertür. «O-o-kay?»

Sie folgte mir zu unserer weißen Vintage-Couch. Wir hatten den Dreisitzer zusammen entdeckt, in einem Trödelladen, der sich als Antiquitätenhandel aufspielte, gleich nach meinem Einzug vor zwei Jahren. Damals hatten wir so viele Abende darauf gekuschelt und geknutscht, während Hintergrundmusik aus den Boxen säuselte, hatten uns Geschichten erzählt und Wein getrunken und gegessen, was sie an dem Tag gekocht hatte. Ich hatte in fünf Monaten fünf Kilo zugenommen.

Inzwischen war es vor allem meine Couch. Sie saß lieber auf dem roten Sofa an der anderen Wand. Der flache, rechteckige skandinavische Couchtisch dazwischen war leer – bis auf einen Stapel Zeitschriftenartikel mit Unterstreichungen, Markierungen und Klebezetteln. Sie las offenbar wieder nächtelang, wühlte sich durch Fakten und Meinungen, tauchte mit neuen Zweifeln aus dem Kaninchenbau auf.

Ich setzte mich an die Wandseite, sie nahm auf der Türseite Platz. Der mittlere Sitz blieb leer: Niemandsland. Ich schaute auf die Deko-Wand, die wir fliederfarben gestrichen hatten. Dort hing ein gerahmtes Foto von uns in Winnie, dem Tuk-Tuk, mit dem wir gemeinsam in Indien ein Rennen gefahren waren, gleich nachdem wir uns kennengelernt hatten. Sie saß am Steuer, ich lehnte mich seitlich heraus und hielt den Selfie-Stick.

Der erste Rausch unserer Beziehung, noch bevor wir überhaupt wussten, dass daraus eine Beziehung werden würde. Ich erkannte uns nicht wieder. Das war ein goldenes Jahr gewesen – das Tuk-Tuk-Rennen, drei intensive Monate in der Türkei, eine gemeinsame Wohnung, weitere Abenteuer in Thailand und Sri Lanka, und die ganze Zeit blieb unsere Liebe hell, rein, unberührt. Eine Geschichte, die wir selbst kontrollierten, jedes neue Kapitel besser als das vorherige.

Auf der anderen Seite des Raums disharmonierte ihr öde gestreifter türkischer Läufer mit meinem herrlich gemusterten persischen Teppich, sie zankten sich wie ein altes Ehepaar, das weder alt noch verheiratet sein wollte. Warum hatten wir versucht, aus zwei absolut anständigen Wohnzimmern diesen krass überladenen Kulturkampf zu machen? Die Kerze in der Tischmitte war seit Monaten unverändert groß. Wann hatten wir zuletzt Gäste eingeladen? Wenn selbst ich nicht hier sein wollte, warum sollte es irgendjemand anderes wollen?

Sie stellte ihre Tasse auf den Couchtisch. «Also», sagte sie und kapselte sich ein, zog die Beine an, rückte nach hinten, lehnte sich an mehrere Kissen und die feste Seitenlehne, die Knie vor der Brust. Die Verteidigungshaltung für den wahrscheinlich folgenden Verbalkrieg. Ich hatte das Gefühl, in einen Bienenschwarm geworfen zu werden. Sie umschwirrten mich und stachen mir die Kehle zu. War's das? War dies tatsächlich das Ende?

Ich verschränkte die Arme. Löste sie wieder. Verschränkte sie wieder. «Du kommst nicht gut mit der Sache klar.» Sie musste gar nicht ausführen, was *die Sache* bedeutete. *Die Sache* beherrschte unser Leben. Oder genauer gesagt, unsere immer invasiveren Versuche, *die Sache* abzuwenden.

«Ich?», entgegnete ich empört. «Ich komme sehr gut damit klar. Du hast Probleme.»

«Nein.» Sie wappnete sich, blinzelte eine Träne weg. Warum? In den letzten Monaten hatte ich sie so oft weinen sehen, dass es mich nicht mehr berührte. Das war wie das Wetter, es kam und ging wieder.

«Du arbeitest nicht daran», sagte sie.

«Wir haben daran gearbeitet. Sie haben gesagt, diesmal sei alles perfekt gelaufen. Es *wird* klappen. Du musst nur daran glauben.

Have a little faith.» Und ich wackelte in Gedenken an George Michael mit den Hüften.

«Es wird nicht klappen. Wir hätten die ultra-lange Prozedur machen sollen, aber es wollte mich ja niemand lassen.»

«Ist noch viel zu früh, um sicher zu sein.»

Sie holte tief Luft und atmete resigniert aus. «Nein, ist es nicht. Jedenfalls: Erinnerst du dich an den Flyer, auf den wir in der Klinik gestoßen sind? *Vipassana*», sagte sie, ein Wort wie ein Pistolenschuss. «Ich habe da noch am selben Tag hingeschrieben, weil ich wusste, du würdest es nicht tun.»

Ich erinnerte mich. Ein zehntägiges Schweige-Retreat mit dem Versprechen, meinen Geist frei zu machen und meine Seele im Aufwind innerer Einsichten in die Höhe steigen zu lassen.

Meine Augen wurden schmal. «Du bist echt hinterhältig, weißt du das?»

Sie zuckte die Achseln. «Kann sein. Wir haben nur noch zwei Zyklen, wenn dieser hier scheitert. Du musst dich mal damit beschäftigen, was danach passiert.»

«Es wird wieder so, wie es mal war?», sagte ich etwas lauter. «Wir haben wieder Spaß? Wie früher? Als wir Spaß hatten? Du erinnerst dich doch, dass wir einmal Spaß hatten, oder?»

«Vielleicht sind wir über den Spaß hinaus. Post-Spaß, sozusagen.»

«Und wie soll Vipassana mir da weiterhelfen? *Du* hast doch deinen Humor verloren, nicht ich.»

«Der Humor ist ja vielleicht Teil des Problems.»

«Humor ist nie das Problem.»

«Humor ist ein Schutzschild. Und da du ja keine Paartherapie mit mir machen willst. Und auch keine allein.» Sie schüttelte den Kopf, als würde sie die Dummheit dieser Haltung immer noch schmerzen. Als wäre sie es, die von einem Bienenschwarm angegriffen wurde. «Muss das hier eben reichen. Bei so viel Zeit *musst* du einfach irgendwas über dich selbst erkennen. Und über uns. Ob es noch ein *Uns* geben wird.»

«ES WIRD EIN UNS GEBEN.»

«Dein Zug geht in einer Stunde», sagte sie.

«Was?» Mir wurde schwarz vor Augen. «Nein. Wieso?»

«Ich habe versucht, später im Jahr was zu kriegen. Für nach der … du weißt schon.» Ich wusste. «Aber es ist immer ausgebucht. Offenbar versuchen die Leute jahrelang, einen Platz zu kriegen. Heute morgen haben sie mich angerufen. Jemand hat abgesagt. Und wer kriegt schon so kurzfristig elf Tage frei?» Sie gluckste vergnügt. «Nur du.»

«Aber ich halte gar nichts vom Meditieren. Da sitzt man bloß mit geschlossenen Augen rum und darf nicht einschlafen.»

«Es geht doch nicht ums Meditieren.»

Ich sah mich hektisch im Zimmer um. «Aber wenn ich das tatsächlich machen sollte, was ich aber nicht werde, weil es bescheuert ist, dann bräuchte ich Zeit zum Vorbereiten, und in vier Tagen wissen wir Bescheid, richtig?»

Sie drückte an ihrem Ohr herum. «Es hat nicht geklappt. Es klappt nie. Wie lange versuchen wir es schon?»

«Sprich die Zahl nicht aus.»

«Und selbst *wenn*», sagte sie und verdrehte die Augen, weil es so unmöglich war, «und du es ein paar Tage später erfährst, das ist doch keine große Sache, oder?»

«Nein, stimmt.»

«Ich würde es mir nicht unbedingt so wünschen, aber ich wünsche mir das alles nicht so.»

Ich zupfte an den Härchen meiner Unterarme. «Ich kann zehn Tage schweigend herumsitzen, aber lernen werde ich nichts.»

«Wirst du. Wenn du durchhältst. Viele Leute brechen ab.»

«Abbrechen würde ich nicht. Ich kann mir vorstellen, wieso das vielen Menschen schwerfällt, aber mir nicht. Aber ich kann es mir sowieso nicht leisten. Das letzte Jahr hat uns ziemlich ruiniert.»

«Es kostet nichts», sagte sie. «Oder vielmehr: Du zahlst, so viel du willst.»

Mir fiel die Kinnlade herunter. «Warum bieten sie das denn gratis an?»

«Weil sie richtig davon überzeugt sind vielleicht?»
«Was für Trottel.»
Wir saßen uns schweigend gegenüber, musterten uns gegenseitig, hielten unbeirrt Blickkontakt. Es kam mir vor wie am Ende einer Pokerrunde, wenn man ganz sicher zu wissen glaubt, was der andere auf der Hand hat, aber jetzt entscheiden muss, wie viel man auf das zu setzen bereit ist, was man zu wissen glaubt. Ich wollte eigentlich nicht dahin, aber andererseits wollte ich auch nicht hier sein. Und mir gefiel auch nicht, dass sie dachte, ich würde nicht durchhalten. Ich wollte ihr das Gegenteil beweisen. Es ihr zeigen. «Ich brauche Zeit zur Vorbereitung.»

«Warum musst du dich auf etwas vorbereiten, was dir so leichtfällt?», konterte sie.

«Hmmm.»

«Und ich habe es ja selbst gerade erst erfahren. Und du warst wieder mal unterwegs, irgendwo, wie üblich.»

Ein kleiner Schuldblitz durchzuckte mich.

«Und ich musste Meditationskissen kaufen», sagte sie.

«Glaubst du wirklich, dass ich nicht zehn Tage lang allein in einem Zimmer sitzen kann?»

«Spielt es eine Rolle, was ich denke?»

«Über mich?» Ich runzelte die Stirn. «Ja.»

«Nein. Ich glaube nicht, dass du zehn Tage allein in einem Zimmer sitzen kannst. Jedenfalls nicht, ohne zu schreiben.»

«Darf ich denn schreiben?»

«Nein.»

«Mist.»

Sie zuckte die Schultern. «Tja.»

«Ich bin mit mir im Reinen», sagte ich. «Meine Gedanken greifen mich nicht ständig so an wie deine.»

«Doch, tun sie», antwortete sie. «Nur anders. Wir haben irgendwie die Kontrolle über diese Sache verloren.» Schon wieder diese *Sache*. «Und ich versuche zu verstehen wieso. Und du musst das bitte auch tun, okay? Und dort kannst du das. Das wird dich dazu bringen.»

«Aber meine Verteidigung steht felsenfest. Meine Bücher sind meine Therapie.»

«Nein», sagte sie. «Meine Güte, manchmal habe ich das Gefühl, ich kenne dich besser als du dich selbst.»

Ich lachte oder versuchte es jedenfalls, es kam aber nur ein Schnauben heraus. «Das ist ja eine kühne Behauptung.»

«Du musst über eine ganze Menge nachdenken», sagte sie.

«Wir haben immer noch Optionen.» Ich griff nach ihrer Hand, doch die wollte sie mir nicht reichen.

«Nicht wirklich», sagte sie. «Tut mir leid, dass es jetzt sein muss, aber das ist es wert. Mach es. *Bitte.*»

Ich wich ihrem Blick aus und schaute aus dem Fenster zum Haus gegenüber. Dort hatte ein Paar vor Kurzem ein Kind bekommen, und sie schaukelten es vor ihrem großen Fenster, bewegten die Lippen dabei.

«Fünfzig Minuten», sagte sie. «Dein Zug.»

«Scheiße.»

«Ja.»

3. KAPITEL

Nach einem irren Sprint mit Kissen im Schlepptau ließ ich mich im Zug auf einen Sitz fallen. Ein Pfiff ertönte, und bald verschwand die Stadt wie ein schlechter Traum von Moderne, wurde abgelöst von dem, was Deutschland am besten kann – flache braune Äcker. Will es das Bild ein bisschen aufpeppen, stellt es eine grasende Kuh hinein. Und wenn es mal so richtig verrückt drauf ist, stellt es die Kuh auf einen kleinen Hügel.

Ich setzte meine großen schwarzen Kopfhörer auf, hörte laut Kate Bush, um mich besser zu fühlen, und machte es mir für die Fahrt bequem. Manche Menschen wären vielleicht nervös geworden angesichts der Nummer, in die ich gerade eingewilligt hatte – vor allem, wenn ihre bessere Hälfte überzeugt war, dass es intensiv, anstrengend und herausfordernd werden würde –, aber ich war vor allem froh, elf Tage für mich zu haben. Elf Tage, die ich nicht in den Trümmern unserer Beziehung würde verbringen müssen. Es fühlte sich an, als wäre ich aus dem Gefängnis entlassen und sofort in den Urlaub geschickt worden. Zwar nicht kostenlos, aber fast genauso gut: So viel zahlen, wie man will.

Ich wollte sehr wenig zahlen.

Was Evelyn getan hatte, war seltsam, aber nicht untypisch. Sie hatte mich schließlich aus einer Laune heraus nach Indien mitgenommen, gerade mal einen Abend nachdem wir uns kennengelernt hatten. Kurz nach unserer Rückkehr hatte sie uns für drei Monate nach Istanbul entführt. Sie war impulsiv, das mochte ich an ihr. Und das hier war schließlich auch so eine Art Urlaub. Nur dass der Trip in die Tiefen meines Geistes gehen sollte, eines meiner liebsten Reiseziele.

Ich kenne dich besser als du dich selbst. Dieses Prachtexemplar von einem Satz unterhielt mich die ganze vierstündige Zugfahrt lang. Seit sechsunddreißig Jahren lebte ich in der Festung meines Denkens. Wie konnte eine Person, die nur deren gepflegten Vorgarten betreten hatte, etwas von den Überzeugungen und Wahnvorstellungen, den Träumen und Traumata, den Spleens und Neurosen ahnen, die sich hinter den hohen, gut bewachten Mauern verbergen?

Viele traurige Kühe später setzte der Zug mich in einer abstoßend mittelmäßigen deutschen Kleinstadt ab: ein zugiger, ungeheizter Bahnhof, zwei Billigbäcker (einander gegenüber und, so nahm ich an, im Krieg um Kunden), ein welker Blumenladen, ein griechisches Restaurant und Nieselregen, der auf makellos gepflasterte Straßen tröpfelte, über die alte Menschen in jungen Autos sausten. Eine Frau rammte mich mit ihren Kissen, als sie auf einen schmutzfleckigen Kleinbus zuhastete. Er war das einzige Fahrzeug auf dem Bahnhofsparkplatz. Warum hatte sie es so eilig, fragte ich mich, bis mir einfiel, dass sie das hier tatsächlich *wollte*. Sie wollte unbedingt Vipassana lernen, unbedingt ihren Geist aus den Fesseln seiner Gedanken befreien.

Ich folgte ihr.

Die Fahrt zum Retreat-Zentrum führte nur wenige Minuten über leere Landstraßen durch sanfte, grasige Hügel. Das Zentrum war wie ein großes I angelegt. An einem Ende stand ein neuer zweistöckiger Meditationssaal, am anderen Ende ein Speisesaal mit großer Terrasse nach hinten. Die Mitte bildeten vier einstöckige Backsteinbauten vor einem weiten bewaldeten Panorama, das sich bis hinunter zu einem Bauernhof erstreckte. Es sah aus wie eine Einrichtung, in der Prominente eine Menge Geld dafür bezahlten, Grünkohl-Smoothies zu trinken und mit hartnäckigen Dämonen zu ringen. Bloß war ich kein Promi. Ich würde bezahlen, was ich wollte. Und ich hatte keine Dämonen.

Ein dünnes rotes, in Hüfthöhe gespanntes Seil teilte den Fußweg in der Mitte. Ein Schild sandte Frauen auf die rechte Seite, zu ihrem Eingang, uns Männer nach links zu unserem. So war das ganze Retreat organisiert, streng nach Geschlechtern getrennt. Aber warum?

Glaubten sie wirklich, ich könnte nicht neben einer Frau meditieren? Der Anblick ihres wohlgeformten Frauenhinterns in bequemen Yoga-Leggings würde mich vom Pfad der Erleuchtung abbringen?

Ich finde, ein bisschen mehr Vertrauen hätten sie schon in uns setzen können.

Mit beschwingtem Schritt folgte ich dem Seil und legte meine Tasche auf den Haufen vor dem Eingang. Ich lächelte fröhlich vor mich hin, weil ich von zu Hause weg war. Ich ging hinein und nahm eine Broschüre vom Tisch, ehe ich mich in eine lange Schlange einreihte, die schlimmste Sorte von Schlangen. Der Raum war sehr hell. Licht strömte durch die breiten Glasschiebetüren, die auf eine enorme Terrasse hinausführten. Die Wände waren orange gestrichen, es roch nach zitronenduftigen Putzmitteln. Nur wenige Leute redeten. Ich las zufrieden meine Broschüre, als der Mann hinter mir sich demonstrativ räusperte.

Ich ignorierte ihn.

«Ha», sagte er.

Ich ignorierte ihn weiter.

Er kicherte. Dann noch einmal. «Hahaha.»

Ich drehte mich ein ganz klein wenig um. Er war ein sehr bärtiger rothaariger Bär von einem Mann mit wundervollen, durchdringenden, leicht schielenden grünen Augen. Er trat von einem Bein aufs andere und wirkte irgendwie fahrig, zerfranst, so als wäre er gerade aus einem Baum gefallen und hätte womöglich eine Gehirnerschütterung. Obwohl er wie ein vollständig ausgebildeter Erwachsener aussah, trug er eine Jeans-Latzhose, eine Seite aufgeknöpft, und darunter ein langärmliges rotes T-Shirt.

«Das erste Mal?», fragte er.

«Ja.»

Wieder gluckste er vergnügt. «Die Erstlinge erkennt man gleich. Sie sehen noch nicht verängstigt aus.»

«Wie oft waren Sie denn schon dabei?»

«Dies ist meine fünfte Vipassana.»

Ich zuckte die Achseln. «Dann kann's ja nicht so schwer sein.»

«Sie werden schon sehen», sagte er unheilschwanger.

«Okay», antwortete ich und wandte mich wieder meinem Faltblatt zu.

Vipassana ist eine der ältesten indischen Meditationstechniken. Nachdem sie der Menschheit lange Zeit abhandengekommen war, wurde sie vom Buddha vor über 2500 Jahren wiederentdeckt. Das Wort «Vipassana» bedeutet «die Dinge sehen, wie sie wirklich sind». Dies ist der Prozess der Selbstreinigung durch Selbstbeobachtung.

War ich unrein?, fragte ich mich, während ich Kate Bushs zeitlosen 80er-Klassiker *Running Up That Hill* pfiff. Dabei spürte ich den heißen Blick des Zottelbären am Hinterkopf, der unbedingt wollte, dass ich mich umdrehte und mit ihm redete. Doch ich brauchte keine Ratschläge. Das hier würde nicht schwierig werden. Bloß langweilig.

«Ja», sprach er in die Luft. «Ha.»

Ich ignorierte ihn weiter.

«Gute Broschüre?», fragte er.

Ich drehte mich sehr demonstrativ langsam um. «Hmm?»

«Ich erinnere mich noch gut an mein erstes Mal», sagte er.

«Ach ja?»

Er wippte auf den Fersen nach hinten und verdrehte die Augen himmelwärts. «Die Hölle.»

«Nein, die Broschüre ist nicht besonders gut.»

Man beginnt damit, seine natürliche Atmung zu beobachten, um den Geist zu fokussieren. Mit geschärftem Bewusstsein fährt man fort, die Veränderungen am eigenen Körper und Geist zu beobachten, und erlebt die universellen Wahrheiten der Vergänglichkeit, des Leidens und der Ichlosigkeit.

Ich mochte mein Ich eigentlich ganz gern. «Um ehrlich zu sein, hätte ich es fast nicht geschafft», redete er ohne jegliche Ermunterung weiter. «Es stand wirklich auf der Kippe, aber irgendwas hat mich hiergehalten.»

«Tatsächlich?», murmelte ich ganz leise. Ich wollte mich gern dafür interessieren, aber wir waren verschieden, er und ich. Ich hatte im Grunde keine Schwachstellen, er jedoch jede Menge, das merkte ich. Und damit meine ich gar nicht die Latzhose. Nein, eher seine Fahrigkeit – wahrscheinlich rang er mit einer traumatischen Vergangenheit inklusive Mobbing, Vernachlässigung und Abhängigkeit von Schokoladenkeksen. Natürlich war es hart für ihn gewesen, mit seinen Gedanken allein zu sein, aber mein Geist war von oben bis tief unten pure Zuckerwatte.

«Wollen Sie einen Rat?», fragte er, da er sein Ein-Personen-Publikum offenbar immer noch ganz falsch einschätzte.

«Mm-hmm», brummte ich fast unhörbar.

Sein Grinsen leuchtete auf wie ein Feuerwerk. «Geben Sie nicht auf. Machen Sie, was Sie wollen, aber bleiben Sie dran.»

Warum sollte ich aufgeben müssen?, fragte ich mich, und dann war er endlich so lange still, dass ich den täglichen Zeitplan studieren konnte.

4:00	Morgendliches Wecken durch die Glocke
4:30–6:30	Meditieren im Saal oder im eigenen Zimmer
6:30–8:00	Frühstückspause
8:00–9:00	Gruppenmeditation im Saal
9:00–11:00	Meditieren im Saal oder im eigenen Zimmer, je nach Anweisung der Kursleitung
11:00–12:30	Mittagessen und Erholungspause
12:30–14:15	Meditieren im Saal oder im eigenen Zimmer
14:30–15:30	Gruppenmeditation im Saal
15:45–17:15	Meditieren im Saal oder im eigenen Zimmer, je nach Anweisung der Kursleitung
17:15–18:00	Abendessen
18:00–19:00	Gruppenmeditation im Saal
19:00–20:15	Vortrag der Kursleitung im Saal

20:15–21:00 Gruppenmeditation im Saal
21:30 Rückzug auf das eigene Zimmer – Licht aus

Es gab offenbar jede Menge Meditation und sonst nicht viel. «Richtig gut wird es erst ab Tag fünf oder sechs», sagte der Bärenmann.

«Cool», entgegnete ich, dachte aber eigentlich: *WER ZUM TEUFEL TUT SICH DAS FÜNFMAL AN?*

«Wird es mit jedem Mal einfacher?» Die Neugier hatte mich übermannt.

Er überlegte und strich sich über den langen, zotteligen Mittelaltermarkt-Bart. «Es wird … *anders* schwer.»

«Warum machen Sie es dann immer wieder?»

Er holte tief Luft, als käme gerade der berauschende Duft der Selbsterkenntnis hereingeweht. «Das werden Sie selbst sehen.»

«Super.» Ich wandte mich der letzten Seite der Broschüre zu, auf der die Regeln versteckt waren.

Die Meditierenden verzichten freiwillig auf:
1. Das Töten jeder Art von Lebewesen
2. Diebstahl
3. Sexuelle Aktivitäten
4. Lügen
5. Jede Art von Rauschmitteln

Die Meditierenden, die bereits hier waren, verzichten zudem auf:
1. Nahrungsaufnahme nach dem Mittag
2. Sinnliche Vergnügungen und Körperschmuck
3. Erhöhte oder luxuriöse Betten

Kein Wunder, dass der rothaarige Zauberer so angespannt war und Wildfremden abgestandene Ratschläge feilbot. Zehn Tage ohne Abendessen würden mir auch Angst einjagen. Ich habe einmal im Leben eine Mahlzeit ausgelassen, 1999 war das, aber da war ich auch nicht bei Bewusstsein, und am nächsten Tag habe ich zweimal zu Abend gegessen, um es wieder auszugleichen. Und was sollten eigentlich sinnliche Vergnügungen sein? Yoga? Pornos? Bauchtanz?

Ich wurde an einen Tisch gerufen. Dahinter saßen drei Freiwillige nebeneinander. Hier im Zentrum arbeiteten nur Freiwillige, hatte ich gerade gelesen. Und sie hatten alle eins gemeinsam – ein breites Schimpansengrinsen, als hätten sie gerade den besten Witz der Welt gehört, könnten ihn aber unmöglich weitererzählen. Den musste man schon selbst kennen, klar?

«Haben Sie die Broschüre gelesen?», fragte einer der Freiwilligen. Er sah aus wie der junge Uri Geller: schmale Nase, kantiges Kinn, stechender Blick aus schmalen Augen.

«Ja, hab ich.»

«Gut. Telefon?»

Ich griff in die Hosentasche und tastete an den Kanten meines Handys entlang. Zehn Tage lang würde sie mich nicht erreichen können, falls sie mich brauchen sollte. Wobei ich in letzter Zeit sowieso zu nicht viel zu gebrauchen war. War ich vielleicht noch nie. Und es würde ja ohnehin nicht klappen. Das hatte sie deutlich gemacht. Und ich dachte genauso. Ihr gegenüber hätte ich es bloß nie zugegeben. Ich zog das Telefon aus der Tasche und händigte es aus.

«Sie haben kein weiteres Telefon bei sich, oder?», fragte der Mann.

«Nein.»

«Kein Handy?», hakte er nach, wobei ihm sein Lächeln ganz kurz wegrutschte, bis er es merkte und sofort korrigierte. «Nirgends?»

«Verstecken Menschen wirklich ein zweites Handy am Körper?»

«Sie würden sich wundern», sagte er und schob mir ein Blatt mit den Regeln hin. «Hier unterschreiben.»

Ich griff zum Stift, doch meine Hand sträubte sich, wie ich feststellte. Wieso? Was hatte ich schon zu verlieren außer Hühnchen, Selbstbefriedigung und Zeit? Jedenfalls nichts Wichtiges wie den Verstand, richtig?

Ich zwang meine Hand auf die Linie und kritzelte meinen Namen hin.

4. KAPITEL

Nach dem Einchecken schleppte ich mich, Kissen unter die Achsel geklemmt, Tasche über der Schulter, den schmalen Weg zum ersten Gästeblock entlang und suchte Zimmer fünf. Keins der Zimmer hatte ein Schloss, fiel mir auf, und dann erinnerte ich mich, dass wir auch nichts Stehlenswertes bei uns hatten.

Zimmer fünf war auf der linken Seite des Ganges, gleich hinter den blitzsauberen gemeinsamen Waschräumen. Es roch nach Kiefer, Pollen schwebten in der schwülen Hitze. Ich betete stumm, dass ich keinen Zimmergenossen haben möge, denn Schnarchen war nicht verboten, und drückte die Klinke hinunter.

Hinter der Tür befand sich ein schmaler Raum mit zwei Kiefernholzbetten hintereinander an der linken Wand. Ein großes rechteckiges Brett dazwischen bot zumindest einen Hauch Privatsphäre, jedenfalls wenn wir beide im Bett lagen und uns an die Wand schmiegten. War das wirklich nötig? Wir würden sowieso kaum hier drinnen sein, und wenn, dann würden wir wahrscheinlich schlafen. Am Fuß beider Betten lag zusammengelegtes Bettzeug. *Verdammt.*

Der gedämpfte Raum versuchte so sehr, neutral und nichtssagend zu wirken, dass er im Gegenteil seine Traurigkeit laut herausschrie. Nirgendwo hingen gerahmte Sonnenuntergänge; keine auffälligen Farbtupfer; keine inspirierenden Zitate vom Buddha oder vom Dalai Lama. Die ländliche Lage, die vielen Regeln und die strenge Einrichtung gaben mir das Gefühl, meinen ersten Tag an einer Militärakademie zu verbringen.

Die Bienen waren inzwischen stiller geworden. Weit weg von Evelyn hatten sie sich beruhigt. Ich öffnete den Reißverschluss meiner Sporttasche und rechnete ständig damit, dass ein stämmiger Mann mit Mütze hereinstürmte und mir beleidigende Limericks an den

Kopf warf. In die Tasche hatte sie Unterwäsche, ein paar T-Shirts, meine Wasserflasche, Waschzeug und drei neue, dicke Jogginghosen gepackt – vielleicht damit ich beim Meditieren meine Knie schonen konnte? Durfte man auf den Knien meditieren?

Wusste ich nicht genau. Ich hatte eigentlich noch nie meditiert. Ich würde einfach die anderen imitieren.

Die Tür ging auf, ich drehte mich um und wollte gerade die Hand zum Gruß an die Stirn legen, ehe ich mich besann und mir stattdessen die Stirn rieb. Mein Zimmergenosse war ein kleiner, glattrasierter Mann mit Sonnenbrille. Er hatte ordentlich und unauffällig geschnittenes braunes Haar, trug beige Chinos, schwarzglänzende Lederschuhe und ein blaues Poloshirt von Ralph Lauren. Gepflegt, aber gewöhnlich.

«Ah, gut», sagte er.

«Hallo», antwortete ich und streckte ihm die Hand hin. Er griff fest zu und versuchte, mir die Hand abzuschütteln. Sein Mund lächelte, nicht aber seine unruhig zuckenden Augen. Das Edle Schweigen begann erst am nächsten Morgen, also konnten wir uns unterhalten.

«Ich bin Freddy», fuhr er fort. «Ich weiß, in Deutschland trifft man nicht so viele Freddys. Mein Name ist das einzig Ungewöhnliche an mir.»

Ich hatte schon jede Menge Freddys in Deutschland getroffen, aber ich wollte ihm nicht das Einzige nehmen, was ihn seiner Ansicht nach auszeichnete.

«Sie sehen auch nicht aus wie die anderen», sagte er.

Ich sah an mir herunter – Jeans mit ein paar Schokoladenflecken, ein einfaches blaues T-Shirt, abgewetzte braune Lederschuhe. Mein Outfit drückte vor allem Gleichgültigkeit aus. Das Zimmer und ich hatten vieles gemeinsam.

«Wie sehen die denn aus?» Ich fragte mich, ob er wohl auch den rothaarigen Bären getroffen hatte. Er grinste breit. Sehr ebenmäßige Zähne.

«Ach, Sie kennen die Typen doch.» Er stützte sich an der Wand ab, was in einem so schmalen Raum nicht schwer war. «So Aussteiger. Hippies und so. Männer mit Dutt. Veganer. Jongleure.» Das Wort «Jongleure» klang bei ihm wie sonst nur die Bezeichnung «Pädophile».

Ich nickte, denn so eine gewisse Schmuddeligkeit und Erdverbundenheit war mir bei der Gruppe auch schon aufgefallen, ich hatte das Gefühl, sie schworen wahrscheinlich auf Homöopathie. Evelyn nannte solche Leute Vollkörner. Hier gab es mehr Vollkorn als in einem Bällebad voller Buchweizen.

«Ich bin bloß so ein typischer Kleinstadtmensch», sagte Freddy und wippte dabei auf und ab. «Eigentlich sogar eher ein Dorfmensch, wissen Sie? Keinen Blödsinn. Immer mit dem Strom schwimmen. Ich heule mit den Wölfen und bin ganz zufrieden damit.»

Ich war es gewohnt, dass Deutsche sofort ins Englische wechselten, sobald sie meinen Akzent hörten, aber Freddy blieb beim Deutschen, was wohl hieß, dass er nicht zu den Kreisen gehörte, in denen ich üblicherweise verkehrte. Er hatte einen leichten bayrischen Akzent, aber ich konnte ihm noch gerade so folgen, und auch wenn ich nicht jedes Wort verstand, lieferte er so viele davon, dass mir die Ohren dröhnten.

«Ich glaube, ein typischer Dorfbewohner macht kein Vipassana-Retreat», sagte ich.

Er warf sich in die Brust. «Na, da muss sich ja mal was ändern, oder?» Er senkte das Kinn auf die Brust. Ich spürte, jetzt entschied er, ob er mir seine ganze Wahrheit anvertrauen wollte. «Meine Frau hat mich gerade verlassen. Das wird meine dritte Scheidung.» Er hielt drei Finger hoch. «Verrückt, oder? Bei jeder Hochzeitsplanung denkt man, das wird die letzte sein. Das ganze Gewese. So viele Zuschauer.» Seine Lippen wurden schmal. «Es war meine Schuld. Jedes Mal.»

Die Panik stach mir in die Augen. Mit seiner stämmigen Figur blockierte er die Tür und lud jetzt seinen gesamten Unrat auf mir ab. Ich wusste nicht, was ich tun oder sagen sollte. «Aber es kann doch nicht ganz allein Ihre Schuld gewesen sein?», probierte ich und dachte dabei an meine drei ernsthaften Beziehungen vor Evelyn. War ich an den Trennungen schuld gewesen? Zweimal, würde ich sagen. Die andere Freundin hatte mich irgendwie für jemand anderen verlassen. Komisch, aber ich dachte nie viel darüber nach. Es half ja nicht.

Mir wurde etwas klar: Ich hatte diese Frauen zwar geliebt, aber ich hatte nie auch nur eine Sekunde daran gedacht, mit einer von ihnen einen kleinen Menschen zu zeugen. Hatte auch an unseren schönsten Morgen, wenn unser Himmel wolkenlos war und unsere Herzen überliefen, nie geglaubt, dass gerade unsere Kombination aus Genen und Persönlichkeiten und Umständen einen wertvollen Zuwachs für diese Welt ergeben würde.

Dann traf ich Evelyn und wusste sofort: Bei uns würde es.

Freddy rieb sich die Haare, die es gar nicht zu bemerken schienen. «Es muss sich was ändern», sagte er erneut. «*Ich* muss mich wohl ändern. Wenn du immer mit einem blutigen Messer in der Hand am Tatort rumstehst, musst du irgendwann mal einsehen, dass du der Mörder bist, oder?»

«Ist wohl so, Freddy.» Ich zuckte die Achseln und wollte mich wieder zu meinem Bett umdrehen, zu meiner Tasche. «Also, diese Socken werden sich nicht von selbst –»

«Wir können uns duzen, oder? Hast du schon oft meditiert?», fragte er.

«Hier und da ein bisschen», übertrieb ich.

«Ist auch nicht so mein Ding. Überrascht mich eher, dass irgendwer darauf steht.» Er runzelte die Stirn. «Aber was muss, das muss. Und ich muss.»

«Ich hatte mal so eine App», sagte ich. «War nicht so nachhaltig.»

«Kenn ich.» Er verschränkte die Arme. «So eine hatte ich auch. Naja, sogar drei oder vier. Hab sie alle bloß eine Woche oder so genutzt. Bei mir hält nichts lange. Nicht mal die Ehen.»

Ich stieß ein leises Mitleidsquieken aus. Wir standen uns gegenüber, nickten uns ein bisschen zu, ich drehte mich ganz allmählich weg von ihm, hin zu meinen Socken, und fragte mich, wieso hier alle so offen und beichtwillig waren. Es ist doch eher selten, dass Menschen in der Lage sind, ihre Fehler zuzugeben. Eine hervorragende

Eigenschaft. Nicht dass ich irgendwelche Fehler gemacht hätte, aber ...

«Es war der Nachbar», sagte er. «Sie hat mich für unseren Nachbarn verlassen. Ist das zu fassen, Adam? Mein direkter Scheißnachbar.»

Je mehr Freddys Versagen und Scheitern das kleine Zimmer füllten, desto klaustrophobischer fühlte ich mich. «Oh nein», sagte ich und öffnete das Fenster.

«Ich sehe sie immer im Garten sitzen», fuhr er müde fort und krallte die Fingernägel in den Unterarm. «Jeden Morgen beim Frühstück. Sie lachen viel. Er isst Eier. Pochiert. Sie isst immer noch das gleiche Müsli, das sie bei uns ...» Er verstummte.

«Am Anfang lachen alle viel miteinander, Freddy. Am Anfang ist alles leicht.»

«Ich werde das Haus verkaufen.» Er schluckte. «Meinen Job habe ich auch gekündigt.»

«Wow. Das ist aber ... heftig?»

Er schlug mit der Faust in die andere Hand. «Ganz oder gar nicht, mein Freund. Das hier muss jetzt funktionieren. Egal wie. Meditation und das ganze Zeug. Ich werde das durchziehen.» Endlich nahm er die Sonnenbrille ab und hängte einen Bügel in den Ausschnitt seines Poloshirts. «Mein Problem ist nur, ich rede so gern. Erzähle gern Geschichten. Ehrlich, ich quatsche einfach richtig gern. Meine Mutter hat immer gesagt, es sei doch schade, dass mein Mund so gern redet, aber mein Hirn so ungern denkt.»

Ich biss mir auf die Zunge. Was für eine Mutter sagt sowas?

«Früher in der Fabrik habe ich deshalb immer Ärger gekriegt», fuhr er fort. «Für das Quatschen. Am Ende haben sie mich mit einem Taubstummen zusammenarbeiten lassen.» Er zwinkerte mir zu. «Hat mich aber auch nicht zum Schweigen gebracht.»

«Was arbeitest du ... ich meine, was *hast* du gearbeitet?»

«Möbel zusammengebaut.» Er seufzte. «Tja. Fünfzehn Jahre lang habe ich am Fließband irgendeinen Scheiß zusammengeschraubt. Kleiderschränke. Kommoden. Aktenregale.» Er machte eine Bügelbewegung. «In einem Jahr sogar Bügelbretter. Das war öde. Bügeln, was für ein Schwachsinn. Aber meistens Tische. Die Teile kommen rein, sie fahren an dir vorbei, du drehst ein paar Schrauben rein, sie verschwinden. Du siehst sie nie wieder. UND DAS FÜNFZEHN JAHRE LANG.»

Ich nickte, als könnte ich ihn verstehen. Mit sechzehn hatte ich mal am Band gearbeitet. Zwei sehr lange Monate.

«Jetzt habe ich vor, um die Welt zu reisen.» Seine Miene hellte sich auf. «Wenn das hier vorbei ist.»

Ich lächelte. «Das ist ja toll, Freddy. Richtig toll.»

«Ja, ich kann nicht mehr arbeiten, bloß um meine Miete zu bezahlen. Das macht krank.» Er klopfte sich an die Brust. «Krank hier drin. Die gute alte Pumpe. Was soll das alles? Immer nur arbeiten, Miete zahlen, mehr arbeiten, mehr Miete zahlen. Wofür? Damit deine Frau dich wieder für den Scheißnachbarn sitzen lassen kann? Hat doch alles keinen Sinn.»

Ich erstarrte. «Wie meinst du das – *wieder?*»

«Meine zweite Frau hat mich auch für einen Nachbarn verlassen.»

«Denselben Nachbarn?»

«Nein, kein direkter Nachbar, zwei Straßen weiter. Ich sehe sie nur, wenn ich da mit dem Hund langlaufe. Also laufe ich nicht mehr mit dem Hund da lang. Der Hund rennt immer nach nebenan und sucht nach der dritten Frau. Wahrscheinlich muss ich mich von dem Hund trennen. Willst du einen Hund?»

«Nein, danke. Schon mal dran gedacht, in die Stadt zu ziehen?», fragte ich. «Da ist nicht alles so eng.»

«Zu viele Nachbarn.»

«Schon, aber niemand erwartet, dass du die alle kennst.»

«Ach, ich komme schon zurecht. Ich überlege, einen Reise-Blog zu schreiben», sagte er. «Hältst du das für eine gute Idee?»

Ich fing an zu lachen und verwandelte das Lachen rasch in einen Hustenanfall. Hätte ich Freddys berufliche Zukunft erraten sollen, mit einem Versuch pro Sekunde, wäre ich bestimmt am Ende des zehntägigen Retreats noch nicht drauf gekommen. Ich wollte seinen

Traum nicht zerstören, aber der blühte so herrlich, so prächtig naiv – er bettelte geradezu darum, von meinem Pessimismus plattgetrampelt zu werden. Reise-Blogger war kein Job. Es war vielleicht gerade mal ein Hobby, und das konnte ich mit Fug und Recht behaupten, weil ich selbst eine Art Reise-Blogger war. Ich postete allerdings nur einmal im Jahr, und die Texte wurden dann alle gebündelt und kriegten eine ISBN. «Hast du irgendwelche Schreiberfahrung?», fragte ich ihn.

«Nein. Aber das kann ich lernen.»

«Und Reiseerfahrung?»

«Bin noch nie aus Deutschland rausgekommen», sagte er und schlug sich aufs Herz. «Aber ich *glaube daran*.»

Das klang bei ihm wie ein Zauberspruch gegen Zynismus, was es wohl auch war. Hieß aber nicht, dass es auch gegen die Wirklichkeit half.

«Warum bist *du* denn hier?» Er rieb sich die Hände.

«Ich?» Meine Augen irrlichterten umher. «Ach … also … weil meine Freundin mich gezwungen hat herzukommen. Ich verstehe allerdings, warum, jedenfalls einigermaßen. Ich musste irgendwie Ja sagen.»

«Jas sind schwierig», meinte er. «Neins dagegen – Neins sind ein Kinderspiel.» Er schüttelte den Kopf. «Du sagst tausend Mal Nein und dann einmal Ja, und zack: Schon hast du dich verpflichtet. Und sitzt fest.»

«Redest du jetzt vom Heiraten, Freddy?» Ich musste über eine Erinnerung lächeln, die plötzlich vor meinem geistigen Auge aufschien – ein Gespräch mit Evelyn im Park. Darum war ich eigentlich hier, mit einigen Umwegen. Wegen eines Jas. Und einer Feigenpastete.

«Ich meine ja nur.» Er zog die Augenbrauen hoch. «Vielleicht wollte sie bloß mal zehn Tage allein sein?»

«Was? Nein.»

«Kennst du deine Nachbarn?»

«Ein italienisch-deutsches Paar. Sind nett.»

«Attraktiv, der Italiener?»

«Sie hat keine Affäre. Auch nicht mit der Italienerin.»

«Frauen.» Es klang, als spräche er über ein hartnäckiges Unkraut. «Die überraschen dich immer wieder.»

Evelyn überraschte mich oft. Im Grunde stand ich hier im Zimmer mit Freddy, weil sie so überraschend war, und genauso überraschend fand ich, wie schnell und umfassend er mir seine Traumata präsentierte. «Man schafft sich seine Verhältnisse selbst.»

«Ist das so?» Ich fragte mich, wieso er sich dann das Verhältnis geschaffen hatte, neben seiner Ex und ihrem neuen Verhältnis zu wohnen.

Er reckte das Kinn. «Hundertprozentig.»

Langsam ging mir Freddy auf die Nerven.

«Nein, sogar hundertzehnprozentig.»

Ich zuckte zusammen, versuchte, es wie ein Schaudern aussehen zu lassen, und machte das Fenster wieder zu. Sollte Freddy irgendwem Ratschläge geben? Als dreimal geschiedener, nicht schreibender Reise-Blogger, der noch nie aus Deutschland rausgekommen war? Der Bärenmann war auch nicht anders. Der war so verkorkst, dass er fünf Vipassana-Retreats brauchte. Die Menge der Ratschläge, die manche Leute geben, steht in umgekehrt proportionalem Verhältnis zum Nutzen dieser Ratschläge.

Freddy war ein Wirrwarr von Widersprüchen. Er würde mehr als zehn (Schweige-)Tage brauchen, um aus dem Labyrinth herauszufinden. Ich bekam das Gefühl, dass viele Menschen hier waren, um drastische Veränderungen bei sich selbst oder in ihrem Leben herbeizuführen. Ich begriff bloß nicht, wieso sie dachten, stummes Herumsitzen würde ihnen dabei helfen. Stille ist keine Klarheit. Stille ist bloß die Abwesenheit von Geräuschen. Und beim Meditieren ging es nicht ums Denken, soweit ich wusste. Sondern darum, nicht zu denken. Wann hatte das je geholfen?

Ich wandte mich wieder meinem Bett zu und packte weiter aus. Höchstens achtundvierzig Stunden würde Freddy durchhalten, war meine Prognose.

Nach ein paar Stunden Gesprächen mit den anderen Teilnehmerinnen und Teilnehmern und einem faden Abendessen aus Reis und Gemüse zogen wir uns in unser Zimmer zurück und knipsten um halb zehn das Licht aus.

«Du schaffst das», sagte Freddy in die Dunkelheit.

«Ich weiß.»

«Du musst.»

«Ich muss ni–» Ich brach ab.

«*Wir* müssen.»

«Na gut.»

«Dann gute Nacht.»

«Gute Nacht.»

«Wir dürfen jetzt nicht mehr reden», sagte er. «Vergiss das nicht.»

«Super.»

«Kein Wort mehr. Mund halten, Freddy. Jetzt kommt es drauf an. Das ist dein großer Moment. Unser großer Moment. Wir schaffen das.»

Ich sagte nichts.

«Lass mich nicht mehr reden, ja?»

…

«Ich werde das nämlich wahrscheinlich vergessen. Ich rede einfach gern! Reden ist gut. Es hilft.»

…

«Na gut, dann viel Glück und so. Das wird ein wilder Ritt.»

…

«Denk dran, du musst nur an dich selbst glauben.»

…

«Hundertzehnprozentig.»

5. KAPITEL

Berlin, ungefähr zwei Jahre vor dem Retreat

«Ich habe eine Pastete gebacken», sagte Evelyn, während ich den Kopf nach hinten neigte und in die Sonne blinzelte, die durch die Blätter der Linde schien, unter der wir picknickten.

«Unglaublich», sagte ich, während sie am anderen Ende der Decke mit Tupperdosen herumhantierte. Ich sah ihr zu und fragte mich, wie diese Frau – deren IQ zwanzig Punkte über meinem lag, die dreimal so viel verdiente wie ich und zehnmal so viel gesunden Menschenverstand besaß wie ich – *meine Freundin* geworden war?

Um uns herum jagten Hunde Frisbees, Kinder jagten Hunde, die Frisbees jagten, und Eltern jagten Kinder, die Hunde jagten, die Frisbees jagten.

«Wir waren ein tolles Team gestern Abend», sagte sie und meinte das Dinner mit unseren neuen Nachbarn, Max und Adriana, mit denen wir den Abschluss der Wohnungsrenovierung gefeiert hatten – unsere erste gemeinsame Wohnung. Wir hatten zwei Haushalte in eine Wohnung gekippt, und nach dem Anstrich waren sie spektakulär gut miteinander verschmolzen. Jeder Trottel konnte sehen, dass sie zwar nichts gemeinsam hatten, was die Farben, Muster oder Kulturen anging, dass aber ihr gestreifter türkischer Läufer meinen rotgolden gemusterten iranischen Teppich prächtig ergänzte.

Big Lebowski hatte sich geirrt. Es braucht zwei Teppiche, um einen Raum zusammenzuhalten.

«Wir sind sehr unterhaltsam», sagte ich. «Vielleicht sogar die Unterhaltsamsten von allen?»

«Sicher», sagte sie und schnitt mit einem stumpfen Messer in die Pastete.

In der Nähe jonglierte ein Mann. Ein anderer stolzierte nur mit einer sehr knappen Badehose auf und ab und zeigte dabei seine enormen ... Waden. Wir hatten den frühen Morgen kuschelnd im Bett verbracht, den späteren Morgen kuschelnd auf meinem Motorroller, als wir auf der Suche nach einem Brunch durch die Stadt kurvten, und die letzte Stunde kuschelnd auf dieser Decke.

Sie fütterte mich mit Pastete.

«MMHHMMM», seufzte ich. «Feige, richtig? Unglaublich, dass eine Frau, die aussieht wie du und denken kann wie du, auch noch so kochen kann wie du.»

«Siehst du.» Sie nickte. «Ich hab doch gesagt, Zusammenziehen war eine gute Idee.»

«Meine Hüften sind vielleicht anderer Meinung.» Ich leckte mir die Lippen. «Mehr.» Ich meinte den Kuchen und sie und die Überfülle unseres gemeinsamen Lebens. Meinte das Ende eines langen Sommers im Freien, in dem wir unsere beiden Freundeskreise vereint hatten.

«Oooh», sagte sie und hielt mir ihre Handfläche hin. «Ich habe einen kleinen Wurm gefunden. Hallo, Kleiner.» Sie präsentierte ihn mir, als wäre er ein Diamant und nicht ein kleiner dicker brauner sich schlängelnder Schlauch.

«Igitt», sagte ich und zuckte weg.

«Es ist bloß ein Wurm.»

Ich drehte mich weg. «Ich mag keine Würmer.»

Sie ließ ihn über meinem Kopf baumeln.

«Nimm ihn weg», sagte ich und stieß gegen ihren Arm, zu heftig, was sie nur noch mehr anstachelte.

Sie versuchte, sich auf mich zu setzen. «Was ist dein Problem mit Würmern?»

«Ich habe kein Problem mit Würmern.»

«Zittert dein Bein?»

«Nein», wehrte ich ab. «Warum sollte mein Bein zittern?»

«Du hast Angst vor Würmern.» Sie lachte. «Meine Güte. Was für ein Weichei. Ist doch bloß ein süßer kleiner Wurm.»

«Die sind nicht süß.» Ich schob das Kinn vor. «Und ich habe keine Angst vor ihnen.»

«Ich lege den Wurm wieder ins Gras, okay?»

Bei der Jam-Session türkischer Musiker nebenan wurde heftig auf die Knie geklatscht, als das Stück, das sie zehn Minuten lang geduldig gesteigert hatten, sich dem frenetischen Ende näherte. Alle jubelten, dann wurde es herrlich still, bevor ein Baby wütend losheulte.

«Das Leben ist schön, oder?», sagte sie.

«Hört sich an, als wärst du überrascht.»

«Kann man mit Nostalgie an etwas denken, das noch gar nicht vorbei ist?»

«Nein», sagte ich. «Ich glaube nicht.»

Ich ließ den Kopf auf ein Kissen fallen. Sie legte sich neben mich, den Kopf auf meiner Brust. Ich küsste ihren Scheitel, und ihr Kokos-Shampoo stieg mir in die Nase. Vor meinem geistigen Auge sausten wir mit dem Roller durch dichten Dschungel zu abgelegenen Hütten, die von frechen Affenhorden belagert wurden. «Wir haben alles», sagte ich.

Sie wimmerte leise. «Ich wüsste was, was wir nicht haben.»

«Einen kleinen Hund, der Frisbees jagt?»

«Okay», sagte sie. «Zwei Dinge, die wir nicht haben.»

«Ist das zweite ein fertig eingerichtetes drittes Zimmer?» Zu dem Zimmer waren wir noch nicht gekommen. Es hatte noch keine Aufgabe.

«Eine Verwendung für das Zimmer.»

«Glaubst du, dass irgendwer schon jemals so verliebt war wie wir jetzt?», fragte ich beiläufig, als würde ich um eine Serviette bitten. Sie kicherte, weil die Frage so lächerlich war, doch als ich nicht mitkicherte, setzte sie sich auf, und Verlegenheit rötete ihre blassen Wangen.

«Ich war jedenfalls noch nie so verliebt», sagte sie, denn sie arbeitete in der Politik und kannte sich mit Diplomatie aus.

«Das reicht mir.»

«Du bist so charmant heute», sagte sie. «Was ist denn los?»

«Wir sind einfach jung und verliebt und essen unter einem Baum in meinem Lieblingspark Feigenpastete.»

«Wir sind ständig in der Hasenheide.»

«Es ist bloß ...» Ich holte tief Luft. «Es fühlt sich an, als wäre dies so ein Augenblick, verstehst du? Wenn wir mit Ende achtzig im Pflegeheim sitzen, Decken auf dem Schoß, im Fernsehen läuft was Stumpfsinniges, dann werden wir an Tage wie heute zurückdenken, glaube ich.»

Sie schmiegte sich wieder an meine Brust. «Unglaublich, oder, dass noch vor einem Jahr ich unter diesem Baum und du da drüben gesessen hättest.» Sie deutete vage in Richtung der Baumgrenze und eines belebten Skate-Parks. «Wir hätten einen ganzen Samstag so nebeneinander verbracht, ohne uns auch nur einmal anzusehen.»

«Das gilt nur für dich», sagte ich lachend. «Ich hätte dich heimlich beobachtet, dich aufgesogen wie guten Wein, weil du das nämlich bist, und dabei so getan, als würde ich auf meinem Kindle lesen.»

«Das ist ja süß», sagte sie. «Und eklig.» Sie tätschelte mir den Bauch. «Sie sind seit vier Jahren verheiratet, Max und Adriana. Sie sind vier Jahre jünger als wir, aber schon vier Jahre verheiratet, das heißt, sie waren vorher mindestens zwei Jahre zusammen. Das sind sechs Jahre. Wie lange sind wir schon zusammen?»

«Nicht mal ein Jahr.»

«Du hast recht», sagte sie. «Keine Eile. Wir müssen das hier genießen.»

Ich hatte gar nichts von Eile gesagt, aber jetzt hatte ich doch das Gefühl, dass sie geboten war. Ich wusste nicht, was es war – dieser berauschende, alle Bedenken über Bord werfende *Ja*-Zustand –, aber jetzt musste gehandelt werden, bevor er von schlimmen *Rs* überwältigt wurde: Ratio, Realität, Routine.

Sie setzte sich im Schneidersitz hin und kramte in ihrer braunen Lederhandtasche nach ihrem Handy. «Ich will diesen schönen Moment nicht ruinieren», sagte sie, «aber ich muss zu meiner Frauenärztin, mein Pillenrezept abholen. Die macht um zwei zu. Kannst du mich mit dem Roller hinfahren?»

«Lass uns ein Kind kriegen», sagte ich unvermittelt, aber ganz entspannt.

Sie runzelte die Stirn. Sie wurde still.

«Lass uns ein Kind kriegen», wiederholte ich.

«Im Ernst?»

«Es wird Zeit», sagte ich. «Wir haben uns ausgetestet, und wir funktionieren sehr gut. Es wird Zeit», wiederholte ich unnötigerweise. «Diese Liebe verdient ein Kind. Habe ich das wirklich gerade gesagt? Nein.» Ich schlug mit der Hand auf die Decke und auf das Gras. «Ist aber wahr. Lass es uns tun. Vermehren wir uns!»

Die Pastete war mir zu Kopf gestiegen.

«Wir haben uns doch geeinigt, noch sechs Monate abzuwarten und dann zu entscheiden», sagte sie.

«Scheiß drauf.»

Sie lachte. «Einfach so? ‹Scheiß drauf›?»

«Scheiß drauf.»

«Man weiß nie, wann du etwas ernst meinst.»

«Ich meine selten etwas ernst.» Ich runzelte auch die Stirn, weil ich annahm, dass ernste Menschen so schauten. «Ich meine es ernst. Glaube ich.»

«Hmm», sagte sie, spitzte die Lippen, legte den Kopf nach hinten und betrachtete mich aus sicherer Distanz, als wäre ich explosiv. «Wow.»

«Und wenn es schnell klappt, kriegen wir ein Sommerbaby, oder?»

«Warum ist das wichtig?»

«Es ist besser, wenn es in den Ferien geboren wird.»

«Warum?»

«Dann wird es an seinem Geburtstag nicht in der Schule verprügelt.»

«Warum sollte es an seinem Geburtstag verprügelt werden?»

«Macht man das hier nicht?», fragte ich.

«Was? Ich komme nicht mehr mit.»

«Egal.»

«Ich wünschte, ich wäre so optimistisch wie du, dass es ganz einfach wird», sagte sie leiser. So wie sie über die Frauen in ihrer Familie sprach, war es geradezu ein Wunder, dass sie jemals als Zweig diesem verdorrten Stammbaum entsprossen war.

«Wie schwer kann es denn sein?», sagte ich eilig. «Menschen machen Kinder in der letzten Reihe im Kino. Lass das mit dem Rezept. Scheiß drauf.»

Sie holte tief Luft. «Es ist bloß so … plötzlich.»

«Wieso ist das plötzlich? Wir haben doch schon hundert Stunden darüber diskutiert.»

«Du bist aber so …» Ihre Nase zuckte. «Du bist manchmal ganz schön leichtfertig. Und wie heißt das andere Wort? Für jemanden, der seine Meinung oft ändert?»

Evelyn war Deutsche, aber das merkte man kaum. Ihr Englisch war tadellos, unsere Beziehung hatte in dieser Sprache begonnen, und ich war überzeugt, wir würden sie auch weiter darin führen. Sie war mir so weit voraus, dass mein Deutsch den Vorsprung nie hätte aufholen können. «*Fickle* – wankelmütig?», schlug ich vor.

«Das klingt eher nach zu viel Alkohol», sagte sie.

Ich lachte. «Ich werde meine Meinung nicht ändern. Und es wird klappen. Im Grunde klappt es doch immer, oder? Wir passen doch so gut zusammen, bis hin zu unserem Musikgeschmack, der Teppichauswahl, der Liebe zu Pasteten. Warum sollte das Universum unser Leben so spektakulär zusammenführen und uns den eigentlichen Sinn der Sache verwehren?» Ich wedelte mit den Armen, vielleicht weil um uns herum so viele Babys waren. Fast alle heulten.

«Dem Universum sind wir egal», sagte sie. «So läuft das nicht mit dem Universum. Das ist alles bloß eine große Zufallssuppe.»

«Ich will nicht glauben, dass es bloß eine große Zufallssuppe ist.»

Sie lächelte. «Okay. *Na gut*. Machen wir's.»

«Wir machen es? Ein Kind?» Ich stürzte mich auf sie und stieß sie um. Ich hielt ihre Arme am Boden fest und bedeckte ihren Hals mit absichtlich sabbernden Küssen. «Wirklich?»

«Igitt. Lass deine Zunge stecken.»
«Wir machen es wirklich?» Ich ließ sie los.
Ihr Grinsen war die Antwort. «Ich habe nur eine Bedingung.»
«Schieß los.»

6. KAPITEL

Tag 1 von 10: Vormittag

Ort: Bett

Stimmung: Vorsichtig optimistisch

Um vier Uhr morgens ertönte ein Gong. Ich drehte mich um und stöhnte.
Moment, ist Stöhnen erlaubt?
Ich setzte mich auf, bereute das Stöhnen und schwor, nie wieder zu stöhnen.
Aber ehrlich jetzt? Vier Uhr morgens?
Freddy knipste das Licht an, wir zogen uns an, ohne uns in die Augen zu sehen, und gingen dann hintereinander den Gang entlang zum neuen zweistöckigen Meditationssaal im hinteren Teil des Gebäudekomplexes.

Zeit für unsere erste Meditationseinheit. Zwei Stunden, das waren anderthalb Stunden mehr als alle Meditationen, die ich je in meinem Leben gemacht hatte. Insgesamt.

Wie ich Freddy gegenüber erwähnt hatte, hatte ich drei- oder viermal halbherzig mit dem Meditieren angefangen, aber immer nach ein paar Tagen wieder aufgehört, weil ich nie so recht wusste, was ich fühlen oder lernen oder davon haben sollte.

Wenn diese Erfahrung hier – zehn Tage, zwölf Stunden am Tag, in einer Umgebung völliger Stille und Konzentration – mir keine Antwort geben würde, dann war mir nicht zu helfen.

Wir standen draußen, eine zerknitterte Menge eben noch schlafender Vollkörner, und starrten auf die geschlossenen Doppeltüren. Wir wollten sie dazu bringen, sich zu öffnen, damit wir uns demütig an die Aufgabe der Selbstoptimierung machen konnten. Freddy hatte die Hände tief in den Taschen seines Trainingsanzugs und glaubte an sich.

Noch ein Gong.

Der junge Uri Geller öffnete die Türen.

Drinnen gingen wir in den Saal im ersten Stock, wo 120 Meditationsmatten warteten, sechzig für die Männer, sechzig für die Frauen. Letztere traten am anderen Ende des Saales ein. Es war ein wunderschöner Raum mit freiliegenden Stützbalken und riesigen Fenstern. Keine Uhren. Mein Platz war in der Mitte, zweite Reihe von hinten; dort hatte ich am Vorabend meine Sachen abgelegt.

Ich schüttelte meine große rote Matte auf und verschob dann vorsichtig das kleine runde rote Meditationskissen, bis es genau in der Mitte lag. Als ich mit der Lage und der Fluffigkeit zufrieden war, ließ ich mich darauf fallen. Die meisten meiner Nachbarn saßen bereits im Lotussitz und hatten die Augen fest zu.

Vor uns, hinten links und rechts in der Halle, öffneten sich gleichzeitig zwei Türen. Aus der linken kam eine kleine, harmlos aussehende Maus von einem Mann. Er hatte eine Brille mit rundem silbernen Rahmen und vermutlich auch eine Nase und Augen und vielleicht sogar ein Kinn, wenn auch fliehend. Er nahm Platz auf einem erhöhten Podest vor der männlichen Hälfte der Halle, da, wo bei einem Gymnastikkurs ein Vorturner stehen würde.

Das war unser Kursleiter.

Die Kursleiterin schlurfte zu ihrem Hochsitz. Sie war, vorsichtig geschätzt, 214 Jahre alt. Ihre weißen Haarbüschel standen wild und unordentlich vom Kopf ab. Es sah aus, als hätte der Tod sie schon vor Jahrzehnten holen wollen, sie beim Meditieren entdeckt, hätte angenommen, dass sie bereits tot war, und wäre nie wiedergekommen. Sie saß stark nach links gebeugt, wie eine sturmgebeugte Hütte.

Sie gefiel mir.

Sie hatte was.

Oder sie hatte was genommen.

Die Kursleiter schlossen die Augen, also schloss ich meine auch. Jetzt ging es los, nahm ich an. Wahrscheinlich. Eine Männerstimme leierte aus unsichtbaren Lautsprechern in einer Sprache, die ich nicht einordnen konnte. Die Stimme sang, sozusagen, aber in einem ziemlich tiefen, krächzenden Falsett, das sich anhörte, als würde ein Frosch von einem Stück Sperrholz erschlagen.

Das Leiern dauerte zehnhunderttausend Millionen Jahre.

Später erfuhr ich, dass die Stimme auf Pali leierte, der alten Sprache Indiens und Buddhas. Der Mann, der da säuselte, war Satya Narayan Goenka, ein indisch-burmesischer Geschäftsmann, der zum Meditationslehrer geworden und 2013 gestorben war. Er sollte uns – durch die Aufnahmen, mit denen jede Sitzung hier begann und endete, sowie durch nächtliche Videovorträge – die Vipassana-Technik lehren. Alle 160 Dhamma-Dharā-Zentren auf der ganzen Welt verwendeten seine Reden und Aufnahmen.

«Beooooobachchchchte, wie der Aaaaatem in die Nasenlöcher ein- und wieder ausströmt», sagte er.

Langer Atem.

Leises Stöhnen.

Er sprach äußerst ungewöhnlich: Er beschleunigte und verlangsamte seine Rede wahllos. Dabei klang er wie ein schlechter Laienschauspieler, der einen schlechten Laienschauspieler imitiert, der Meister Yoda mit Schlaganfall spielt.

«Vielleicht strööömt er in das rechchchchchte Nasenloch ein. Vielleicht strömt er manchmal sogar in bbbbeiiiiide Nasenlöcher gleichzeitig ein. GLEICHzeitIIIIG. Vielleicht strömt er durch das linke Nasenloch.»

Dramatische Pause.

Nasenatmung.

Leises Glucksen.

«BeOBachte nur. Versuche nicht, den Atem irgendwie zu veräääääääändern. BeOBachte nur. Geduuuuuuuuldig und beHARRliiiich.

Geduldig und beHARRliiiich. Mit Leiiiiidenschaft. Und mit klarem, gleichmütigem Geist.»

Lautes Glucksen.

Extravagantes Keuchen.

Es war ein holpriger Start mit uns beiden, aber ich schob das auf die frühe Stunde und seinen schiefen Gesang. Ich war froh, dass er hier war und mir endlich erklären konnte, was ich fühlen oder lernen oder von der Meditation haben sollte.

Aber das tat er nicht.

Er hörte einfach auf.

Es wurde still im Saal.

Ich wartete auf weitere Anweisungen.

Stattdessen verging eine ereignislose Minute. Mir wurde klar, es würden keine weiteren Anweisungen kommen. Wir waren ganz allein, alle miteinander, mit uns selbst.

Aus irgendeinem dämlichen Grund morgens um halb fünf.

Also versuchte ich, mit klarem und gleichmütigem Geist geduldig und beharrlich den Atem zu beobachten, wie er in das linke Nasenloch, in das rechte Nasenloch und manchmal sogar in beide Nasenlöcher gleichzeitig einströmte.

Ein ... linkes Nasenloch.

Aus ... rechtes Nasenloch.

Ein ... linkes Nasenloch.

Aus ... beide Nasenlöcher.

Die Zeit verging. Gedanken kamen und gingen. Konzentration wurde gefunden, dann wieder verloren. Ich wand mich oft hin und her. Meine Gedanken schweiften ab. Noch mehr Zeit verging. Ich konzentrierte mich wieder auf den Atem. Es verging weitere Zeit, irgendwie, vielleicht, glaubte ich.

Ein ... beide Nasenlöcher.

Aus ... beide Nasenlöcher.

Ein ... linkes Nasenloch.

Aus ... linkes Nasenloch.

Da wanderten sie wieder, die Gedanken. *Ist in Ordnung,* beschloss ich. Die Sitzung war jetzt sowieso fast vorbei. Ich öffnete die Augen und horchte angespannt auf den Gong. Was für eine herrliche Erleichterung würde dieser Gong sein. Mein rechtes Knie war stinksauer auf mich. In der Pause könnte ich spazieren gehen, etwas Wasser trinken, mich dehnen, das Knie bewegen.

Aber kein Gong?

Ich schloss die Augen und war fest entschlossen, in den wenigen Minuten, die mir noch blieben, so gut wie möglich zu meditieren – vielleicht sogar die sauberste, reinste und gesündeste Meditation hinzulegen, die die Welt je gesehen hatte. Ich dachte an Cheddar-Käse. Dann an Kate Bush. Danach an einen Urlaubstag mit meinen Eltern in der Disney World, an dem ich in voller Montur in einen Swimmingpool fiel und so geschockt war, dass ich mir in die Hose machte. Dann an ein spanisches Restaurant, wobei ich eine besonders brutale, halböffentliche Trennung erneut durchlebte. Dann fickte Evelyn in unserem Bett mit jemand anderem, und es gefiel mir überhaupt nicht, dabei zuzuschauen.

Hatten sie den Gong vergessen?

Wo war der Gong?

Ich könnte den Gong selbst schlagen.

Ich schlenderte hinaus in den Vorraum, um nachzusehen, ob die Uhr vielleicht stehen geblieben war. Wir wurden nicht überwacht und konnten kommen und gehen, wie wir wollten. Die Uhr sagte, dass einundzwanzig Minuten vergangen waren. Ich sah sie an, den Kopf schräggelegt, und hatte das Gefühl, etwas Schweres sei auf mich gestürzt. Ein Amboss zum Beispiel. Ich humpelte zurück zu meiner Matte, kniete mich hin und versuchte, meine wachsende Angst unter sorgfältiger Beobachtung meines Atems zu verbergen.

Als Goenkas Stimme am Ende der Sitzung wieder ertönte, nicht um weitere Anweisungen zu geben, sondern um noch ein kehliges Lied auf Pali zu leiern, waren meine Beine beide abgestorben, und ich flehte um Linderung.

«Ruhe dich aus», sagte er schließlich, als ich schon alle Hoffnung hatte fahren lassen.

Das war *eine* Einheit?!

Ich sah mich um, die Leute verließen den Raum. Wie kaputt musste ihr Leben sein, dass sie bereit waren, sich so etwas anzutun? Als ich wieder gehen konnte, schlich auch ich nach draußen und übte mich im Edlen Schweigen. Ich dehnte mich fünf Minuten. Die Angst, die an mir genagt hatte, seit ich am Morgen aufgestanden war, fraß jetzt große Stücke von meinem Selbstvertrauen auf.

Ich kann das nicht.
Ich werde nicht durchhalten.
Ich muss aufhören.
Aber was ist dann mit ihr? Was ist mit uns?
Und ich wäre ein Versager. Kann ich damit umgehen?

Ich lief verwirrt herum.

Wieder ein Gong.

Wieder eine Einheit.

Glücklicherweise dauerte Goenkas Gesang diesmal nur wenige elende, schiefe Minuten.

«Beooobachte, wie der Aaaatem in das Nasenloch einströmt und wieder ausströmt. Vielleicht strömt er in das linke Nasenloch ein. Vielleicht strömt er in das rechte Nasenloch ein. Vielleicht strömt er manchmal sogar in bbbbeiiiiide Nasenlöcher gleichzeitig ein. GLEICHzeitIIIIG. Du sollst hier nicht deinen Atem kontrollieren oder regulieren. Wenn er tief geht, geht er tief. Wenn er flach bleibt, bleibt er flach. Wenn er durch das linke Nasenloch geht, bist du dir dessen bewusst. Wenn er durch das rechte Nasenloch strömt, bist du dir dessen bewusst. Wenn er durch beide Nasenlöcher gleichzeitig strömt, bist du dir dessen bewusst. Beobachte einfach die Wirklichkeit, wie sie ist, nicht wie du sie gerne hättest.»

Stalker-am-Telefon-Atmung.
Elegantes Wimmern.

«Geduuuuuuuuldig. Mit Leidenschaft, aber beharrlich. Gleichbleibend. Gewissenhaft.»

Schnorchel schnorchel.
Nasenfurz.

«Du wiiiiirst Erfolg haben. Wirst Erfolg HAAAAAAbenn.»

Er war ein Fan von Wiederholungen, das lernte ich gerade.

Wir meditierten wieder, waren allein mit unseren Gedanken. Ich stellte fest: Wie sehr ich mich auch mühte, meinen Geist an der Leine zu halten, er brach immer wieder aus und rannte davon, auf der Suche nach Spaß. Vier, fünf Atemzüge, mehr nicht. Ich blieb trotzdem. Saß. Konzentrierte mich. Befolgte Goenkas Anweisungen und war dabei zutiefst unglücklich.

Ein ... rechtes Nasenloch.

Aus ... rechtes Nasenloch.

Ein ... linkes Nasenloch.

Aus ... beide Nasenlöcher.

Diese zweite Einheit war geistige und körperliche Folter. Ich hatte offensichtlich einen schrecklichen Fehler gemacht. Und es war ihre Schuld. Warum hatte sie mich hierhergeschickt?

Ich öffnete die Augen und sah mich um. Alle anderen schienen bei der Sache und meditierten pflichtbewusst. Wenn die anderen 119 Menschen in diesem Saal das konnten, warum ich nicht? Was hatten sie, das ich nicht hatte?

Viele Dinge, wie ich bald herausfinden sollte.

7. KAPITEL

Irgendwie überlebte ich diesen ersten Meditationstag, auch wenn ich mich fühlte, als hätte mich ein bösartiger, knüppelschwingender Mob angegriffen.

Mehr als die Schmerzen, die Verwirrung, die Traurigkeit machte mir der heftige reine Schock zu schaffen – dass ich so falsch gelegen hatte, so unvorbereitet war. Was ich Evelyn erzählt und lange über mich selbst geglaubt hatte, konnte ich vergessen – der Prozess hatte bereits gezeigt, dass ich meinen Geist nicht unter Kontrolle hatte.

In einigen Sitzungen hatte ich meine sich jagenden Gedanken verscheucht, indem ich praktisch nur an den Atem dachte, wie er ein- und ausströmte, hatte es aber höchstens zehn Atemzüge nacheinander geschafft.

In anderen Einheiten hatte ich froh sein können, wenn ich drei oder vier Atemzüge schaffte, bevor mein Hirn wie eine wildgewordene Geisterbahn unaufhörlich durch Gedanken, Erinnerungen, Worte, Lieder, Ideen, Hoffnungen und Ängste raste.

Ein ... linkes Nasenloch.

Aus ... rechtes Nasenloch.

Ein ... beide Nasenlöcher.

Und das war bloß der erste Tag. Mein Körper tat, was Körper bei Schock und in Notlagen immer tun: Er schrie mich an, ich solle weglaufen. Mein Geist stimmte nachdrücklich zu. Die beiden waren ein erstklassiges Team und prügelten mir die Entschlossenheit weich.

Alles tat weh.

Ich blieb natürlich, aber eigentlich nur, weil es mir zu peinlich war, am ersten Tag aufzugeben. Zuzugeben, dass ich der Schwächste unter 120 Leuten war? Wie sollte ich das verkraften?

Als wir im Vorraum des unteren Meditationssaals auf unseren ersten abendlichen Goenka-Videovortrag warteten, sah Freddy genauso verstört aus, wie ich mich fühlte. Unsere Blicke trafen sich kurz, seiner war verängstigt und abwesend. Ich versuchte, mich zu erinnern, wann mir zuletzt so elend gewesen war. Nicht mehr seit der Schulzeit. Nicht, dass ich an meine Schulzeit gedacht hätte.

Wieder der Gong. Die Tür zum Vortragssaal öffnete sich. Jeden Abend sahen wir uns einen aufgezeichneten «Dhamma-Diskurs»-Videovortrag an, in dem Goenka erklärte, was wir an diesem Tag gelernt hatten und was am nächsten Tag kommen würde.

Ich hatte jede Menge Fragen, und die dringlichste war: warum es sich für mich lohnen sollte, mich endlos und mechanisch immer wieder auf den Atem zu konzentrieren, der durch meine Nasenlöcher ein- und ausströmte. Die nächste: warum ich bei dieser scheinbar einfachsten Aufgabe, die man sich vorstellen kann, so spektakulär scheiterte.

Wir trotteten in den Raum. Hinlegen durften wir uns nicht, aber ich suchte mir einen Platz an der Wand, wo ich wenigstens meinen müden Rücken anlehnen konnte. Unser bebrillter Kursleiter, der mich an einen Vertrauenslehrer erinnerte, der von seinen Vorgesetzten schikaniert wird, startete den Projektor. Als Goenka erschien, lächelte der Kursleiter ihn an, als würde er einen lang vermissten Freund wiedersehen. Vielleicht war es ja so. Das Video war Teil einer Vortragsreihe, die 1991 aufgezeichnet worden war. Goenka saß im Lotussitz neben seiner Frau, die nichts sagte und nicht zu begreifen schien, warum sie dabei war.

Goenka redete; Goenka redete so gern. Das hatten er und Freddy gemeinsam. Mein Lebensmut sank, als er mit der Warnung loslegte, dass diese abendlichen Gespräche nicht der intellektuellen Unterhaltung dienten. Sie sollten uns nur helfen, die Technik zu verstehen.

«Der erste Tag ist voller großer Schwierigkeiten und Unannehmlichkeiten, teils weil du nicht gewohnt bist, den ganzen Tag zu sitzen und zu meditieren, aber vor allem wegen der Art der Meditation, die du zu praktizieren begonnen hast: Bewusstsein für die Atmung – für nichts als die Atmung.»

Er erklärte, dass der Geist immer entweder in die Vergangenheit oder in die Zukunft rast, um einer unglücklichen Gegenwart zu entkommen. Und doch, so Goenka, sei die Gegenwart der Ort, an dem wir leben. Die Vergangenheit ist vergangen, und die Zukunft existiert nicht, weshalb es nur darauf ankam, die gegenwärtige Realität zu verstehen, nein, zu *akzeptieren*. Unser Atem ist real und immer nur in der Gegenwart, also konzentrieren wir uns auf den Atem.

Einfach, nicht wahr? Was natürlich nicht dasselbe ist wie *leicht*.

«Morgen wird es etwas leichter sein, am nächsten Tag noch leichter. Nach und nach werden alle Probleme verschwinden, wenn du arbeitest. Niemand sonst kann dir die Arbeit abnehmen, du musst sie selbst tun. Du musst die Wirklichkeit in dir selbst erforschen. Du musst dich selbst befreien.»

Dann spielte er seine größten Hits:

«Geduldig und beharrlich. Mit Leidenschaft. Mit einem klaren und gleichmütigen Geist wirst du sicher Erfolg haben.»

Dann sang er wieder, natürlich. Hätte ich was zum Werfen gehabt, hätte ich es auf die Leinwand geworfen. Stattdessen steckte ich mir die Finger in die Ohren, bis er aufhörte, und dann stand ich auf und schnaufte wieder nach oben, wobei ich mir einredete, dass er die Sache langsam aufbaute, nicht alle Kaninchen schon am ersten Tag aus dem Hut zaubern konnte. Und als der Gong wieder ertönte, begann ich die letzte, elende, monotone, anstrengende Meditationseinheit.

Eine endlose, unbeschreibliche Spanne gedehnter und gekrümmter Zeit später sagte er schließlich die magischen Worte: «Ruhe dich aus.»

Es war vorbei; ich war frei. Ich konnte mich bewegen. Ich konnte mich hinlegen. Ich konnte meinem Ego frönen und meinen Atem vergessen, konnte ihn wie üblich als selbstverständlich ansehen. Ich konnte schlafen. Zunächst lief ich vierzig Minuten lang herum, ein kleines Entschuldigungsgeschenk an meinen Körper, dann fiel ich ins Bett.

Ein weiterer Gong. Licht aus.

Ein Tag geschafft, neun noch vor mir.

NEUN VOR MIR?
Was zur Hölle ist das hier?
Warum mache ich das?
Warum macht sonst irgendjemand das?

Um vier Uhr morgens ertönte der Gong erneut. Freddy stand auf und zog sich die Schuhe an. Ich versuchte, die Augen zu öffnen, aber jemand hatte sie zugeklebt.

8. KAPITEL

Tag 2 von 10: Vormittag

Ort: Bett

Stimmung: Tiefe Düsternis

Ich wand und drehte mich und versuchte mir einzureden, dass ich aufstehen sollte. Dass es nur zwei klitzekleine Stunden Meditation waren. Was war das schon im großen Weltenplan? Doch was nützt das Meditieren, wenn man so müde ist, dass man immer wieder einschläft? Es ist Arbeit, seinen Geist an die Leine zu legen, und Arbeit braucht Energie, die man natürlich durch Schlaf bekommt.
Wahrscheinlich.
Und zehn Stunden Meditation waren eine Menge. Zu viel sogar, da war ich sicher. Wenn ich die Einheit ausfallen ließ, konnte ich zu einer zivilisierten Uhrzeit aufstehen, um halb sieben – ausgeruht und vielleicht sogar in der Lage, zum Frühstück zu schlendern. Nach der Mahlzeit könnte ich mit vollem Bauch durch Wald und Feld spazieren, als Geste der Entschuldigung für die schrecklichen Dinge, die ich meinem Körper an diesem Tag antun würde.
Ich war überzeugt, Evelyn würde das verstehen. Als der nächste Gong ertönte, schlich Freddy – ein völliges Wrack, mal ehrlich, der das hier viel nötiger hatte als ich – aus dem Zimmer, während ich meinen Entschluss gefasst hatte, mich wieder zur Wand drehte und im Vertrauen auf meine unanfechtbare Logik wieder einschlief.
Um halb sieben geschah das hier Übliche: Der Gong rief. Weil ich zu viel Angst vor dem hatte, was der Tag bringen würde, schlenderte

ich nicht, sondern ging zügig zur Kantine, dem großen Saal, in dem wir uns angemeldet hatten. Ich stellte mich in die Warteschlange und hatte ein schlechtes Gewissen, weil ich die letzten Stunden in tiefem Schlummer verbracht hatte, während alle anderen «den natürlichen Atem beobachteten, um den Geist zu konzentrieren».

Am Ende der Warteschlange befand sich eine Theke. In deren Mitte stand ein riesiger Warmhaltetopf mit Porridge. Die Schlange teilte sich in zwei Hälften, die eine Hälfte ging vorne an der Theke entlang, die andere hinten. Nachdem wir uns Haferbrei aufgetan hatten, sollten wir uns an Weidenkörben mit Obst bedienen, das wir auf kleinen Holzbrettern kleinschneiden konnten. Da Zucker verboten war, waren diese Früchte die beste Möglichkeit, mein Essen und damit vielleicht auch mein Betragen zu versüßen.

Als ich zum Topf kam, lief mir schon das Wasser im Mund zusammen, und meine Zunge hing heraus wie bei einem Hund, der beim Metzger an der Hintertür bettelt. Ich schöpfte zwei reichliche Löffel dicken Haferbrei in meine orange Plastikschüssel und versuchte, mich zu beeilen, wohl wissend, wie viele hungrige Augenpaare mich nach der Morgenmeditation beobachteten und mich an der Theke entlang zu schieben versuchten, so wie ich selbst kurz zuvor die Leute verachtet hatte, die sich zu viel nahmen oder trödelten.

Ich ging weiter zu den Obstkörben und schnitt eine überreife Birne und dann einen Apfel auf. Mir gegenüber, auf der anderen Seite der Theke, schnitt ein großer, athletischer Mann mit schmalen braunen Augen, einem markanten Kinn und einem dicken blonden Pferdeschwanz, der ihm bis auf die Schulterblätter reichte, sein Obst. Er arbeitete schnell und methodisch. Ich wusste nichts über das Leben dieses Mannes, aber ich war mir sicher:

Er war auf einem Pferd geritten – ohne Sattel.

Er schrieb Gedichte – zu Räucherstäbchenduft.

Er hatte einen Baum gefällt – mit freiem Oberkörper.

Zwischen uns stand eine Schale für die Kerngehäuse und andere Abfälle. Als ich mit meinem Apfel fertig war, warf ich das Kerngehäuse hinein. Ich wollte gerade mein Messer weglegen und von der

Theke fortgehen, als der Mann von seinem eigenen Apfel abließ und *mein* weggeworfenes Kerngehäuse aus der Schüssel nahm.

Ich erstarrte. Die Zeit blieb stehen, aber die Zeit war hier ja auf ewig eingefroren. Er legte mein Kerngehäuse auf sein Schneidebrett und schnitt einige unbedeutende, winzig kleine Stücke Fruchtfleisch davon ab.

Eine heiße Welle der Scham überrollte mich. Was für eine Dreistigkeit. Er tadelte mich öffentlich für meine Verschwendung, und das in dieser moralisch selbstgerechten Umgebung. Sie alle hatten es gesehen, da war ich mir sicher. Und jetzt urteilten sie alle über mich mit ihren knirschenden, knusprigen Vollkornhirnen.

Zu meiner Verteidigung sei gesagt, dass ich kein Mann der Präzision bin. Ich bin nachlässig, schlampig, ein ständiger Abkürzer, Ausnahmeregler und Grenzfallenthusiast. Trotzdem war seine öffentliche Korinthenkackerei einfach drüber. Und so blieb ich stehen und starrte ihn an. Meine linke Hand brannte von der Hitze des Haferbreis in der blöden Plastikschüssel, und ich starrte diesem Mann so dicht neben die Augen, wie ich mich traute, ungeheuer hasserfüllt.

Es war der schärfste, wütendste, finsterste Blick meines Lebens. Schärfer als das Messer in meiner Hand, das ich, wie ich jetzt sah, genau im richtigen Winkel hielt, um ihm ein Auge auszustechen, wenn ich mich über den Tresen stürzte, und glauben Sie mir: Genau das hätte ich am allerliebsten auf der Welt getan. Hätte ich wahrscheinlich auch getan, wenn unsere Welt keine Konsequenzen bereithielte.

Entschuldigung, ich meine: Ich hätte versucht, sein Auge zu entfernen, aber ich hätte so schlecht geschnitten, dass er selbst noch hätte nacharbeiten, die letzten Reste des Sehnervs herausschneiden müssen und dabei vielleicht geschimpft oder sein anderes Auge verdreht hätte.

Sein heiles Auge.

Obwohl ich mir vorstellte, dass er mit einem Auge wahrscheinlich gut aussehen würde.

Wahrscheinlich würde er sich einen Papagei zulegen.

Wahrscheinlich hatte er schon einen Papagei.

Irgendwann legte ich das Messer schließlich weg, schlurfte davon und schwor, dass ich in diesem oder im nächsten Leben (er glaubte mit Sicherheit an eine Form der Reinkarnation) blutige Rache an ihm und seiner Familie und vielleicht auch an seinen Haustieren nehmen würde.

Übertrieben, meinen Sie?

Ein bisschen überkandidelt?

Totaler Overkill für so eine Kleinigkeit?

Vielleicht, aber in dieser Umgebung wurden Kleinigkeiten riesenhaft. HIER PASSIERTE NICHTS. Es gab keinen Klatsch, keine Skandale, keine Nachrichten oder Unterhaltung (sinnlich oder anderweitig). Es gab keine Interaktionen irgendwelcher Art. Man konnte nichts tun als Leute beobachten, wie sie sich umherbewegten und triviale, alltägliche Dinge taten. Wir hatten interagiert, der Apfelficker und ich. Bis zum Ende dieses Tages würde jeder einen Spitznamen abkriegen – warum nicht?

Ich hatte ja Zeit.

Meine Güte, hatte ich Zeit!

Außer Zeit hatte ich praktisch nichts.

Und Scham. Ich war innerlich ganz nass vor Scham.

Ich aß meinen Haferbrei schweigend, wie alle anderen auch, doch ich wusste, dass mein Schweigen schwerer wog als ihres. Gelegentlich schaute ich zum Apfelficker hinüber, in der Hoffnung, er würde sich an einem kleinen Stück meines ergaunerten Apfels verschlucken. Stattdessen lächelte er selig mit all seiner jugendlich-ritterlichen Lebensenergie.

Ich verschwendete keinen einzigen Spritzer meines unzureichend gesüßten Haferbreis, wusch meine Schüssel ab, stapfte nach draußen und auf und ab und hin und her im Wald herum, um mir klar zu werden, wie ich in diese Situation geraten war – vor mir so viel Meditation und nichts, was ich über mich selbst lernen könnte.

Und dann … traf mich eine so plötzliche und heftige Erkenntnis, dass ich über eine Baumwurzel stolperte, nach vorn fiel und mir in ein kleines Stück von meiner Zunge biss. Es war etwas, das Goenka am Abend zuvor im Dhamma-Diskurs gesagt hatte: Dieses Retreat war ein tiefer, chirurgischer Schnitt in unser Unterbewusstsein, und der würde eine Menge Eiter zum Vorschein bringen.

Mein Unterbewusstsein. Was, wenn ich damit genauso schlampig und unaufmerksam umging wie mit den Äpfeln, die ich aufschnitt? Würde das nicht heißen, dass mein ganzes Gerede, wie gefestigt ich sei und wie gut ich mich selbst kannte und wie ich mich all meinen Traumata und Dämonen gestellt hatte, eine Lüge war?

Und das könnte auch heißen, dass da unten noch jede Menge Eiter war. Eine Menge wildes Fleisch, das ich nicht aus dem Gewebe meiner vergangenen Fehltritte geschnitten hatte. Dieser Gedanke erschreckte mich, und gerade als ich über den kleinen Zaun zwischen dem Drecksloch von Stadt und mir springen wollte, schlug irgendein Idiot irgendeinen Gong, und ich musste meditieren gehen.

9. KAPITEL

Die ersten fünf Minuten jeder Meditationseinheit
des ersten und zweiten Tages

OH GOTT BITTE GOTT NEIN GOTT ICH WERDE ALLES TUN.

Seufzend lasse ich mich auf mein Kissen fallen, reibe mir Oberschenkel und Füße und die Knubbel in meinem Rücken.

Ein paar Mal sage ich mir, dass ich ein Idiot bin, und zähle dabei, wie viele Einheiten ich an diesem Tag schon absolviert habe, wie viele noch vor mir liegen, wie viele Tage noch übrig sind. Ich kann nicht fassen, dass die Zahl immer noch so hoch ist, und zähle erneut nach.

Die Zahl ist immer noch gleich hoch.

OH GOTT BITTE GOTT NEIN GOTT ICH WERDE ALLES TUN.

Ich fantasiere davon, wie es sich anfühlen wird, diesen Ort am elften Tag zu verlassen. Ich stelle mir vor, den Ort sofort zu verlassen, mich bis zum elften Tag in einem Luxushotel mit extra flauschigen Bademänteln zu verstecken, dann nach Hause zu fahren und so zu tun, als hätte ich die Klausur mit Bravour gemeistert und entscheidende Dinge über mich selbst gelernt, die ich aber hartnäckig im Ungefähren lassen würde.

Wieder in den Lotussitz?

Knien?

Mit aufgestellten Beinen sitzen?

Was macht es für einen Unterschied? Es ist alles gleich scheiße.

Lotussitz, denn alle anderen scheinen ihn zu bevorzugen.

Ich winkle meine Beine an und versuche, den stechenden Schmerz zu ignorieren, der in meinen Hüften aufflammt. Ich drücke mich fester in mein Kissen und versuche, die Körperteile aufzuwecken, die von den vorherigen Sitzungen schon ganz taub sind.

OH GOTT BITTE GOTT NEIN GOTT ICH WERDE ALLES TUN.

Goenka singt. Mein Magen brodelt vor heißer, saurer Wut. Dann fällt mir ein, dass ich eigentlich nicht meditieren muss, während er singt. Und wenn er singt – was er jedenfalls zu tun glaubt –, muss Zeit vergehen (egal wie langsam), was heißt, dass wir uns dem Ende dieser Meditationseinheit nähern.

Jippie.

Oh, er hat aufgehört zu singen.

Die Einheit hat begonnen, Adam.

Richtig, genau, tut mir leid, Adam.

Ich schließe die Augen.

Okay, Adam, diesmal wird es gut.

Ja klar, Adam, ganz sicher.

Dann konzentrier dich auf den Atem, Junge. Los geht's.

Ein ... linkes Nasenloch.

Aus ... linkes Nasenloch.

Ein ... rechtes Nasenloch.

Aus ... beide Nasenlöcher.

Warum tue ich das? Das ist dumm.

DENKT

Zurück zum Atem.

Ein ... beide Nasenlöcher.

Aus ... beide Nasenlöcher.

Ein ... linkes Nasenloch.

Aus ... rechtes Nasenloch.

Du bist ein Schwindler.

DENKT

Zurück zum Atem.

Ein ... linkes Nasenloch.

Aus ... linkes Nasenloch.
Ein ... linkes Nasenloch.
Aus ... beide Nasenlöcher.
Running up that hill. Been running up that ... GOD. DIFFERENT FACES.
SINGT
Zurück zum Atem.
Ein ... beide Nasenlöcher.
Was ist das für ein Geräusch? Oh, ein Mann weint. Wie seltsam er weint. Klingt wie eine Ziege, die in einem Eimer steckt. Wenigstens bist du keine Ziege, die in einem Eimer steckt. Wenigstens weinst du nicht so vor allen Leuten. Noch nicht. Du hast mal deinen Hund verloren. Weißt du noch? Steckte er in einem Eimer? Nein, das war im Wald. Im Wald gab es einen Exhibitionisten. Der hat sich mal vor deiner Mutter entblößt. Sie schrie: «Mehr hast du nicht zu bieten?», und er rannte weg. Deine Mutter ist eine nette Frau. Du solltest deine Mutter öfter anrufen. Du bist ein Scheißsohn.
DENKT
Zurück zum Atem.
Ein ... linkes Nasenloch.
Aus ... beide Nasenlöcher.
Come on baaaaaby. Come on darrrrling. YOU AND ME. I'D MAKE A DEAL. OOOOOOOOHHHHH. Been running up that God. DIFFERENT FACES.
SINGT
Zurück zum Atem.
Die einzige gute Seite in diesem Buch ist Seite zweiundsiebzig, was daran liegt, dass sie leer ist. Erinnerst du dich an die Rezension deines zweiten Buches? Brutal. BRUTAL. Menschen können so grausam sein. Du bist auch ein Scheißautor.
DENKT
Zurück zum Atem.
Ein ... beide Nasenlöcher.
Die Farbe Lila ist schön. Jemand sollte mehr Farben erfinden. Manche

Frauen haben zusätzliche Zapfen im Auge. Habe ich alle Zapfen? In dieser Dokumentation über Zapfen wurde erwähnt, dass eine bestimmte Fischart etwa eine Million Zapfen hat! Sie können tausend Lilas sehen. Aber sie sind immer noch Fische. Was hat es für einen Sinn, ein Fisch zu sein? Was ist der Sinn von allem? Was ist der Sinn von Nihilismus? Guter Punkt. Das Leben ist sinnlos, aber nicht wertlos. Das ist gut. Habe ich mir das ausgedacht oder ist das ein Zitat? Wahrscheinlich habe ich es mir ausgedacht. Ich bin sehr klug. Beinahe.

DENKT

Zurück zum Atem.

Ein ... linkes Nasenloch.

Aus ... linkes Nasenloch.

Ein ... rechtes Nasenloch.

Aus ... rechtes Nasenloch.

Erinnerst du dich, wie du sechs Jahre alt warst und deine Eltern dich gezwungen haben, an einem Gesünder-leben-Wettbewerb teilzunehmen, den du gegen einen dicken Jungen verloren hast? Schokolade. Ein bisschen Schokolade wäre toll. Nicht für den dicken Jungen, sondern für dich. Wo dieses Kind jetzt wohl ist? Ich wette, der hat es weit gebracht. Wenn auch langsam.

DENKT

Zurück zum Atem.

Ein ... linkes Nasenloch.

Aus ... linkes Nasenloch.

Ein ... rechtes Nasenloch.

Aus ... rechtes Nasenloch.

Erinnerst du dich, wie du Ukulele lernen wolltest? Was für ein schlechter Witz. Erinnerst du dich, wie du Gitarre lernen wolltest? Was für ein schlechter Witz. Erinnerst du dich, wie du Klavier lernen wolltest? Was für ein schlechter Witz. Weißt du noch, wie oft du kurz davor warst, eine Geige zu kaufen? Du bist ein schlechter Witz. Goenka ist musikalischer als du.

«Schlechter Witz» – ein guter Bandname? «Die schlechten Witze» – besser?

Müsste jetzt fast eine Stunde sein, oder?
DENKT
Zurück zum Atem.
ARGH. MEINE HÜFTE. AUTSCH. BLÖDE HÜFTE. BLÖDE VIPASSANA. BLÖDE MEDITATION. BLÖDER GOENKA. BLÖDE EVELYN.
MAULT
Zurück zum Atem.
Ein ... beide Nasenlöcher.
Aus ... rechtes Nasenloch.
Ein ... beide Nasenlöcher.
Aus ... beide Nasenlöcher.
Ein ... beide Nasenlöcher.
Aus ... linkes Nasenloch.
Du hast sechs Mal geatmet, ohne zu denken! Du wirst immer besser. Eigentlich machst du das großartig. Du bist ein Meditationsgott. Du bist so gut darin. Es ist unglaublich, wie gut du bist. Wenn die Leute nur wüssten, wie unglaublich gut du bist. Du solltest es den Leuten erzählen. Du solltest ein Buch schreiben. Du könntest der neue Goenka sein.
Es muss jetzt fast eine Stunde sein, oder?
Scheiße, ich denke.
Wirklich? Denkst du?
Ja, ich denke.
Nein, tue ich nicht.
Wir reden miteinander.
Ah ja. Sehr eigenartig.
DENKT
Zurück zum Atem.
Ein ... beide Nasenlöcher.
Aus ... rechtes Nasenloch.
Noch jemand weint. Das arme Schwein. Sollte ihm nicht jemand helfen? Nein, ignorier ihn einfach. Er muss das selbst schaffen. Sagt Goenka.
Running down the hill. Running up that street. OOOOOOO-HHHHHH. SWAP OUR FACES.

Idee für ein Buch: «Die hohe Kunst der Inkompetenz. Wie man in allem verblüffend unelegant versagt».

DENKT

Zurück zum Atem.

Ein ... rechtes Nasenloch.

Aus ... linkes Nasenloch.

Weißt du noch, dieser Typ an der Universität, Piss Tom? Wie er sich in einer irischen Bar von dir abwandte, diskret in sein Pint pinkelte und es dir dann anbot? Du hast gefragt: «Ist das Pisse, Tom?», und er hat ganz lässig gemeint, als würde er dir die Uhrzeit sagen: «Ja, ist es.»

DENKT

Zurück zum Atem.

Ein ... beide Nasenlöcher.

Aus ... beide Nasenlöcher.

Ein ... linkes Nasenloch.

Sind Walnüsse nach Walen benannt? Sind Erdnüsse eigentlich Nüsse? Es gibt so viel Wissenswertes über Nüsse. Das geht mir auf die Nüsse. Oooh, ich habe ein Wortspiel gemacht. Keine Wortspiele. Du bist scheiße. Nein, du bist der Größte. Du bist die größte Scheiße.

DENKT

Zurück zum Atem.

Ein ... linkes Nasenloch.

Aus ... linkes Nasenloch.

Geschäftsidee: Geschwistertausch – eine Plattform, auf der Menschen, die mit ihren Geschwistern nichts gemeinsam haben, diese an Einzelkinder abgeben können, die einen Second-Hand-Bruder oder eine Schwester suchen. Rechtlich bindend.

DENKT

Zurück zum Atem.

Evelyn liebt dich nicht wirklich. Sie tut nur so, als ob. Keiner liebt dich. Du bist nicht liebenswert. Das weißt du. Alle wissen das. Sie fickt gerade andere Männer in deinem Bett. Echte Männer. Straffe Männer. Männer mit Schultern. Männer mit Autos. Männer mit Whisky-Sammlungen. Männer namens Glenn mit Glens.

DENKT

Zurück zum Atem.

Adam, wenn Sie in diese bewundernden Gesichter Ihrer vielen Fans blicken, wie fühlen Sie sich jetzt, da Sie endlich den Booker-Preis gewonnen haben? Ich bin demütig. Selbst in meinen wildesten Träumen, Fantasien und inneren Monologen hätte ich mir nie vorstellen können, hier vor Ihnen zu stehen und diesen prestigeträchtigen Preis entgegenzunehmen. Ich weiß, ein Erdkundelehrer an Ihrer Schule hat gesagt, Sie würden wahrscheinlich Ihr ganzes Leben lang bei McDonald's arbeiten. Wollen Sie ihm irgendetwas sagen? Bist du jetzt Happy Meal, McMotherfucker? Nein, sag ihm das besser nicht. Das ist wirklich lahm. Ich habe nichts zu sagen. Meine Leistungen sprechen für sich selbst. Was sind sie denn genau, Ihre Leistungen? Habe ich nicht den Booker-Preis gewonnen? Ach ja, richtig. Die einzige gute Seite war leer.

DENKT

Zurück zum Atem.

Erinnerst du dich an die Sache in der Schule mit dem Wurm?

DENKT

Zurück zum Atem.

Erinnerst du dich an die Sache in der Schule, als sie deinen Kopf ins –

DENKT

Zurück zum Atem.

Erinnerst du dich an die Sache in der Sch–?

DENKT

Zurück zum Atem.

Warum denkst du nie an die Schule? Die Schule ist wichtig. So viele Jahre. Ich glaube, du hältst dich für was Besseres als deine Schule. Was Besseres als deine Heimatstadt. Bist du aber nicht. Du bist ein Betrüger. Ein Schwindler. Du bist immer noch das kleine gemobbte Kind, und wenn du selbst ein Kind hast, wird es auch ein kleines gemobbtes Kind werden.

DENKT

Zurück zum Atem.

Du liebst sie auch nicht, weißt du das? Sie ist bloß sehr attraktiv. Sie ist ein Schmuckstück. Du wirst dich mit ihr entfreunden, so wie du dich mit allen anderen entfreundest, weil sie keinen Spaß mehr macht. Wenn du nur so gut darin wärst, Obst zu schneiden, wie du Leute aus deinem Leben schneidest. Du bist so scheiße.

DENKT

Zurück zum Atem.

Noch zwei Versuche. Das war's dann. Dann habt ihr alles probiert. Davon wirst du dich nicht erholen. Und sie auch nicht. Guck sie dir an. Sie geht kaputt, und du gehst in Deckung. Du hast dich so gut versteckt, dass sie dich hierhergeschickt hat, an den einzigen Ort, wo es kein Versteck gibt. Einen Ort, der dein Verderben sein wird. Deine Auflösung. Du löst dich schon auf. Das ist nur der Anfang. Du bist ein beschissener Liebhaber. Und ein beschissener Freund. Nein, bin ich nicht. Die verdienen mich alle gar nicht, keiner von ihnen. Ich bin in Ordnung. Ich bin nett. Beinahe. Ich bin fehlerhaft, aber das sind sie auch. Sie sind noch fehlerhafter. Mir ging es vor ihr gut, und mir wird es auch nach ihr gut gehen. Ich bin einer der ganz Großen.

DENKT

Zurück zum Atem.

Come on baby. Feel how it feels. OOOOOHHHHH. YOU AND ME. I CAN. I COULD. I'D MAKE A DEAL.

SINGT

Zurück zum Atem.

Du solltest weglaufen. Früher bist du ständig weggelaufen. Weglaufen ist wirklich unterbewertet. Erinnerst du dich an den Monat in Bangkok? Das war herrlich. Aufwachen, einen Punkt auf der Karte markieren und hinfahren. Der Skytrain. Es regnete praktisch Sriracha-Soße. Essen aus Hexenkesseln direkt auf der Straße. Die Luft dick wie Joghurt. Wie es nach dem Regen roch. Da warst du frei. Was ist bloß mit dir passiert? Du könntest dahin zurück. Du bist noch jung. Du bist immer noch begehrenswert. Beinahe.

DENKT

Zurück zum Atem.

Ein … rechtes Nasenloch.

Aus ... beide Nasenlöcher.

Ein ... linkes Nasenloch.

Warum hast du nie über deine Reise in den Iran geschrieben? Warum schreibst du immer noch Reiseerinnerungen? Kein Mensch interessiert sich für dein Leben. Aaah, ich war im Urlaub, und jetzt soll die Welt davon erfahren?

DENKT

Zurück zum Atem.

Du bist der Größte. Halt durch. Die Anerkennung wird kommen. Niemand sonst hat, was du hast, Junge. Du bist ganz besonders. Du hast eine Gabe. Du wirst ständig zu wenig gewürdigt. Wer so gut ist wie du, kann nicht für immer unentdeckt bleiben.

DENKT

Zurück zum Atem.

Du bist scheiße. Du bist schrecklich. Du bist ein Schmierfink. Du bist der traurige halbtote Furz eines traurigen halbtoten Sackes voll trauriger halbtoter Scheiße.

DENKT

Zurück zum Atem.

Ich hasse Golf. Golf ist das absolut gottverdammte Schlimmste.

Ein ... rechtes Nasenloch.

Aus ... linkes Nasenloch.

Es muss jetzt eine Stunde sein, oder? War das der Gong? War nicht der Gong. Komisch, dauert schon so lange. Ja, wird definitiv Zeit. Es ist schon spät. Sie sind spät dran. Die Sitzung muss jetzt enden. Sie muss jetzt enden. Ich kann nicht mehr. OH GOTT BITTE GOTT NEIN GOTT ICH WERDE ALLES TUN. Es tut weh. Rücken. Knöchel. Oberschenkel. Knie. OH GOTT BITTE GOTT NEIN GOTT ICH WERDE ALLES TUN. Ich kann das nicht. Ich kann das nicht. Ich kann das nicht. Ich werde wahnsinnig. Warum tue ich das? OH GOTT BITTE GOTT NEIN GOTT ICH WERDE ALLES TUN.

VERZWEIFELT

Zurück zum Atem.

10. KAPITEL

Berlin, etwa anderthalb Jahre vor dem Retreat

Ich stöhnte auf und schloss den Tab: Wieder eine Schule von der Liste gestrichen. In meiner Excel-Tabelle «Berliner Schulen» waren nur noch drei übrig. Eine Kalendererinnerung ploppte unten rechts auf dem Bildschirm auf:

Aus zwei wird eins wird drei? Sexy Sex Sex (Bett)

Schickte jetzt schon der Kalender Spam? Diese Internetbetrüger wurden von Tag zu Tag kreativer. Ich klickte es weg, als Evelyn an der Tür erschien.

«Was treibst du?», fragte sie. «Ich höre dich durch die Wand stöhnen.»

Ich drehte mich auf meinem Bürostuhl zu ihr um und hob meine Beine auf das Bett, wobei ich die großzügige Neigung des Stuhls ausnutzte. «Jede Schule hier in der Gegend ist die Komplettkatastrophe. Wir müssen so schnell wie möglich umziehen.»

«So schnell wie möglich? Sagt wer?»

«Alle, die gerade die Schulberichte gelesen haben, die ich gelesen habe.»

«Was ist mit dieser großen Schule neben dem Supermarkt?»

«An der herrscht Ausnahmezustand. Ich habe gerade ein Interview mit der Schulleiterin gelesen, die gesagt hat, ihr größtes Problem sei die Gewalt und sie planten», – ich machte Anführungszeichen in die Luft – «‹benachteiligte Jugendliche durch sportbasierte Interventionen wieder einzugliedern›.»

«Igitt», sagte sie, kam herein und legte sich auf ihre Bettseite. «Sport.»

«Wir müssen umziehen», sagte ich lobenswert ernsthaft.

«Wir haben noch nicht mal ein Kind. Wir sind nicht mal nah dran. Es klappt nie. Wir vögeln wie verrückt und es klappt nie. Jeden Monat die gleiche traurige Achterbahn aus Hoffnung und Verzweiflung.»

«Verzweiflung?» Ich war ganz sicher nicht verzweifelt. «Es sind doch erst sechs Monate.»

«Genau», sagte sie leise. «Sechs Monate.»

«Also, je länger es dauert, desto gentrifizierter werden die Schulen sein, schätze ich. Ist doch immer so. Ich schicke unser Kind nirgendwohin, wo es für sein Essensgeld abgestochen wird.»

Sie runzelte die Stirn. «War deine Schule wirklich so schlimm? Du sprichst nie darüber.»

«Ich ...» Ich stockte. «Gibt auch keinen Grund dazu.»

«Wir ziehen nicht um», sagte sie. «Ich kann mir nicht gleichzeitig Gedanken darüber machen, in welche Schule das Kind gehen *und* ob es überhaupt existieren wird. Ein Problem nach dem anderen.»

Sie konzentrierte sich auf das falsche Problem. Ja, sie war noch nicht schwanger, aber es waren ja auch erst sechs Monate.

Ich holte tief Luft. «Ich möchte, dass unser Kind in einem baufälligen Bauernhaus in einem charmanten französischen Dorf mit nur drei anderen Schülern zur Schule geht, wo sie häufig Pony reiten gehen.»

«Diese Wohnung ist schön und billig, und die Gegend ...» Sie nahm mein Kissen, legte es auf ihres und drehte sich auf den Rücken. «Schlimmer kann es doch nicht mehr werden, oder?»

«Heute hat sich eine Frau im Hauseingang einen Schuss gesetzt.»

«Tja», sie kicherte, «dafür ist der Obdachlose, der auf der Treppe gelebt hat, seit zwei Tagen nicht mehr aufgetaucht. Das ist doch was.»

Ich kratzte mir die Bartstoppeln, sagte aber nichts und träumte vom Ponyreiten.

«Hast du meine Kalendereinladung gesehen?», fragte sie und leckte sich die Lippen.

Ich riss die Augen auf. «Das warst *du*?»
«Hier wird sich einiges ändern», sagte sie.
«Sechs Monate sind nicht viel.»
«Echt jetzt? Das waren die längsten sechs Monate meines Lebens.»
«Okay.» Ich fragte mich, warum sie so übertrieb.
«Wir müssen Sex haben», sagte sie und strich sich mit der Hand den Bauch hinunter. «Ich habe meinen Eisprung.»
«Woher weißt du das?»
«Ich habe auf so einen Stab gepinkelt. Und meine Temperatur gemessen. Und die App.»
Mir wurde schwindlig. «Jetzt pinkeln wir schon auf Stäbchen?»
«Ich schon.» Sie nickte. «Du nicht.»
«Ooh», sagte ich und rieb mir die Schläfen. Das war ganz schön viel auf einmal. Normalerweise verwendeten wir nicht so viele Dinge. Wir ließen der jungen Liebe einfach ihren natürlichen, lustvollen Lauf. Und Wein – Wein half immer. Plötzlich setzte Evelyn sich wortlos auf, packte ihren blauen Pullover am Bündchen und zog ihn über den Kopf, wobei ein lila BH zum Vorschein kam.
«Was machst du da?», fragte ich.
Grinsend knüllte sie den Pullover zusammen und warf ihn zu Boden. «Was glaubst du?» Sie beugte sich vor, griff nach hinten und öffnete den BH, der nach vorn fiel.
«Normalerweise ziehe ich dich aus.»
«Ah», sagte sie und hielt inne. «Stimmt.»
«Verführung und so. Ich habe meine Strategien.»
Sie lachte belustigt und aus tiefer Kehle, ließ den BH zu Boden fallen und knöpfte ihre schwarze Jeans auf. «In einer Stunde treffe ich mich mit Sana. Keine Zeit für deine Spielchen.»
«Vielleicht möchte ich, dass du den BH anbehältst?», sagte ich leise, wie ein Kind, das seinen Ball zurückhaben möchte.
Sie ließ den Reißverschluss los. «Ich könnte ihn wieder anziehen.»
Ich schaute auf meinen Monitor. «Und ich bin hier ziemlich beschäftigt.»
Sie verdrehte die Augen. «Du bist nicht beschäftigt, und du hast

noch nie eine Gelegenheit für Sex mit mir ausgeschlagen. Also, zier dich nicht so, komm her und vernasch mich.»

«Ich ...» Ich stellte die Füße auf den Boden, dann legte ich sie wieder hoch, weil sie unerklärlich schwer geworden waren. «Also ...» Ich war verwirrt, denn eine umwerfend attraktive Frau, die mich halbnackt eindeutig aufforderte, war oberflächlich betrachtet kein Grund zur Beunruhigung, aber in meinem Kopf ertönten Warnsirenen.

Sie winkte mich zu sich. «*Jetzt.* Es muss jetzt sein.»

Ich stand langsam auf. «Verstehe», sagte ich und kniete mich aufs Bett. Sie versuchte, mir das T-Shirt über den Kopf zu ziehen, aber ich presste die Arme an die Seiten wie ein verängstigter Pinguin. Sie zerrte an meinem T-Shirt und wischte mir dabei die Brille von der Nase.

«Lass mich auch mal machen», sagte ich und wehrte sie ab. «Langsam.»

«Tut mir leid.» Sie hob entschuldigend die Hände. «Fangen wir nochmal von vorn an.»

«*Ich* fange an», sagte ich, stürzte mich auf sie und drückte sie auf den Rücken. Ich kletterte auf sie, wir küssten uns mechanisch, während sie mein T-Shirt in Ruhe ließ und sich auf meine Jeans konzentrierte, was in genauso unbeholfenes Gefummel wie üblich ausartete, aber das Küssen half. Dann wanderten ihre Hände in meine Unterhose. Eine Minute verging, sie runzelte immer heftiger die Stirn, weil sie nicht die Wirkung erzielte, die sie erwartet hatte. Sie ließ los. Wobei es auch nicht viel zum Festhalten gab.

«Leg dich hin.»

«Was hast du vor?», fragte ich, tat aber wie geheißen.

«Ich will dir helfen», sagte sie und rutschte weiter hinunter.

«Komm wieder her. Wir haben uns gerade geküsst.»

«Leg dich hin und entspann dich.»

«Du treibst mich zu sehr.»

«Ich habe einen Eisprung.»

Ich schloss die Augen. Wieder verging eine Minute, aber ich kam nicht in Stimmung. «Hm», sagte sie und setzte sich auf die Fersen. «Seltsam. Was ist hier los?»

Ich griff sie am Arm und zog sie zu mir. «Ich brauche nur einen Moment.»

«Okay», sagte sie, legte sich neben mich und stützte den Kopf ab. Ich streichelte ihr den Rücken. «Das ist ganz untypisch für dich», sagte sie. «Normalerweise bist du sehr unkompliziert.»

«Wir haben es noch nie nach Zeitplan gemacht.»

«Aber vielleicht hätte es ja geholfen», sagte sie. «Genaueres Timing?»

«Normalerweise ergreife ich die Initiative», sagte ich.

Ihre Stirn legte sich in Falten. «Merkst du dir sowas?»

«Ich will keinen Sex nach Plan haben», sagte ich und küsste ihre gefurchte Stirn, was sich irgendwie väterlich anfühlte und nicht gerade zu einer sexy Grundstimmung beitrug.

«Die Sache ist bloß die», sagte sie mit verschämtem Schulterzucken, «ich brauche dein Sperma.»

«Kannst du das nicht irgendwie romantischer fragen?»

«Hmm.» Sie schaute zur Tür und dann wieder zu mir. «Ich will so gern, dass du für mich abspritzt, Großer?»

«Oh Gott.» Ich drückte das Gesicht in die Matratze. Wir kicherten eine ganze Weile, eigentlich viel zu lange, da wir nur eine Stunde Zeit hatten.

«Wir *brauchen* einen Zeitplan», sagte sie. «*Ich* brauche ihn, um das Gefühl zu haben, dass wir das ernsthaft angehen. Um zu wissen, dass wir es ernst meinen.»

«Ich recherchiere doch schon Schulen.» Ich zeigte auf meinen Laptop. «Ich habe eine Excel-Tabelle.»

«Das ist ...» Sie suchte nach einer sensiblen Formulierung. «... *deine* schräge Art, damit umzugehen.»

«Oh», sagte ich und meinte es genau so.

«Und wenn *du* den Zeitplan machst?», fragte sie. «Dann behieltest du die Kontrolle.»

«Vielleicht.» Ich schaute zur Decke.

«Nein», sagte sie nach kurzer Überlegung. «Das funktioniert nicht. *Ich* muss auf den Ovulationsstab pinkeln und meine Temperatur messen und all das. Es geht immer um mich. Um meinen Körper. *Ich* bin die Komplikation. Dein Part ist einfach. Oder war es bis heute.»

Ich hob die Bettdecke und schaute auf meinen schlaffen, traurig verschrumpelten Penis. «Ja.»

«Es ist nie gleichberechtigt», sagte sie. «Männer- und Frauenkram.»

«Nein», sagte ich. «Es ist nie gleichberechtigt.»

Ihre Nase zuckte. «Aber ich will das Kind auch mehr als du, also.»

«Aber stimmt das denn? Wie willst du das denn messen?»

«Ich habe weniger Zeit dafür – das ist wahrscheinlich der Grund.»

«Äh ... nein, wir haben genau gleich viel Zeit.»

Sie schüttelte den Kopf. «Haben wir nicht. Nicht wirklich. Du kannst jederzeit ein Kind kriegen. Auch noch mit achtzig. Oder mit zwölf. Ich habe höchstens fünf Jahre Zeit.»

«Aber ich will ein Kind von *dir*.» Ich küsste sie auf die Lippen. «Ich werde es zu Hause unterrichten», sagte ich. «Unser Kind. Abgemacht?»

«Klar», sagte sie lachend. «Super.»

Wir lagen eine Weile auf dem Rücken, dann holte ich tief Luft. «Kümmere du dich um den Zeitplan, aber sag mir nichts davon, okay? Kein Kalenderkram. Lass es so wirken, als würdest du mich nur zu deinem Vergnügen verführen. Als wäre ich besonders unwiderstehlich geworden. Aber gleichzeitig so, als würde *ich dich* verführen, als wärst du eine reife Frucht, die am Ast bebt und mich anfleht, sie zu pflücken.» Ich versuchte, so schmierig wie nur möglich zu klingen. «Und ich werde dich pflücken, darauf kannst du dich verlassen.»

Sie verzog das Gesicht. «Bäh», sagte sie und zog die Bettdecke über den Kopf. «Sag sowas nie wieder, ja?»

«Ist das ein Nein?»

Sie lächelte. «Das ist ein Ja. Das kann ich machen. Das könnte funktionieren.»

«Ich finde», sagte ich und meinte unser Sexleben, «wenn die Spontaneität abnimmt, muss die Qualität nicht darunter leiden, oder?»
Aus irgendeinem Grund fand sie das wahnsinnig witzig.

11. KAPITEL

Am Ende des zweiten Tages saß ich im Saal, hielt mich mit beiden Händen an meiner Matte fest, stöhnte und schaukelte vor und zurück, während mein Geist mich mit mächtigen Negativitätsbrocken bewarf.
Du bist ein Versager.
Du versagst.
Jeder kann das hier, nur du nicht.
Weil du scheiße bist.
Weil du ein Versager bist.
Guck dich doch an, wie du versagst.
Versager.

Als ich Evelyn zum ersten Mal traf, fragte sie mich beiläufig, welche schlimmsten Erinnerungen in Dauerschleife in meinem Kopf liefen, wenn der sonst nichts zu tun hatte. So erfuhr ich, dass bei manchen Menschen schlimmste Erinnerungen in Dauerschleife liefen, wenn ihr Kopf sonst nichts zu tun hatte.

Ich sagte ihr, bei mir seien es eher die besten Erinnerungen.

Jetzt waren es keine besten mehr. Die Szenen in Dauerschleife wurden von Stunde zu Stunde negativer und beunruhigender. Was mir wieder einmal bestätigte, wie sehr ich mich geirrt hatte, was die Kontrolle über meine Gedanken anging. Und das hieß, ich hatte keinen Schimmer, wohin sie mich in den nächsten acht Tagen führen würden.

Acht Tage waren eine Menge Zeit.

Wenn Sie nicht schon mal an einem solchen Retreat teilgenommen haben, ist es wirklich schwer, in einfachen Worten, mit diesen bescheidenen, kleinen, krummen Tintenstrichen zu beschreiben, wie es sich anfühlt, zwölf Stunden lang nichts zu tun, nur mechanisch seinem Atem zu folgen. Ich kann nur vorschlagen, dass Sie es selbst versuchen. Schlagen Sie dieses Buch zu, stellen Sie den Timer auf eine Stunde, schließen Sie die Augen, leeren Sie Ihren Geist und konzentrieren Sie sich auf den Atem, der in Ihre Nasenlöcher ein- und ausströmt.

Von mir aus sogar geduldig und beharrlich, wenn das Ihr Ding ist.

Vielleicht nicht gleich eine Stunde lang. Versuchen Sie es mit fünf Minuten. Das wäre ein Anfang, hätte aber nicht viel damit zu tun, wie es sich im Retreat tatsächlich anfühlt – denn nicht alle Sekunden, Minuten und Stunden sind gleich. Die Zeitdilatation ist real. Eine Stunde, die man kichernd in der Gesellschaft seines Lieblingsmenschen verbringt, kommt einem wie eine Minute vor, während eine Sekunde, in der man die Hand zu nah an eine Kerze hält, wie eine Ewigkeit wirkt. Die erste Vipassana-Meditationsstunde des zweiten Tages fühlte sich sehr nach einer Ewigkeit an. Die zweite Vipassana-Meditationsstunde des zweiten Tages fühlte sich wie eine Ewigkeit hoch zwei an.

Die fünfte Stunde – denn ich hatte meinen Körper bereits gezwungen, so lange auf einem Kissen zu sitzen, meine Willenskraft war längst erschöpft, und doch wusste ich, dass noch fünf Stunden vor mir lagen, und acht weitere Tage – war die Ewigkeit hoch drei in einem schwefligen Höllenloch auf einem Stachelstuhl, ausgepeitscht von einem sehr übellaunigen Teufel.

Während Krähen mir die Augen aushackten.

Ich will nicht melodramatisch klingen, aber im Laufe des Nachmittags habe ich um den Tod gebettelt. Verdammt gern hätte ich ein bisschen Tod gehabt. Auf jeden Fall hätte ich den Tod gewählt, wäre er in diskreter, schmerzloser Form verfügbar gewesen, zum Beispiel durch einen kleinen Knopfdruck oder eine leicht erreichbare Klippe – ich wandere nicht gern oder mache mich dreckig –, von der ich mich hätte stürzen können.

Ich fühlte mich wie in einem Schraubstock, und bei jeder gestörten Gedankenschleife drehte sich die Kurbel des Schraubstocks fester.

Irgendwann würde mein Geist platzen wie eine Weintraube unter den Rädern eines rasenden Monstertrucks.

Ich war mit einem Plan hergekommen – zehn langweilige Tage sitzen, darüber nachdenken, wie toll ich war, darüber nachdenken, wie meine Beziehung zu Evelyn in die Brüche gegangen war, nach Hause fahren, alles in Ordnung bringen und glücklich bis ans Lebensende leben –, aber wie der Philosoph Mike Tyson einmal sagte: «Jeder hat einen Plan, bis er eins aufs Maul bekommt.»

Ich bekam wiederholt aufs Maul. Von eigener Faust.

Ich hatte keinen Plan mehr.

Und der einzige Mensch, der mir helfen konnte, war Goenka, dabei war der nicht mal ein echter, lebender, atmender Mensch, sondern nur eine viel zu oft singende Videoaufnahme aus dem Jahr 1991, die in endlosen, unsinnigen Gleichnissen über eine Welt sprach, die sich eher nach 1691 anhörte und in der nur Hausherren, Mönche und Hausfrauen existierten. Außerdem war er krankhaft unfähig, zum Punkt oder auch nur in die Nähe davon zu kommen. Er war ein Song mit zwei Akkorden in einem musikalischen Genre, das ich nicht leiden konnte, und der stetig wiederholte Refrain hieß «geduldig und beharrlich».

Man kann also mit Fug und Recht behaupten, dass ich wenig erwartete, als ich den Vortragssaal für das zweite Dhamma-Diskurs-Video betrat. Unser Kursleiter – dem ich den Spitznamen Penfold verpasst hatte, weil er aussah wie der Sidekick aus *Danger Mouse*, der Kult-Zeichentrickserie aus den 80ern – war genauso erfreut, Goenka zu sehen, wie am Abend zuvor. Goenkas Frau war auch wieder da, auch wieder stumm. Ich rechnete ständig damit, dass ihr jemand eine Zeitung in die Hand drückte wie einer Entführten.

«Zweiter Tag», hob Goenka an. «Etwas besser als am ersten Tag, etwas besser. Die Schwierigkeiten sind immer noch da. So ein schweifender Geist. Ein flüchtiger Geist, ein flackernder Geist. So unbeständig, so unbeständig, so unsicher. So aufgewühlt. Kein Frieden, keine Ruhe. So wild! Wie ein wildes Tier. Ein Affengeist.»

Nur wenige Menschen schaffen es so weit, versicherte er uns.

Tatsächlich fangen nur wenige überhaupt an. Er erinnerte uns, wie tief wir in unser Unterbewusstsein geschnitten hatten. Dass wir jetzt einen Großteil des Eiters, der hochkam, gekostet hatten. Er versicherte uns, dass niemand uns mehr schaden könne als unser eigener wildgewordener Verstand und dass nichts uns mehr helfen könne als unser trainierter Verstand.

Ich wollte ihm natürlich glauben, aber dass ich meinen Verstand trainieren könnte, schien am Ende des zweiten Tages unvorstellbar. Man hätte mich leichter von Levitation oder Zeitreisen überzeugen können oder dass Apfelficker ein edler, freundlicher Mensch war, der nicht, keine Ahnung, für den billigen Kick kleine Kätzchen kochte.

Und ich sollte irgendwie meinen Affengeist trainieren, indem ich seine schlimmen Gedanken einfach immer wieder unterbrach und ihn ganz wertfrei zum Atem zurückführte? Das kam mir vor, als sollte ich nur mit einem Löffel bewaffnet einen Schweizer Banktresor aufbrechen.

Ich fühlte mich um fünfzig Jahre gealtert. Goenkas Rat zu körperlichen Schmerzen und Beschwerden war einfach. «Tu gar nichts. Beobachte die Realität, die sich manifestiert hat – ein Juckreiz hat begonnen. Beobachte, wie lange er anhält. Keine Empfindung wird ewig andauern. Sie taucht auf und vergeht früher oder später. Und du bist nur stiller Zeuge der Dinge, die geschehen.»

Als das Video vorbei war, schluchzte ich. Zum fünften Mal an diesem Tag. Warum sprach er nicht darüber, was unsere Gedanken machten? Wie sie Blut, Tod und Zerstörung brachten? Mein Geist war kein wildgewordener Affe – sondern eine ganze Affenhorde mit Kettensägen und Schlagbohrern, wild entschlossen, mich in Stücke zu reißen.

Wir standen auf, dann ertönte der blöde Scheißgong, was hieß, dass wir oben weiter meditieren sollten, aber ich konnte einfach nicht mehr. Ich war ein humpelndes, zischelndes Wrack aus Wut, Weh und Wirrnis. Ich ignorierte den Gong und ging hinaus auf die Wiese. Die Sonne sank hinter den Hügel, und ich lief eine oder vielleicht sogar zwei Stunden lang rasend ein perfektes Quadrat ab. Der Gong meldete sich wieder: Licht aus. Ich ignorierte ihn und lief weiter, drückte das Gras mit unerbittlich verzweifelten Schritten platt. Ich gelobte, nicht ins Bett zu gehen, bis ich begriffen hatte, warum der zweite Tag so schlecht gelaufen war. Warum es keinen Unterschied mehr machte, ob ich meditierte oder hier draußen herumstampfte – weil die störenden Zwischenrufe und Trauma-Dauerschleifen mir auch hier folgten. Es gab keine Ruhe vor ihnen. Warum wandte sich mein Geist gegen mich? Warum wollte er mich leiden sehen?

Wenn es sein musste, würde ich die ganze Nacht draußen bleiben.

Plötzlich wurde es bitterdunkel. Eine Eule heulte hoch oben im Baum. Der Mond war fett. Wie gern hätte ich mich in einen Werwolf verwandelt. Als Werwolf muss das Leben einfach sein. Die Hälfte des Tages schläft man, die andere Hälfte beißt man sich durch, und das nicht bloß so vage metaphorisch. Nein, man schnappt mit dem langen Maul nach allem, was man will, und zerreißt es, ohne Rücksicht auf Verluste oder Folgen. Aus irgendeinem Grund hat man Angst vor Silber.

Ich würde Apfelficker die Hände abreißen. Genau das würde ich tun. Wie sollte er ohne Hände jonglieren? Partner-Yoga machen? Wie sollte er das Fruchtfleisch vom weggeworfenen Obst anderer Leute abschneiden …

Ihr versteht, was ich meine.

Die Sterne waren prächtiges Konfetti. Hier schienen ländliche Sterne, großzügig, hell und makellos, wie ein wohlwollender Kinderdiktator.

Zum ersten Mal zog ich die Möglichkeit des Wahnsinns in Betracht. Nicht als Lebensstil – obwohl bestimmt einiges dafür sprach –, sondern als gegenwärtige Realität.

Warum wurde ich wahnsinnig? Ach ja, deshalb war ich ja hier draußen. Das sollte ich ja herausfinden. Selbst die Eule hatte schon Feierabend gemacht, als ich mir endlich eine Theorie zusammengeschustert hatte darüber, was in meinem Kopf vorging. Die war vielleicht nicht zutreffend, aber sie fühlte sich richtig an – sie mutete so schön wahr an.

Hier meine Schlussfolgerung:
Der menschliche Geist ist eine sinnstiftende Maschine.

Je besser er dich und die Welt versteht, desto besser kann er dich leiten, desto besser kannst du dir Ressourcen sichern und deinen Status verbessern, desto größer sind die Chancen, dass du einen genetisch hochwertigen Menschen (oder vielleicht zehn) findest, mit dem du deine Gene verbreiten kannst.

Einfach. Eigentlich.

Wenn du zwölf Stunden am Tag bloß sitzt und dich auf den Atem konzentrierst, hat diese Sinnstiftungsmaschine nichts zu tun. Es kommt kein Input. Es gibt keine Welt zu modellieren.

So wie du dir den Tod nicht vorstellen kannst, kann der Geist sich nicht vorstellen, *nicht* zu denken. Nicht zu denken ist sein Tod.

Wenn du meditierst, tötest du ihn, anders kann er das gar nicht verstehen. Er hat also gar keine andere Wahl, als dich anzugreifen, damit du mit dem Meditieren aufhörst und ihn zurückbringst in die Welt der sinnlichen Vergnügungen und Orgien, die er so gut kennt. Er ist unerbittlich. Gnadenlos. Muss er auch sein. Er hört erst auf, wenn du die Augen öffnest, von der Matte aufstehst, wieder in die Welt hinausgehst.

Und wie hindert er dich am Meditieren?

Er bombardiert dich mit möglichen Gedanken. Stell dir eine lange, gewundene Schlange kleiner Blasen vor. In jeder Blase befindet sich eine Art *Vorgedanke* – ein Thema, eine Erinnerung, eine Idee, eine Angst, eine zufällige Assoziation, ein Geräusch, ein Text, ein Trauma usw.

Die Schlange ist sehr lang. Du kannst das Ende gar nicht sehen, denn sie führt tief bis in die verschlungenen, mit Traumata gefüllten Höhlen deines Unterbewusstseins. Der Anfang ist genau da, direkt vor deinem geistigen Auge.

DENK MICH, fleht der Vorgedanke am Anfang der Schlange. *ICH BIN INTERESSANT.*

Wenn du zustimmst, wächst dieser Vorgedanke immer weiter, bis er dein ganzes geistiges Auge ausfüllt, und du, der Hüter der Gedanken, denkst ihn so weit, dass alles andere ausgeschlossen wird, vor allem Meditation und dein blöder Atem, der rein- und rausröchelt.

Wenn du dich weigerst, ihn zu denken, verschwindet die Blase, und das Thema, die Erinnerung, die Idee, die Angst usw. ist für einen Augenblick weg. Die Schlange schiebt sich vorwärts, die nächste Blase springt auf und ab. *DENK MICH. ICH BIN INTERESSANT.*

Deine Aufgabe als Meditierender ist es, jeden verlockenden Vorgedanken zu ignorieren, der gerade an der Spitze der Warteschlange steht. Wenn du das schaffst, bleibt dein geistiger Blick leer, du meditierst weiter.

Die Hoffnung ist, dass du mit der Zeit die Warteschlange loswirst oder lernst, alles zu ignorieren, was vorn in der Schlange steht, sodass du dich leichter auf den Atem konzentrieren kannst.

Am ersten Tag war dieser Prozess noch weitgehend harmlos gewesen. Ich dachte an Buchideen, neue Farben, Power-Balladen aus den 80ern, zufällige Erinnerungen. Es gab ein paar Zwischenrufe, ein paar lebhafte Szenen mit Evelyn, die wilden, enthusiastischen Sex mit tolleren Männern als mir hatte, aber die waren überschaubar gewesen. Damals gab es vielleicht tausend verschiedene Genres jazziger Vorgedanken, die in der Warteschlange hüpften.

Aber ich hatte nicht bemerkt, dass mein Geist mich bloß testete. Wenn ich einen Vorgedanken erfolgreich ignorierte, machte er sich eine Notiz. Diese schöne Kindheitserinnerung – ich war ungefähr acht Jahre alt und ließ einen Drachen über einem Lavendelfeld in Portugal fliegen – wurde nicht wieder in die Schlange eingereiht, nachdem ich einmal daran gedacht hatte.

Die Themenpalette wurde boshaft reduziert und eingeschränkt.

Am Morgen des zweiten Tages waren es nur noch fünfundzwanzig Vorgedanken, die Ablenkung versprachen – Vorgedanken, die schon einmal die Warteschlange durchlaufen und eine emotionale Reaktion hervorgerufen hatten, die meine Konzentration auf den Atem erfolgreich störte.

Jetzt, am Ende des zweiten Tages, waren nur noch drei Vorgedanken übrig: die allerschlimmsten, verstörendsten, am meisten ablenkenden von allen. Goenka verwendete die Bezeichnung dafür erst am nächsten Tag.

Unsere Dämonen.

Wir mussten uns ihnen stellen.

Eine epische Schlacht stand bevor.

Und ich würde sie verlieren.

12. KAPITEL

Tag 3 von 10: Vormittag

Ort: Wiese

Stimmung: Tiefe Vorahnung

Nach einer extragroßen Portion Porridge – mit Äpfeln und Birnen, deren Fruchtfleisch ich so eifrig abschabte, dass ich die Warteschlange aufhielt und am Ende mehrere Kerne aß – war ich bereit, mit der Arbeit zu beginnen. Der schwierigen, aber edlen Aufgabe, mich selbst zu verstehen.

Ich wusste jetzt, was in meinem Kopf vor sich ging, und obwohl mich das entspannte, war ich immer noch stinksauer darüber, wie weit mein Verstand zu gehen bereit war, um mich vom Meditieren abzuhalten und mich letztendlich dazu zu bringen, mich selbst zu hassen.

Jetzt würde ich meditieren.

Heute war ein neuer Tag. Der Tag, an dem ich gewinnen und meinen Affengeist beherrschen würde. Ich wollte die Warteschlange loswerden, die Vorgedanken ignorieren und keine neurotischen Katastrophenreisen in die Vergangenheit unternehmen. Es waren doch bloß zehn Stunden stille, geduldige Atembeobachtung (da ich die Vier-Uhr-Einheit wieder ausfallen ließ). Wie schwer konnte das wirklich sein?

Ich bemerkte, dass ich Dinge bemerkte.

Vogelgesang in ungewöhnlich hoher Tonlage.

Eine Wolke, die wie ein Wurm aussah.

Die fesselnden Possen der ameisenhaft herumkrabbelnden Ameisen.

Die sanfte Brise, die meine Haare an den Armen aufrichtete, als ich an den Gebäuden entlang zur Meditationshalle ging.

Das waren natürlich Kleinigkeiten, aber besteht das Leben nicht aus lauter Kleinigkeiten?

Dass meine Sinne sich schärften, gab mir einen winzigen Funken Hoffnung: Vielleicht war es doch sinnvoll, was ich hier tat.

Ich setzte mich auf meine Matte und schloss die Augen.

Ein ... beide Nasenlöcher.

Aus ... linkes Nasenloch.

Ein ... linkes Nasenloch.

Aus ... rechtes Nasenloch.

> Vorgedanke: *Hallloooo, ich bin ein Lied. Willst du mich hören?*
> *Nein. Nein, danke.*

DENKT

Zurück zum Atem.

Ein ... beide Nasenlöcher.

Aus ... linkes Nasenloch.

> Vorgedanke: *Hallloooo, ich bin wieder das Lied. Willst du mich jetzt hören?*
> *Bist du Kate Bush?*
> *Nein. Willst du mich hören?*
> *Nein. Nein, danke. Geh weg.*

DENKT

Zurück zum Atem.

Ein ... beide Nasenlöcher.

Aus ... linkes Nasenloch.

Ein ... linkes Nasenloch.

Ist es nicht komisch, wie die Zeit vergeht? Ain't it funny how time slips away?

Nein. Nein, danke. Moment, das ist Willie Nelson, oder? Ist das ein Song?
Ain't it funny how time slips away? Ain't it funny how time slips away? Ain't it funny how time slips away? Ain't it funny how time slips away? Wie viel Zeit von dieser Sitzung ist schon vergangen?
Bitte hör auf. Die Zeit vergeht nicht. Die Zeit steckt fest. Die Zeit ist kaputt. Ach, jetzt habe ich aufgehört ...
DENKT
Zurück zum Atem.
Ein ... beide Nasenlöcher.
Aus ... linkes Nasenloch.
Ain't it funny how time slips away?
Nein. Nein, ist es nicht. Halt den Mund.
DENKT
Zurück zum Atem.
Ain't it funny how time slips away? Ain't it funny how time slips away? Ain't it funny how time slips away? Ain't it funny how time slips away? Ain't it funny how time slips away? Ain't it funny how time slips away? Ain't it funny how time slips away? Ain't it funny how time slips away? Ain't it funny how time slips away? Ain't it funny how time slips away?
DENKT
Zurück zum Atem.
Ein ... beide Nasenlöcher.
Aus ... linkes Nasenloch.

> Vorgedanke: *Hier ist der Tag, als dir in einem Restaurant das Herz gebrochen wurde. Sieh hin.*
> *Das will ich nicht sehen. Kein Interesse. Nein.*
> *Ach ja, und: Ain't it funny how time slips away?*

DENKT
Zurück zum Atem.
Ein ... beide Nasenlöcher.
Aus ... linkes Nasenloch.

Ein ... beide Nasenlöcher.
Aus ... linkes Nasenloch.

Vorgedanke: *Hier ist der Tag, als du durch die Zulassungsprüfung gefallen bist und nicht zur Uni gehen konntest. Ain't it funny how time slips away? Ain't it funny how time slips away?*

DENKT
Zurück zum Atem.
Ein ... beide Nasenlöcher.
Aus ... linkes Nasenloch.
Ein ... beide Nasenlöcher.
Aus ... linkes Nasenloch.

Vorgedanke: *Hier bist du mit Evelyn, wie ihr auf einer Party zusammen auf dem Klo weint. Willst du zusehen?*

DENKT
Zurück zum Atem.
Ein ... beide Nasenlöcher.
Aus ... linkes Nasenloch.
Ein ... beide Nasenlöcher.
Aus ... linkes Nasenloch.
Ein ... beide Nasenlöcher.
Aus ... linkes Nasenloch.
Ain't it funny how time slips away?
Ain't it funny how time slips away?
Ain't it funny how time slips away?
Ain't it funny how time slips away?

Vorgedanke: *Hier ist Evelyn, die dir nach ihrer biochemischen Schwangerschaft in einem Aufzug sagt, dass du dich verpissen sollst. Sieh hin.*

DENKT
Zurück zum Atem.
Ein ... rechtes Nasenloch.
Aus ... linkes Nasenloch.
Ain't it funny how time slips away?
Ain't it funny how time slips away?
Ain't it funny how time slips away?
Ain't it funny how time slips away?

> Vorgedanke: *Hier ist Evelyn, die dir sagt, dass du mit ihr Schluss machen sollst. Willst du das sehen?*
> *Hör auf. Bitte.*

DENKT
Zurück zum Atem.
Ein ... beide Nasenlöcher.
Aus ... linkes Nasenloch.

Vorgedanke: *Hier wirst du von ein paar Schlägern in der Schule verprügelt, wobei zwei Leute, die du für deine Freunde gehalten hast, dich gegen eine Mauer drücken. Willst du das sehen?*

DENKT
Zurück zum Atem.

> Vorgedanke: *Hier ist Evelyn beim Sex mit einem Unterwäschemodel. Spaßig, oder?*
> *Ich will das nicht sehen. Sie macht sowas nicht. Ich will nur meditieren. Ich liebe sie. Sie liebt mich. Baby oder nicht, alles wird gut.*

DENKT
Zurück zum Atem.
Ain't it funny how time slips away?

Ain't it funny how time slips away?
Ain't it funny how time slips away?
Ain't it funny how time slips away?

Vorgedanke: *Hier brichst du deiner Ex-Freundin das Herz. Du kannst es knacken hören. Hör zu.*

Ain't it funny how time slips away?
Ain't it funny how time slips away?
Ain't it funny how time slips away?
Ain't it funny how time slips away?
DENKT
Zurück zum Atem.
«ICH HALTE ES NICHT MEHR AUS. ICH HALTE ES NICHT AUS. ICH HALTE ES NICHT AUS. ICH HALTE ES NICHT AUS. ICH HALTE ES NICHT AUS», schrie ich in das, was ich für meinen Kopf hielt. Dann merkte ich, dass die Worte tatsächlich aus meinem Mund in den Raum schallten und, oh nein, ich schrie im Meditationssaal, ich musste weg hier.

Ich stand auf und rannte raus, sprang immer zwei Stufen auf einmal die Treppe runter. Ich rannte den Weg entlang, dann bog ich ab, lief über das Gras in den Wald und schluchzte dicke fette Tränen.

Ain't it funny how time slips away?
Ain't it funny how time slips away?
Ain't it funny how time slips away?
Ain't it funny how time slips away?
Ain't it funny how time slips away?

Ich rannte schneller, warf mich hin und schrie noch ein bisschen.

Ain't it funny how time slips away?

Ich schlug mit der Faust auf den Boden.

Ain't it funny how time slips away?

Ich hämmerte und hämmerte und hämmerte auf die Erde, schrie und schimpfte und tobte.

Ain't it funny how time slips away?

Ich führte meine schlammigen Finger an die Augen. Sie wölbten sich erregt, standen weit vor. Ich berührte meinen Mund: Ich grinste – ich grinste wie sie, die Freiwilligen.

Ich hatte am Ende doch den Verstand verloren.

Ain't it funny how time slips awayAin't it funny how time slips away Ain't it funny how time slips awayAin't it funny how time slips awayAin't it funny how time slips awayAin't it funny how time slips awayAin't it funny how time slips awayAin't it funny how time slips awayAin't it funny how time slips awayAin't it funny how time slips awayAin't it funny how time slips awayAin't it funny how time slips awayAin't it funny how time slips awayAin't it funny how time slips

Ich lachte los und lockerte die Schultern, schaute auf die Krater, die ich in den Boden geprügelt hatte. Ich hielt meine Hände ans Licht, bewunderte ihre Größe, die kreuz und quer laufenden Adern. Ich versuchte, die Löcher, die ich geschlagen hatte, wieder mit Erde zu füllen, und war fasziniert von dem erstaunlich satten Kupferbraun des Erdbodens.

Als ich mich umsah, bemerkte ich, dass alle Farben verstärkt waren, als trüge die Welt Make-up, und ich fragte mich, warum ich nie wahrgenommen hatte, wie schön alles ist. Und genau in dem Moment erinnerte ich mich daran, dass FARBE EINE KOMPLETTE LÜGE IST.

Ein Betrug.

Eine Illusion.

Eine praktische Täuschung.

Farbe existiert objektiv nicht wirklich. Sie scheint zwar eine grundlegende Eigenschaft des Universums zu sein, aber sie entsteht nur in unseren Köpfen, wenn reflektierte Lichtwellenlängen auf die Zapfen in unserer Netzhaut treffen und in elektrische Signale umgewandelt werden, die wir als Farbe zu interpretieren gelernt haben. Wir sind es, die die Sterne gelb und den Himmel blau machen und –

Ich schaute nach unten und sah einen fetten, saftigen Wurm, der über die knorrige Wurzel eines großen Baumes kroch.

Mittelschule. Ein Spielplatz. Erwachsensein. Die Szene in der Hasenheide.

Ich wollte ihn zerstampfen.

Ich hasste ihn.

Ich liebte ihn.

Ich hatte Mitleid mit ihm.

Ich fand ihn saukomisch, diesen Wurm, der sich krümmte und streckte, während winzige Härchen, die ich nicht sehen konnte, ihm halfen, sich am Boden festzuhalten und mit krampfartigen Stößen vorwärts zu gleiten. Er war ein kackbrauner Schlauch.

Sein Gehirn hatte 302 Neuronen und 7000 Synapsen, während meins über 86 Milliarden Neuronen und 100 Billionen Synapsen verfügte, womit ich gar nicht angeben will. Ich wusste Bescheid über Hummus und Hamburg und Hiroshima und Hieroglyphen und Hegel und Habilitierung und Hosenmoden und Hängematten, und ich konnte blinzeln, kratzen, gehen, schwimmen, Handstand machen, sprechen, schreiben, ich konnte Sarkasmus und Orgasmus – und er war bloß ein kackbrauner Schlauch.

Und doch waren wir hier zusammen.

Im selben Raum und zur selben Zeit.

Und was fing ich mit meinen unzähligen Vorteilen, Möglichkeiten und Kenntnissen an? Ich saß zehn Stunden lang in einem Raum, saß unter Qualen auf einem Kissen, während mein brillantes Gehirn mich folterte.

Ich warf den Kopf zurück und heulte ein urtümliches, wahnsinniges, schulterbebendes Lachen heraus, die feuchten Augen zum Himmel gerichtet. Das Lachen zerriss mich, und ich hörte nicht mehr auf, bis mir der Bauch schmerzte und ich längst keine Luft mehr bekam und überzeugt war, dass meine Schultern sich aus den Gelenken lösen und meine Arme wie tote Äste zu Boden fallen würden.

«Schlängel dich weg, du kackbrauner Schlauch», sagte ich.

Der Wurm hörte auf, sich zu winden. Er wandte mir den Kopf zu und richtete sich auf wie eine schnürsenkellange Schlange. «Lass es sein, Kumpel, okay?»

Ich wurde auf einmal ganz still, und mir wurde sehr kalt.

«Ich tue, was ich kann, ja? Aber es ist nicht so leicht. Erstens hast du gerade mein Zuhause zerstört, und dann gibt es auch noch Vögel, es ist einfach ziemlich hart alles. Es ist schwer, ein Wurm zu sein, und du machst es auch nicht leichter.»

Ich sah mich um. Niemand da, alle waren am Meditieren. Ich wollte, dass mir jemand bestätigte, was ich gerade gesehen und gehört zu haben glaubte, was ich aber unmöglich gesehen oder gehört haben konnte.

«Eines Tages wirst du Nahrung für einfache Kreaturen wie mich sein», sagte er. Goenka. Er hatte Goenkas Stimme.

«Du bist ein Wurm», sagte ich und kam mir ziemlich idiotisch vor. «Du kannst nicht sprechen.»

Er richtete sich noch höher auf. «Bist du dir da sicher, Vollpfosten?»

Ich wollte den Wurm berühren und mich vergewissern, dass ich ihn halluzinierte, denn ein Wurm war Teil von einem meiner Dämonen, aber dazu kommen wir später.

«Ich glaube, du solltest dich bei mir entschuldigen», sagte der Wurm. Ich ließ die Hand sinken.

«Ich ... ähm ... okay. Ja, ich verstehe, warum du so denkst.»

Der Wurm schwieg.

«Und?», fragte er schließlich.

Ich würde mich nicht bei einem Wurm entschuldigen. Ich rappelte mich auf und rannte zu meinem Zimmer, im sicheren Wissen, dass ich verrückt war, geisteskrank. Meine Zimmertür war zu. Ich legte die Hand auf die Klinke, konnte sie aber nicht hinunterdrücken, weil ich Angst hatte hineinzugehen. Welche weiteren sonst stummen Dinge würden jetzt mit mir sprechen? Meine Zahnbürste vielleicht? Wenn Zahnbürsten sprechen könnten, würden sie sehr gehässig sein, stellte ich mir vor.

Ich hielt das Ohr an die Tür. Etwas war zu hören, eine Art gequältes, gedämpftes Heulen. Es war nicht Goenkas Stimme. Sondern Freddys. Ich öffnete die Tür und ging hinein. Freddy lag in Embryohaltung mit dem Gesicht zur Wand auf dem Bett, von seinen eigenen Qualen geschüttelt.

Ich ging an ihm vorbei und ließ mich auf mein Bett fallen, vergrub den Kopf im Kissen. Da bemerkte ich, dass mein Herz so heftig hämmerte, als wäre ich gerade quer durch die Savanne vor einem Rudel ausgehungerter Löwen geflohen.

Ich atmete kurz und hektisch und hatte einen Herzinfarkt, was ein bisschen scheiße war. Die Erkenntnis, dass ich einen Herzinfarkt hatte, machte es nur noch schlimmer.

Moment mal! So läuft ein Herzinfarkt nicht.

Ich erinnerte mich an eine Doku über das Herz, in der eine Krankenschwester gesagt hatte, dass neunundneunzig Prozent der Menschen, die wegen eines Herzinfarkts den Rettungswagen rufen, tatsächlich eine Panikattacke haben.

Ich hatte also eine Panikattacke.

Ah.

Es war meine erste, müssen Sie wissen.

Es fühlte sich an, als würde meine Seele in einen sehr engen Abfluss gesaugt.

In meiner Familie gibt es Wahnsinn – genug, um mir Angst zu machen –, aber bis zu diesem Retreat hatte ich keinerlei Neigung dazu gezeigt. Gerade jedoch hatte ein Wurm mit mir gesprochen, und das war Grund zu echter Sorge, wie ich fand.

Der Monstertruck hatte die Weintraube geknackt.

Ich war verrückt.

Der Wahnsinn war ausgebrochen.

Er würde für immer bleiben.

Wurden Menschen auf Vipassana-Retreats verrückt? Hatten sie psychotische Episoden? Wenn jemand verrückt wurde, dann ein Idiot wie ich, der unvorbereitet ankam, kaum je meditiert und kein echtes Verlangen hatte, sich selbst zu erkennen oder zu verändern.

Nein, Moment. Verrückte wissen nicht, dass sie verrückt sind. Sie denken, dass die Welt verrückt ist und sie die einzigen Vernünftigen sind. Was sie sehen, denken, fühlen und erleben, ist für sie *real*, genauso wie Farbe für uns real ist – nur ist die Landkarte, mit der sie sich in unserer gemeinsamen Realität zurechtfinden, beschädigt und verfälscht.

Sie können sich nicht mehr darauf verlassen.

Sie führt sie in die Irre.

Wenn ich dachte, ich sei verrückt, war ich es ziemlich sicher nicht. Ich hatte die Kontrolle über meinen Geist verloren, das war klar, aber auch nicht überraschend. Nicht in dieser Umgebung. Der immense Stress, den ich mir selbst auferlegt hatte. Und wie unvorbereitet ich hergekommen war.

Bei dieser Erkenntnis verlangsamte sich mein Herzschlag. Ich drehte mich auf den Rücken und zählte hektisch die Deckenplatten. Es sollte kein Kapitel in meiner Lebensgeschichte geben, in dem ich am Rande des Wahnsinns mit Würmern sprach. Auch in Evelyns und meiner Geschichte sollte das nicht vorkommen. Unsere Geschichte hatte wie die perfekte Liebeskomödie begonnen – zwei Fremde, die sich in einer Bar kennen lernen und dann miteinander durch Indien düsen. Diese Geschichte hatten wir oft erzählt. Nur jetzt seit Monaten nicht mehr.

Jedes Paar hat eine Liebesgeschichte. Manchmal gehen diese Geschichten schief.

Unsere begann in einem hell erleuchteten Raum auf orangen Stühlen mit dünnen Beinen schiefzugehen.

13. KAPITEL

Berlin, ein Jahr vor dem Retreat

Ich saß wieder am Schreibtisch, in unserem gemeinsamen Schlafzimmer, und arbeitete an dem Satz, der alle Sätze beenden sollte. Einem Satz, der jede Falte im Universum glätten würde. Einem Satz, der die Menschheit in allwissendem, wundersamem Entzücken vereinen würde.

Ja!, würden sie schreien. *Das ist es!*

Bis jetzt standen da nur die Worte «Wenn's beim ersten Mal nicht klappt», aber ich war optimistisch. Der Satz, der alle Sätze beenden sollte, war noch ganz am Anfang. Ich hatte es nicht eilig, ihn fertigzuschreiben. Er beschäftigte mich, und das war besser, als ungewollt in Streitgespräche schlafzuwandeln, die keiner von uns beiden kommen sah, in denen es nie um die eine Sache und immer um die eine Sache ging.

Es war jetzt fast ein Jahr.

Warum hat es nicht geklappt?

Warum war sie nicht schwanger?

Warum machte ich mir weniger Gedanken als sie darüber, dass sie nicht schwanger wurde?

Warum konnte ich mich immer noch so gut von Sätzen ablenken lassen?

Evelyn tauchte auf und lehnte sich in ihrer routinierten, vorgeblich lässigen Art an den Türrahmen.

Gleich würde sie ein Gähnen vortäuschen.

Sie gab vor zu gähnen.

Als Nächstes wollte sie «Also» sagen und das «o» so richtig in die Länge ziehen.

«Alsooooooo», sagte sie. «Wie läuft's denn so bei dir? Hmmm?»

An welchem Punkt des Zyklus waren wir? Ich wusste es nicht mehr.

«Brauchst du Sperma?», fragte ich, schaute sie an und legte die Hand an den Reißverschluss.

«Nein.»

«Cool», sagte ich und wandte mich wieder dem Bildschirm zu. «Weil ich nämlich an einem Killersatz arbeite.»

«Weißt du, welcher Tag heute ist?», fragte sie.

«Montag.»

«Nein.»

«Dienstag?» Was spielte das für eine Rolle? Wochentage waren doch bloß Etiketten. Anders als Sätze – Sätze waren wichtig. Und Ablenkungen. Ablenkungen waren am wichtigsten.

«Ja, gut, Montag ist es auch», gab sie zu und biss auf ihre Unterlippe. «Aber es ist noch was anderes.»

Ich hob die Finger von der Tastatur. Drehte mich um. «Dein Geburtstag? Nein. Das nicht. Mein … Irgendjemandes Geburtstag?»

«Wahrscheinlich haben einige Leute Geburtstag, ja.» Sie rieb sich die Hände. «Heute ist der erste Jahrestag des Schwangerschaftsprojekts.»

Ich stöhnte. Der Name des Projekts wechselte. Manchmal formulierten wir es positiv (das Fruchtbarkeitsprojekt), manchmal negativ (das Unfruchtbarkeitsprojekt, als wäre Unfruchtbarkeit das Ziel). Manchmal nannten wir es auch einfach das Babyprojekt. Ich hasste all diese Namen und noch mehr, wie dieses Projekt, egal unter welchem Namen, unser gemeinsames Leben beherrschte.

«Weißt du noch, was wir abgemacht haben?», fragte sie. «Damals in der Hasenheide? Meine einzige Bedingung.» Sie kam ins Zimmer, setzte sich auf die Bettkante und ließ die Hände schwer in den Schoß sinken. «Sieh mich an.»

Ich drehte mich um. Wir saßen uns gegenüber, die Knie dreißig

Zentimeter auseinander. Sie sah mich viel zu durchdringend an, wie immer, wenn sie fürchtete, dass es nicht genug Blickkontakt gab.

«Es ist soweit.» Ihre Schultern hoben sich ein wenig.

«Der ganze Versuch hat schon unser Sexleben zerstört. Meinst du, noch mehr Druck wird helfen?»

«Die Wissenschaft wird helfen.»

«Es ist ja bloß ...» Ich hielt inne. Wir saßen eine Weile schweigend da, und dann noch ein bisschen länger. Sie starrte mich an, ich blickte um sie herum, aber sie nicht an. Ich stützte den Kopf in die Hände und rieb ein bisschen daran herum.

«Willst du noch was sagen?», fragte sie.

«Weiß nicht.»

«Ich hasse es, wenn du das sagst.»

«Ich weiß.»

«Wir brauchen eine Art Zeichen.» Sie versuchte, locker zu klingen. «Wir könnten einen Finger heben.» Sie machte es vor.

«Ich weiß nicht immer, ob ich etwas sagen werde», meinte ich und widerstand dem Drang zu lachen. «Oft will ich noch was sagen, ich habe es vor, aber dann merke ich, dass es nichts zu sagen gibt, doch das kann ich mir nicht eingestehen, denn Worte sollten ja schließlich mein Fach sein, und deshalb suche ich weiter und hoffe, welche zu finden.»

«Es ist jetzt ein Jahr», wiederholte sie, als wäre das eine unangenehme, aber unbestreitbare forensische Tatsache, als hätte man unsere DNA überall am Tatort gefunden.

«Ein Jahr ist doch nicht so lang.»

«Ich habe nicht mehr so viele Jahre Zeit.»

Wir waren sechsunddreißig. «Mach dich nicht lächerlich.»

«Für dich ist es was anderes.»

«Ich weiß.»

«Du kannst mich in zehn Jahren verlassen, dir eine jüngere Freundin suchen und mit ihr ein Kind haben. Du kannst noch Kinder haben, wenn du achtzig bist.»

«Ich weiß.»

Sie zuckte die Achseln. «Es ist also nicht dasselbe.»

«Da sind wir einer Meinung. Aber ich habe es auch nicht so eingerichtet. Es ist einfach ungerecht.»

«Ja, das ist es», flüsterte sie und senkte den Blick.

«Ich dachte, du hättest dich vielleicht schon daran gewöhnt, dass es ungerecht ist?» Den Satz bereute ich sofort.

Sie ließ sich rückwärts aufs Bett fallen und weinte.

Ich legte mich zu ihr, versuchte, den Arm um sie zu legen und sie an meine Brust zu ziehen, doch sie wehrte sich, wenn auch nicht ernsthaft, nicht mit Überzeugung. Es war unbehaglich, als träfen wir uns als Feinde auf einer Kuschelparty, der Sache verpflichtet, aber nicht dem anderen.

«Du bist noch nicht fünfundvierzig», sagte ich, nachdem wir einen Kompromiss gefunden hatten: Wir lagen nebeneinander auf dem Rücken und hielten uns an der Hand. Wir redeten an die Decke.

«Es ist nur so: Wenn wir das tun», ich wog jedes Wort ab, «dann ist es offiziell. Ein offizielles Thema. Wir haben Empfängnisprobleme.»

«Das ist doch jetzt schon ein Thema.»

«Inoffiziell vielleicht.»

«Für mich ist es offiziell.»

«Aber nicht für mich. Ich bin immer noch sicher, dass es diesen Monat klappen wird. Oder wenn nicht jetzt, dann nächsten Monat.»

«Ja, aber du lebst auch bloß in deinem Kopf, nicht in der realen Welt.»

«Können wir nicht noch ein paar Monate warten?»

«Wir haben eine Abmachung.»

«Ja.»

Sie wandte das Gesicht zu mir. «Und?»

«Hmm ...», sagte ich.

«Ich habe uns einen Termin gemacht.»

Meine Nasenflügel blähten sich. «Und warum führen wir dann dieses Gespräch?»

«Ich wollte, dass du auch dahin *willst*.»

Mein Lachen klang eher aggressiv. «Und, wie hat das funktioniert?»

«Nicht so toll.» Sie lächelte offenbar unfreiwillig. Die Frostkälte, die sich zwischen uns gesenkt hatte, schmolz ein wenig. Sie hob unsere Hände, die immer noch ineinander lagen, auf ihren Bauch. «Aber das ist besser als die Alternative», fuhr sie fort. «Nämlich dass wir ständig darüber reden und es immer größer wird, während wir nichts unternehmen. Besser, wir gehen einfach hin. Dann sehen wir, dass es in Wirklichkeit keine große Sache ist.»

Ich bemerkte, dass meine andere Hand das Bettlaken fest umklammerte. «Aber es wäre offiziell.»

«Für mich ist es schon offiziell.»

Wir drehten uns im Kreis.

«Ich habe mir das nie so vorgestellt für uns. Ich war so sicher, dass es klappen würde. Ich bin mir immer noch sicher.»

«Optimismus ist gut – bis zu einem gewissen Grad.»

«So habe ich mir unsere Geschichte einfach nicht vorgestellt», sagte ich.

«Nein.»

«Wann ist der Termin?»

Sie schaute auf den Nachttischwecker. «In achtundfünfzig Minuten.»

Ich setzte mich auf. «Was soll denn ...»

«Ich habe schon alles zusammengepackt.»

«Wie weit weg ist die Klinik?»

«Vierzig Minuten», sagte sie. «Mit dem Motorroller.»

«Hast du deshalb schon Schuhe an?»

«Ja.»

«Das hätte mir auch früher auffallen können.»

«Ja.»

«Und die Jacke.»

Sie zuckte die Achseln. «Du warst mit deinem Satz beschäftigt.»

«Ist auch ein toller Satz», sagte ich.

«Was hast du bis jetzt?»

«Wenn's beim ersten Mal nicht klappt ...»

«Ahh», sagte sie und legte den Kopf schräg. Sie konnte den Kopf ganz ausgezeichnet schräglegen, da sie mit außergewöhnlich viel strohblondem Haar gesegnet war.

«Habe ich eine Wahl?», fragte ich.

«Immer.»

«Na, dann ist ja gut.»

Eine Stunde und eine Minute später wurde Evelyns Name ins Wartezimmer gerufen, und wir wurden in ein schickes Sprechzimmer geführt, hell genug, um darin zu operieren. Wurde hier operiert? Es gab auf jeden Fall eine Menge Geräte, die meisten verchromt. Ich kam mir vor, als wäre ich auf ein Raumschiff gebeamt worden, wo ich von einer fortgeschrittenen Zivilisation untersucht werden sollte, die besessen war von Sukkulenten.

An der Wand zu meiner Rechten hing ein Poster mit einer schematischen Darstellung des weiblichen Fortpflanzungszyklus, betitelt «Das Wunder des Lebens». Evelyn und ich saßen nebeneinander auf minimal gepolsterten orangen Stühlen mit dünnen Metallbeinen.

«Wie lange sind Sie schon unfruchtbar?», fragte die Ärztin mit der spitzen Nase und der klobigen roten Brille von der anderen Seite des todschicken, geschwungenen Schreibtischs. Sie zeigte ihr bestes mürrisch-deutsches Gesicht.

«Auf den Tag genau ein Jahr», sagte Evelyn.

Die Ärztin nickte verständnisvoll. «Was haben Sie bis jetzt versucht?»

Evelyn zählte auf, was wir getan hatten: Nahrungsergänzungsmittel, Apps, Progesteron, Stäbchen zum Draufpinkeln, das ganze Programm.

«Wann sind Sie sexuell aktiv geworden?»

«Echt?», fragte ich spöttisch. «Was hat –»

Evelyn antwortete ohne Scham.

«Hatten Sie jemals eine Geschlechtskrankheit?»

«Ähm ...» Ich stockte und fragte mich, wie sich meine Antwort nicht nur auf diesen ganzen Prozess auswirken würde, sondern auch auf Evelyns Bild von mir. Hatten wir jemals über Geschlechtskrankheiten gesprochen?

Ich fühlte mich wie ein Teilnehmer einer erniedrigenden japanischen Gameshow.

Die Ärztin reichte uns Klemmbretter mit dicken Fragebogenstapeln, in denen wir unsere sexuelle Vorgeschichte bis ins kleinste Detail schildern mussten. Ich blätterte die Seiten durch. Es waren so viele. Ich sah Evelyn an, sie erwiderte den Blick, und in unser beider Augen flackerte Panik.

Ich fing an zu schreiben. Umzublättern. Anzukreuzen. Aufzulisten. Durchzustreichen. Zu unterschreiben. Evelyn musste mir bei vielem helfen. Mein Deutsch war gut, aber das hier war Medizinerdeutsch, kaum besser zu verstehen als Juristendeutsch. Deutsch ist auch so schon keine kuschelige Sprache. Wenig Platz für Romantik, Zweideutiges, Abpolstern, Verleugnen. Aber das hier?

Unfruchtbarkeit
Künstliche Befruchtung
Wechseljahre
Samenspende

«Waren Sie schon einmal schwanger?», fragte die Ärztin mit monotoner, roboterhafter Stimme.

Evelyn schüttelte den Kopf. Noch ein Formular.

«Hier unterschreiben», sagte die Ärztin. «Und hier. Ach ja, und hier.»

Wir hörten auf zu lesen, was wir unterschrieben. Wir wollten die Papiere einfach wieder loswerden. Ich hätte alles unterschrieben, nur um es hinter mich zu bringen.

«Gleich wird jemand kommen und Ihnen Blut abnehmen.»

Evelyn nickte. «Okay.»

«Okay», sagte ich.

«Ihnen nicht», sagte die Ärztin zu mir. «Nur Ihrer Partnerin.»

«Ach so.»

Die Ärztin wandte sich wieder an Evelyn. «Und Ihren Puls messen. Und wir werden Ihre Gebärmutter untersuchen.»

«Okay.»

«Und den Gebärmutterhals. Wie regelmäßig ist Ihr Zyklus?»

«Regelmäßig.»

«Auf einer Skala von eins bis zehn, wie stark sind Ihre Regelschmerzen?»

«Das habe ich alles in den Fragebogen eingetragen.»

«Ja.»

«Ich, naja, vielleicht so sieben?»

«Eine Sieben.» Die Ärztin nickte. «Und wie stark sind die Schmerzen beim Sex? Wie oft haben Sie Sex?»

Evelyn wandte sich an mich.

Ich zuckte mit den Schultern. «Wenn Evelyn sagt, dass die App es sagt.»

Ironischerweise hatten wir viel mehr Sex gehabt, bevor wir beschlossen, einen Menschen zu machen. Unser Verlangen danach hatte unser Verlangen füreinander vermindert, hätte zumindest ein Beobachter geschlossen.

Eine Krankenschwester kam mit einer Blutdruckmanschette herein.

Evelyn wandte sich an mich. «Finde nachträglich Gründe.»

«Was?»

«Dein Satz. Wenn's beim ersten Mal nicht klappt, finde nachträglich Gründe.»

Ich wollte lachen, konnte aber nicht. «Vielleicht ein bisschen zu wahr?»

Sie lächelte, aber eher schwach, was ich mit einem noch schwächeren Lächeln erwiderte. Könnten wir das Scheitern nachträglich wegbegründen, wenn es uns nie gelänge, ein Kind zu zeugen?

Eher unwahrscheinlich.

Man führte Evelyn zu einer gynäkologischen Liege in der anderen Ecke des Raumes. Mit Beinhaltern.

«Und ich?», fragte ich.

«Bleiben Sie einfach sitzen», sagte die Krankenschwester.

Ich lachte nervös. Mit diesem Lachen begann die Wirklichkeit unseres neuen Lebens – und mir wurde klar, wie ungleich dieses Leben für uns beide sein würde. Noch ungleicher als bisher schon. Das alles würde *mit* Evelyn passieren, in ihrem Körper. Der männliche Teil, das Sperma, war fast nie das Problem. Ich hatte meine Spermien vor sechs Monaten untersuchen lassen, weil – warum nicht? Sie waren das Einzige, was ich beisteuerte, und sie konnten in ein paar Minuten überprüft werden.

Sie waren in Ordnung. Im Grunde sind sie immer gut. Bei einem Ejakulationswettbewerb mit 100 Millionen Teilnehmern braucht man nur einen Gewinner. Die Feststellung, dass im männlichen Fortpflanzungssystem Überfluss eingeplant ist, klingt nicht bloß offensichtlich – man erklimmt damit den Gipfel des Offenkundigen und schreit von dort oben: «Männer sind auf Quantität ausgelegt, Frauen auf Qualität.»

Während Evelyn untersucht wurde, saß ich mit einem unerwarteten Gefühl daneben: Trauer. Ein Jahr war seit jenem Tag in der Hasenheide vergangen. Sechs Monate, seit wir mit den Apps und den Stäbchen angefangen hatten. Trauer hatte ich schon an jenem Tag im Schlafzimmer empfunden. Trauer darüber, dass wir Sex als frivolen Spaß verloren hatten, bei dem es hauptsächlich um den Akt selbst ging. Jetzt trauerte ich wieder – darüber, dass wir die Kontrolle an die Fruchtbarkeitsindustrie abgegeben hatten. Dass wir das, was privat und unbestimmt war, definiert und offiziell gemacht hatten. Wenn wir nicht darauf achteten, wie wir diesen Raum, diese Erfahrung, all die Eingriffe, die auf uns zukamen, in unsere Liebesgeschichte und unseren Alltag einbauten, konnten diese Dinge letztendlich uns bestimmen.

Uns überwältigen.

Uns zerbrechen.

Unsere Liebesgeschichte war in die falsche Richtung abgebogen.

Würden wir sie je wieder in die Spur bekommen?

14. KAPITEL

Tag 4 von 10: Vormittag

Ort: Bett

Stimmung: Heftige, heulende Hoffnungslosigkeit

Es war kein unruhiger Schlaf, und am nächsten Morgen wachte ich mit einem Ruck auf, als die Stimme in meinem Kopf schrie, dass ich ein monumentaler, konkurrenzloser Schwachkopf sei und den Tag nicht überstehen würde und dass jeder, der jemals behauptet hatte, mich zu lieben, es nur vortäuschte.

Also, okay, das war nicht so toll. Außerdem konnte ich mit Gewissheit sagen, dass mein Zimmer siebenundzwanzig Deckenplatten hatte.

Ich stand auf und ging zum Frühstück.

Apfelficker stand in der Warteschlange, vor Rotkappe, Käpt'n Saubär und Grill Bill. Inzwischen hatte bei mir jeder einen Spitznamen, und die waren nicht schmeichelhaft. Hätte ich einen Spitznamen gehabt, hätte er vermutlich Wut-Walker, Trauerkloß, Mann-der-auf-Geister-starrt oder Heulboje gelautet.

Ich aß in wütendem Schweigen. Zum Glück erwachte nichts Unbelebtes zum Leben, und nichts, was nicht sprechen sollte, redete mit mir. Mein Geist war eine Fliegengittertür, die laut im Wind schlug.

Ich ging meditieren. In der ersten Einheit fand ich den Atem ohne Probleme. *Ain't it funny how time slips away?*

Ein ... rechtes Nasenloch.

Aus ... rechtes Nasenloch.

Ein ... beide Nasenlöcher.

Aus ... linkes Nasenloch.

Ich fürchtete, bestimmte Vorgedanken würden immer wieder auftauchen, aber es stellten sich nur Empfindungen ein, um wieder zu vergehen – bis mir auffiel, dass sie sich gruppierten. Versammelten. *Ain't it funny how time slips away?* In meinem Körper. Meinem Unterleib. Meinem männlichen Intimbereich. *Ain't it funny how time slips away?* Es kam zu, wie soll ich sagen, Eruptionen des Begehrens.

Verlangen.

Gelüsten.

Meine Augen öffneten sich scheinbar von selbst. Eine Frau in der ersten Reihe der weiblichen Meditierenden auf der anderen Seite des Saals trug ein enges gelbes T-Shirt, und wenn ich meinen Kopf verrenkte wie ein Schwan mit gebrochenem Hals, konnte ich die Rundung ihrer linken Brust sehen.

Sie war einfach herrlich, diese Brust. *Ain't it funny how time slips away?* Ein Ausdruck höchster Kunst und heiterster Schönheit. Es war, als sähe man die Göttin selbst wippen. Und es weckte tiefste Sehnsucht in mir. Mein ganzer Körper begann vor Verlangen zu beben.

Was war das für ein neues Teufelswerk? Mein Geist spielte auf meinem Körper wie auf einer geilen Geige, um mich vom Meditieren abzuhalten. Aber unstillbare Lust ist auch nur ein Gefühl, oder? Auch sie muss entstehen, um zu vergehen, überlegte ich mir.

Ain't it funny how time slips away?

Es wurde schlimmer. Ich wartete noch ein wenig. Es wurde noch schlimmer. Warum verging es nicht? *Ain't it funny how time slips away?* Vielleicht weil Sex mit nichts anderem vergleichbar ist. Er ist die scharfe Pfeilspitze unserer Existenz. Das Verlangen danach sitzt tief in unseren ältesten, urtümlichsten, basalen Ganglien. Genau jenen, die am schwersten zu ignorieren sind. Mit denen man am wenigsten diskutieren kann.

Geilheit war für mich etwas ziemlich Neues. Wann war ich zuletzt geil gewesen? Jedenfalls nicht in den letzten sechs Monaten. Nicht, seit Evelyn angefangen hatte, Sex mit mir zu fordern, weil Apps, Thermometer und Eisprungstäbchen es verlangten.

Diese Erregung verflog nicht einfach. Stattdessen wurde sie immer stärker, während ich mich auf meiner Matte wand. Und sie hatte einen Soundtrack. Wollen Sie raten, welchen Song?

Ich warf Willie Nelson jedes Schimpfwort an den Kopf, das mir zur Verfügung stand. Ich verfluchte ihn, als wäre er der letzte Gast auf meiner Party, der sich um vier Uhr morgens im Badezimmer eine Line Koks reinzog und versuchte, meine Freundin zu einem Dreier zu überreden.

Ein Dreier.

Ein Zweier.

Sogar ein Einer wäre in Ordnung gewesen. *Ain't it funny how time slips away?* Von wegen, die Zeit tat nichts dergleichen. Ich saß auf meinem schweißgetränkten Kissen und wurde von meiner Erregung gefoltert. Und das war gerade mal die erste Einheit dieses Tages. Bei der zweiten war das Verlangen schon zehnmal so stark, und ich biss mir Fleischfetzen aus der Wange. Jetzt richtete es sich nicht mehr nur auf Frauen. Der Mann vor mir hatte langes Haar – die Standardfrisur hier – und breite, wohlgeformte Schultern, und ich dachte: Wenn ich die Augen schließe, während ich ihn streichele, macht es mir dann wirklich was aus? Da war noch genug Schönheit zu genießen, ungeachtet seiner (für mich) unpassenden, eher außen als innen liegenden Genitalien.

Offen gesagt waren diese Gedanken nicht ganz neu. Schon am zweiten Tag hatte ich bemerkt, dass ich die meditierenden Männer immer attraktiver fand. Am Anfang waren sie mir ein bisschen zu knochig und knorpelig vorgekommen, zu viel Flanell, und ich konnte ihre vegane Selbstgerechtigkeit förmlich riechen. Viele waren bestimmt Stand-up-Paddler, nahm ich an. Besaßen ätherische Öle. Seltsame Bezeichnung übrigens, denn die Leute, die sowas benutzten, wirkten doch meist erdig und ein bisschen schmuddelig – Vollkörner eben. Ich jedenfalls war jahrelang ohne diese Öle ausgekommen.

Jahrzehnte.

Fast vier Jahrzehnte.
Ich bin vom Thema abgewichen.
Männer. Das war wohl das Thema. Kurz gesagt: Männer können auch scharf aussehen.
Ich schloss wieder die Augen.
So muss es im Knast sein, dachte ich. Man nimmt, was da ist. Man passt sich an. Die Natur bricht sich Bahn. Das hatte mir Jeff Goldblum schon gesagt, als ich noch zu jung war, um zu verstehen, was er wirklich meinte.
Ich wollte unbedingt, unbedingt, unbedingt Sex.
Berührt werden.
Eine Schulter küssen.
Irgendeine Schulter.
Von mir aus sogar meine eigene.
Ein Schlüsselbein lecken.
Ich war in einem brodelnden Lustrausch gefangen. Man hatte uns zu Beginn in der Broschüre gewarnt, aber ich hatte nicht geahnt, dass es so schlimm werden würde. Dass sich alles Blut meines Körpers in meinen Lenden sammeln würde. Es war schlicht unmöglich, in diesem Zustand zu meditieren. Die Blasenschlange war sehr, sehr lang, aber jeder Vorgedanke war derselbe: *SEX!!!!!!!!!*
Ich meditierte also nicht, und meine Überzeugung wuchs, dass alle um mich herum weiter als ich auf dem Weg zur Erleuchtung waren. Sie hüpften auf der *Yellow Brick Road* in Richtung Horizont. War ich überhaupt noch auf der Straße? Ich schien davon abgekommen zu sein, verhedderte mich in klebrigem Klettenkraut.
Irgendwann endete die Sitzung, aber ich wusste nicht, wie ich den Raum verlassen sollte, weil ich ein erhebliches Erektionsproblem hatte. Auf einmal war ich wieder vierzehn. Ich hatte keine Lust, wieder vierzehn zu sein. Das war eine schwirige Zeit gewesen, denn damals war ich so besessen von Lust wie das Mädchen in *Der Exorzist* von Schimpfwörtern. Etwa ein Jahr lang gab es im Grunde nichts anderes in meinem Leben. Nur SEX!!!!!!! und vielleicht noch Brause.

Meine Mitmeditierenden verließen den Raum. Ich hielt die Augen geschlossen und tat so, als wäre ich besonders eifrig und machte ein paar Überstunden mit dem Großen Nichts. In meinem Zimmer lag ein ausgeleierter Pulli. Ich musste in mein Zimmer. Aber zuerst musste ich wortwörtlich runterkommen. Ich versuchte, mich auf die Atmung zu konzentrieren, aber das war ein Reinfall, also dachte ich einige Minuten lang über die Feinheiten des kleinen Einmaleins nach, und als das nicht funktionierte, über Golf.

Denn es gibt nichts auf dieser ehemals grünen Erde, was ich mehr verabscheue als Golf. Diesen Hass habe ich während meines Monats in Bangkok entwickelt – eine Stadt wie ein riesiger Auspuff. An einem Tag aufwändigen Nichtstuns war ich mit dem SkyTrain unterwegs und sah eine herrliche, riesige Fläche unberührten Grüns.

Wunderbar, dachte ich. An der nächsten Haltestelle würde ich aussteigen und einen Nachmittag dort verbringen, hartnäckig horizontal, ein Eis in einer Hand, ein Buch in der anderen, und heimlich alte Frauen beim Tai-Chi beobachten.

Ich kniff die Augen zusammen, weil ich eine Gestalt auf dem Grün gesehen hatte.

Nein, zwei Gestalten.

Winzige Gestalten. Sie hatten große Taschen dabei, die Gestalten. Golfer!

Diese ganze Fläche, so viel erstklassiges, prachtvolles Gelände – war in Wahrheit ein Privatgrundstück, eingezäunt und bewacht und reserviert für das gelegentliche Feierabendvergnügen einer Handvoll reicher Männer, die winzige Bälle herumprügeln. Golf ist die ineffektivste Raumnutzung, die die Menschheit je erdacht hat. Es ist so eine eklatante und arrogante Verschwendung – das muss einfach gewollt sein.

Golf ist also absichtlich übel. Deshalb müssen Golfclubs auch so viel Geld verlangen. Und das verleiht den wenigen Idioten, die Golf spielen, den gesellschaftlichen Status, nach dem sie sich so verzweifelt sehnen.

Das einzig Gute am Golf: Wenn ich daran denke, rege ich mich so auf, dass ich nicht mehr an Sex denke. Und so konnte ich den Meditationssaal verlassen, ohne festgenommen zu werden, obwohl die Fliegengittertür in meinem Kopf immer heftiger im Wind klapperte und dabei gegen Golf, Männerschultern und Jeff Goldblum stieß.

Ich stapfte murmelnd den Gang zu meinem Zimmer entlang, als einer der Freiwilligen – der junge Uri Geller, bei dem ich mich angemeldet hatte – auf mich zu trat.

«Geht es Ihnen gut?», fragte er.

Ging mir noch nie besser, sagte ich im Kopf. Er reagierte natürlich nicht, weil er nicht in meinem Kopf war, also änderte ich meine Strategie, damit das Gespräch nicht ins Leere lief. «Ging mir noch nie besser», sagte ich mit dem Mund, und das war eigenartig, denn mein Mund redete eigentlich nur noch mit mir selbst. Und einmal mit einem Wurm. Die Worte kamen langsam und zäh.

«Sie führen Selbstgespräche», sagte er.

«Wirklich?»

«Ja.»

«Das gehört zu meinem Prozess», sagte ich, was bloß ein hochtrabender Ausdruck für Zusammenbruch war, aber gut.

«Brauchen Sie vielleicht ein Gespräch mit dem Kursleiter?», fragte er.

«Vielleicht später», sagte ich. Er nickte und ging weg, ich ging in mein Zimmer und schnappte mir meinen Pullover. Ich ärgerte mich darüber, dass er mich zum Reden gebracht hatte, ärgerte mich, dass er bemerkt hatte, wie schlecht es mir ging, ärgerte mich, dass ich nicht wahrheitsgemäß geantwortet hatte, und dieser ganze Ärger war wie ein schwerer Felsbrocken, den ich in den Wald schleppte und auf einer buschigen Lichtung abzuwerfen versuchte, wozu ein paar Vögel sangen und eine Raupe mich anstarrte, die mich bestimmt auch beurteilte und für unzulänglich hielt.

Ich sah einen besonders attraktiven Baum.

Standhaft.

Stolz.

Hart.

Uralt.

Ich schwoll wieder an und schaute mich panisch um. Ich überlegte, tiefer in den Wald hineinzulaufen, aber da waren jetzt zu viele Leute. Seltsame Menschen wie ich – die weinten, sich versteckten, heulten, um sich schlugen, Erektionen hatten. Es war wie in einem japanischen Selbstmordwald, wo man nie genau weiß, was man auf der nächsten Lichtung findet, aber was es auch ist, es wird einem mit Sicherheit den Tag verderben.

Ich flüchtete zurück in mein Zimmer, duckte mich auf dem Weg in Schatten und Ecken, hinter Büsche und Mauern, murmelte vor mich hin wie ein trauriger Triebtäter. Das Pochen meiner Lenden blieb unvermindert. Das Verlangen war überwältigend, drängend. Wenn Freddy nicht da war, würde ich onanieren. Es ging einfach nicht anders, scheiß auf die Regeln.

Ich öffnete die Tür.

Freddy war nicht da.

Heureka.

Ich setzte mich aufs Bett und massierte mir den Oberschenkel. Masturbation war natürlich gegen die Regeln – ein Akt sexueller Unreinheit, wie Goenka das nannte –, aber auch der einzige Ausweg aus diesem Elend. Nur so konnte ich meinen Geist und meinen Körper beruhigen und mich wieder dem Atmen widmen, meinen Dämonen, meiner Weiterentwicklung und dem verblassenden Traum wachsender Selbsterkenntnis.

Vielleicht gehörte das aber auch wesentlich dazu, diese verhängnisvolle Geilheit? Vielleicht könnte ich die nächste Stufe erreichen, wenn ich ihr nachgäbe?

Ich war hin- und hergerissen. Meine streichelnde Hand wanderte in Richtung meiner Lenden. Ich zog sie wieder weg. Sie wanderte wieder hin. Ich hielt sie mit der anderen Hand fest und biss mir so kräftig auf die Lippe, dass sie blutete.

Freddy kam herein. Und rettete mich. Auch er hatte eine Erektion. Der Gong ertönte. Es war erst der halbe Vormittag vorbei. Noch so viele Stunden, um verrückter und erregter zu werden.

Aber Moment mal.

Diese Mütze, die er aufhatte.

Ich spähte um die hölzerne Trennwand. Eine schwarze Mütze mit den Lettern D$GE darauf. Wo hatte ich so eine schon mal gesehen?

15. KAPITEL

Berlin, drei Monate vor dem Retreat

Evelyn und ich standen auf der Party einer Kollegin oder einer Freundin oder einer Kollegin einer Freundin in der überfüllten Küche, einer Person, die mit ziemlicher Sicherheit Sam hieß, oder Sandy, oder Simone.

Ganz bestimmt irgendwas mit *S*.

In der schmalen, L-förmigen Küche drängten sich siebzig Prozent der Partygäste, wie es die deutsche Partyverordnung vorschreibt. Ich hustete in die nächstgelegene Rauchwolke, während Menschen in engen Grüppchen sich gegenseitig Getränke einschenkten und die Anekdoten ihres Lebens in die Ohren von Fremden brüllten, die mit ziemlicher Sicherheit Sam oder Sandy oder Simone hießen.

Ganz bestimmt irgendwas mit *S*.

Evelyn stand neben mir, sah aber aus, als wäre sie lieber woanders, und sei es auf ihrer eigenen Beerdigung. Sie hielt eine Weinflasche ins Licht. Wir hatten beide nicht herkommen wollen, waren uns aber einig, dass wir mussten. Dass dies eine bessere Samstagsbeschäftigung sei als ein weiterer Abend auf der Couch, wo wir uns mit Nicolas-Cage-Filmen betäubten.

Drei Runden künstlicher Befruchtung, hohe Dosen eines Cocktails verschiedener Fertilitätsmedikamente, heftigste Stimmungsschwankungen. Evelyn konnte an nichts anderes denken; ich versuchte, mich in allem anderen zu versenken.

Ich wusste nicht einmal mehr sicher, ob ich wollte, dass es funktionierte. Ich wollte nur, dass es vorbei war.

«Und, wo habt ihr euch kennengelernt?», fragte ein Mann, der irgendwas mit Existenzangst, nein, Moment, mit Existenzrisiken machte. «Lasst mich raten – Tinder?»

«Nein, nicht Tinder», sagte ich und trank mein *Beck's* aus. Wenn Evelyn zuhörte, konnte sie es gut verbergen. Ich sah sie kurz an. Sie stand auf Zehenspitzen und schaute über meine Schulter zum Fenster, vielleicht auf der Suche nach einem Glas, das weniger als zehn Leute angesabbert hatten.

«Bumble?», probierte er weiter.

«Evelyn?» Ich drehte mich zu ihr. «Dieser nette Computertyp fragt, wo wir uns kennengelernt haben. Ist doch eine tolle Geschichte.» Ich drehte den imaginären Gasgriff eines Tuk-Tuks.

«Hmm», sagte sie.

Ich winkte sie in die schmale Lücke zwischen mir und diesem modernen Superhelden, der die Menschheit vor einem bösartigen neuronalen Netzwerk nach dem anderen rettete. «Du zuerst.»

Sie schaute in den Zwischenraum, runzelte die Stirn, rührte sich nicht. «Wir haben uns in einer Bar kennengelernt», sagte sie. «So wie alle früher.» Sie hob die Weinflasche an den Mund und ließ den restlichen Inhalt in ihre Kehle rinnen.

Komisch. Sie sollte eigentlich nicht trinken. Sie hatte mir genau erklärt, dass Alkohol eine kleine, aber nicht ganz unbedeutende negative Wirkung auf die Fruchtbarkeit hat. Und wir konnten ja nichts weiter ändern als die kleinen, aber nicht ganz unbedeutenden Dinge.

Sie ging hinaus in den Flur, als gerade ein neues Lied einsetzte, und ich musste dem Song widersprechen – Liebe würde uns nicht auseinanderreißen. Unfruchtbarkeit schon.

«Wie lange dauert es noch, bis die KI uns versklavt?», fragte ich den Nerd.

«Das wird sie nicht, solange ich aufpasse.»

«Ach, wie schade.»

In den letzten anderthalb Jahren hatten Evelyn und ich gelernt, dass ein Kinderwunsch mit keinem anderen Wunsch vergleichbar ist. Wenn man einen bestimmten Job unbedingt will, ihn aber nicht kriegt, kann man einen anderen annehmen. Es wird nicht derselbe Job sein, aber auch nicht viel anders – E-Mails, Chefs, Meetings und noch mehr Meetings, die sich auch mit E-Mails hätten erledigen lassen.

Wenn man eine bestimmte Wohnung unbedingt haben will, sie aber nicht kriegt, kann man eine andere nehmen. Es wird nicht dieselbe sein, sie hat vielleicht schlechteres Tageslicht oder ist weiter weg vom Lieblingsinder, aber auch nicht viel anders – Toilette, Küche, Dusche, Decke, Türen.

Und so weiter.

Aber wenn man unbedingt ein Kind will, aber keins bekommen kann, dann ... nimmt man stattdessen einen Hund?

Oder adoptiert vielleicht eins? Deutschland hat die zweitniedrigste Geburtenrate aller Industrienationen. Es gibt Kindermangel, keinen Überschuss. Man könnte als Pflegefamilie für eine gewisse Zeit Kinder aufnehmen, aber natürlich mit dem Risiko, dass einem das Kind, das man liebgewonnen hat, wieder weggenommen wird. Evelyns Schwester hatte sich in den sechs Jahren, die sie und ihr Partner ein Kind zu zeugen versucht hatten, damit beschäftigt.

Sechs Jahre.

Wir würden keine sechs Jahre schaffen.

Zehn Minuten später war Evelyn immer noch nicht wieder da. Ich machte mich auf die Suche. Die Wohnung hatte vier große Zimmer, aber nur Küche und Wohnzimmer hatten die kritische Feiermasse erreicht, hatten ihre eigenen Gravitationszentren entwickelt. Ich sah im Wohnzimmer nach, aber dort war sie nicht hängengeblieben. Ich öffnete die Wohnungstür. Ihre schwarzen Riemenschuhe standen immer noch brav draußen an der Flurwand, umringt von Nachzüglerschuhen.

Ich klopfte an die Badezimmertür. «Evelyn?»

«Besetzt», sagte sie.

«Ich bin's.»

«Geh weg.»

Ich hielt das Ohr an die Tür. Ich glaubte Weinen zu hören, aber

Musik und Gespräche und Lachen – was war eigentlich so lustig? – waren zu laut.

Ich klopfte nochmal. «Ich bin's.»

Eine Frau tauchte hinter mir auf. «Ist da jemand drin?»

Die Tür öffnete sich. Ich schlüpfte hinein.

«Hey», sagte die Frau.

«Wir machen's kurz.»

«Sucht euch ein Bett. Das Zimmer da ist le-»

Ich zog die Tür hinter mir zu. Evelyn saß mit nassen Wangen und zerlaufener Wimperntusche auf dem Badewannenrand.

«Blut», sagte sie, und ich wusste, was das hieß. Wieder war ein trauriger Zeugungszyklus zu Ende. «Es ist einfach zu viel», sagte sie, schloss die Augen und heulte gequält auf. Ich reichte ihr Toilettenpapier, damit sie sich die Nase putzen und die Wimperntusche abwischen konnte. «Das Warten. Die Anspannung. Der Zusammenbruch. Ich kann das nicht mehr.» Ihre Stimme brach. «Es macht mich fertig. Ich denke an nichts anderes mehr. Aber ich kriege die Tage einfach nicht schneller rum. Ich will bloß noch, dass die Zeit vergeht. Das ist die schlimmste Zeit meines Lebens.»

Ich fing so schnell und heftig an zu weinen, dass wir beide geschockt waren. Eigentlich sollten wir zusammen die beste Zeit unserer beider Leben haben. Wir waren so weit von dem Drehbuch abgewichen, das ich im Geist für uns geschrieben hatte, dass ich nicht einmal mehr das Genre unseres Lebens kannte. Eine RomCom war es jedenfalls nicht mehr. War es schon zur Tragödie geworden?

Es klopfte an der Tür. «Kommt raus!»

«Sekunde», rief ich ärgerlich und wischte mir die Tränen ab. «Können wir jetzt gehen?», fragte ich.

«Du wolltest doch herkommen.»

«Wirklich? Jetzt möchte ich jedenfalls weg.»

«Aber jetzt kann ich was trinken», sagte sie.

Eine Faust hämmerte gegen die Tür. «MACHT HIN!»

Das erinnerte mich an irgendwas. Eine Trennung vielleicht?

«Du hast doch schon getrunken», sagte ich.

«Ich hatte schon gespürt, was passiert.»

«Das sollte gar kein Vorwurf sein.»

«Lass uns hierbleiben», sagte sie. «Uns betrinken. Tanzen. Wann haben wir zuletzt miteinander getanzt?»

Wir hatten früher oft getanzt, im Vorher. Das Vorher war leicht. Unbeschwert. Ich entriegelte die Tür, sie flog auf und knalle gegen meinen Fuß.

«ICH PISSE MICH GLEICH EIN», sagte die Frau, stürmte an mir vorbei zum Klo und zog ihren Slip unterm Rock herunter. Sie saß schon auf der Brille, bevor wir draußen waren. Die Tür war noch offen.

Ich hatte keine Lust zu tanzen.

Wir gingen in die Küche und holten zwei frische Flaschen *Beck's* aus dem Kühlschrank. Man konnte sich nur noch seitwärts in den Raum hineinschieben, fühlte sich dabei wie ein Tetris-Block und entschuldigte sich wortreich, während man sich schlängelte und wand und hineinzupassen versuchte. Die Küche enthielt inzwischen fünfundachtzig Prozent der Partygäste, hatte das Wohnzimmer überrundet und würde uns alle verschlingen, wenn wir uns nicht wehrten.

Wir wehrten uns, drängten uns wieder in Richtung Bad und bogen in ein Schlafzimmer ein, das leer war bis auf einen Mann mit einer schwarzen D$GE-Mütze, zusammengesackt auf dem gleichen gelben IKEA-Stuhl, den wir auch zu Hause hatten, die Augen nach oben verdreht.

Mit einem Wort: Drogen.

«Ist das Staceys Zimmer?», fragte ich, weil mir ein Gesicht auf den Fotos am Spiegel vage bekannt vorkam.

«Sana.»

«Stimmt.»

«Sieht ein bisschen wie unser Schlafzimmer aus. Ist das nicht dein Läufer?»

«In Berlin sehen alle Wohnungen gleich aus.»

Ihre Schultern sackten herab. «Wir sind alle gleich.»

Wir setzten uns nebeneinander aufs Bett, unsere Schultern berührten sich leicht. Ich nahm einen Schluck von meinem Bier. «Und wenn wir Pause machen?»

Ihr Kopf zuckte hoch. «Wir können keine Pause machen.»

«Aber du hast doch gerade gesagt, du kannst nicht mehr.»

«Natürlich machen wir keine Pause.» Sie wurde lauter. «Das ist doch lächerlich. Wieso sollte eine Pause denn helfen?»

«Ich dachte, du wolltest vielleicht eine?»

«Was willst *du* denn?», fragte sie ärgerlich. «Sag nicht einfach bloß irgendwas.»

Ich rieb mir den Kopf. «Ich möchte, dass du nicht leidest.»

«Das ist im Augenblick keine Option», sagte sie leise.

Unter den Lärm aus der Küche legten sich die Old-School-Hip-Hop-Beats von Run-DMC – mutige Wahl für eine so weiße Party. Früher war klar, wann sich Leute ironisch für etwas begeisterten. Wir sind zwar vielleicht noch nicht ganz in der Ära der Post-Wahrheit angekommen, aber es kam mir schon sehr wie Post-Ironie vor.

Wir saßen schweigend nebeneinander, und ich überlegte, was ich wollte. Es fühlte sich an, als müsste ich aus einer Reihe ausgefeilter Verhörtechniken wählen. Sicher waren einige besser als andere – eine Stressposition war leichter zu ertragen als ein Stromschlag in die Hoden –, aber es war doch alles Folter.

Wenn wir also nicht pausieren konnten, wünschte ich mir – mehr noch als *Face/Off* zu sehen –, dass Montagmorgen wäre. Dass es acht Uhr morgens wäre, sie mich auf die Wange küsste, mir einen schönen Tag wünschte und mich zehn Stunden lang in Ruhe ließe, sodass ich all meine hart erkämpften und stresserprobten Ablenkungsmethoden anwenden konnte.

Ich könnte ihr sagen, dass ich Montagabend ein Arbeitstreffen hätte. Genau. Das wäre dann der Montag. Dann würde es Dienstag werden. Wieder acht Uhr morgens, sie würde mich auf die Wange küssen, mir einen schönen Tag wünschen und mich zehn Stunden lang in Ruhe lassen, sodass ich all meine hart erkämpften und stresserprobten Ablenkungsmethoden anwenden konnte.

Am Dienstag spielte ich Fußball. Und schon war Mittwoch.

Ich wollte sie nicht anschauen – das Gesicht, das ich im ersten glücklichen Jahr unserer Liebe gar nicht aufhören konnte anzuschauen. Ich wollte nicht sehen, wie traurig und ernst und ausgelutscht und ausgekotzt und wieder ausgelutscht und wieder ausgekotzt sie aussah. Aber sowas kann man seiner Partnerin nicht sagen, also sagte ich: «Ich glaube, was ich gern möchte, ist so eine Art Sprechverbot über das Schwangerschaftsprojekt, jedenfalls eine Weile. Also, wir machen alles, die Termine und so. Aber das war's auch. Wir tun so, als würde es gar nicht passieren.»

Wieder wurde sie ärgerlich. «Wann hat es je geholfen, über Dinge nicht zu reden?»

«Es hilft», verteidigte ich mich.

«Ich rede immer über alles.»

«Wir haben der Sache zu viel Aufmerksamkeit geschenkt.»

«Ich denke BUCHSTÄBLICH an nichts anderes mehr. In Dauerschleife. Es hört nie auf. Nie. Ich weiß nicht warum. Warum Therapie und Selbsthilfegruppen und Partys und bescheuerte Nicolas-Cage-Filme nicht helfen. Aber sie helfen eben nicht.»

Ich versuchte, meinen Arm um sie zu legen, aber sie stieß mich weg. «Es ist, als ob ein Virus mein Gehirn infiziert hätte. Kannst du dir vorstellen, wie das ist? So zu leben?»

Ich trank das letzte Drittel meines Biers aus und rülpste. «Nein.»

«Ich kann nicht fassen, dass ich uns das angetan habe.»

Ich seufzte. «Wir haben das gemeinsam entschieden.»

«Wenn die künstliche Befruchtung nicht funktioniert, musst du mich verlassen.»

«Ich werde dich nicht verlassen. Mach dich nicht lächerlich.» Ich schaute zu D$GE, aber der war immer noch high, schwebte irgendwo im Weltall.

«Dann werde ich dich verlassen», sagte sie.

«Sag nicht sowas.»

«Ich will nicht schuld sein, dass du keine Familie gründen kannst. Damit könnte ich nicht leben.»

«Wir haben doch immer noch *in vitro*», sagte ich.

«Da sind die Chancen bestenfalls zweiunddreißig Prozent. Und wir können uns nur drei Zyklen leisten. Wenn wir überhaupt so lange durchhalten.» Sie kniff die Augen zu. «Und ich stecke in einem Job fest, den ich hasse, den ich aber nicht kündigen kann, weil ich nicht weiß, ob das hier je klappen wird, und man wechselt nicht schwanger den Arbeitsplatz. Mein Leben ist ein tragischer Schwebezustand.»

«Nächsten Monat wird es klappen.» Ich stand auf. «Lass uns gehen. Ich will nicht, dass irgendjemand uns so sieht.»

Sie stellte ihr Bier auf den Boden und stand auch auf. «Ich will nicht mal, dass wir uns so sehen.»

16. KAPITEL

Eins musste ich zugeben: Der junge Uri Geller hatte recht. Ich brauchte Hilfe. Ich erinnerte mich an die Broschüre, in der gestanden hatte, wir könnten kurze Treffen mit Penfold ausmachen, wenn nötig, und das «nötig» war ausdrücklich betont worden. Es fiel mir nicht leicht, um Hilfe zu bitten. Doch das war einer der Gründe, warum Evelyn mich hergeschickt hatte, und wenn ich jetzt bereit war, Penfold zu treffen, war es wahrscheinlich dringend nötig. Die letzten zwei Tage waren hart gewesen; ich kam mir vor, als wäre ich mit der *Titanic* untergegangen und dann von der *Hindenburg* gerettet worden.

Ain't it funny how time slips away? Ain't it funny how time slips away? Ain't it funny how time slips away? Ain't it funny how time slips away?

Ich ging in den unteren Stock der Meditationshalle. Vor dem Raum für den Dhamma-Diskurs setzte ich mich auf eine volle Bank, wo alle den Blick gesenkt hatten. Manische Anspannung lag in der Luft. Apfelficker war da, drei Positionen vor mir in der Schlange. Beim Warten schleuderte ich mentale Messer in seine Richtung. Es freute mich, dass auch er hier scheiterte. Ich war überzeugt, sein Geist war ein tödlicher Mahlstrom von Unaussprechlichem.

Ain't it funny how time slips away?
Ain't it funny how time slips away?
Ain't it funny how time slips away?

Er war nicht lange drinnen. Wahrscheinlich hatte Penfold ihm gesagt, seine Seele sei zu beschmutzt, als dass sie noch gereinigt werden könnte. Drei Personen später öffnete sich die Tür und RockBand-Buchhalter kam heraus, sodass ich eintreten konnte. Mein Magen rebellierte. Drinnen saß Penfold in der Mitte einer kleinen Bühne im Lotussitz auf einem Kissen. Die heilsamste Haltung von allen. Die sagte: *Bequemlichkeit? Die habe ich überwunden.*

Der junge Uri Geller bedeutete mir, mich vor Penfold auf den harten Boden zu setzen. Es stank nach Räucherstäbchen. Zu meiner Rechten stand ein gerahmtes Bild von Goenka. In Gedanken zischte ich es an wie eine wütende Gans, die ihr Revier verteidigt. Ich hockte mich hin, verknotete meine Beine grob unter mir und landete in einem sehr schlampigen Schneidersitz.

AintitfunnyhowtimeslipsAintitfunnyhowtimeslipsAintitfunnyhow timeslips

Penfold presste die schmalen, ein Lächeln andeutenden Lippen zusammen und nickte unmerklich.

AINTITFUNNY

«Mir ... geht es nicht so gut.» Ich war überrascht, wie leise ich sprach. Ich räusperte mich.

... how time slips away?

«Woran machen Sie fest, dass es Ihnen nicht gut geht?», fragte er.

«Meine Gedanken stecken ständig in denselben Dauerschleifen fest. Sehr negativen Schleifen. Brutalen Schleifen. Und ein Songtext. Der steckt auch fest.»

... how time slips away?

«Saṅkhāras», sagte Penfold wissend und legte den Kopf in den Nacken. Goenka sprach oft von Saṅkhāras und glaubte, dass alles ein Kreislauf entweder des Begehrens oder des Abwehrens sei.

«Ja», sagte ich, «oder naja, ich meine, vielleicht? Ist denn alles ein Saṅkhāra?» Das sollte so klingen, als würde ich nicht glauben, dass man die gesamte menschliche Erfahrung auf eine schlichte Binarität reduzieren könnte, so als wären wir bloß Magneten, die entweder abstoßen oder anziehen.

«Ja», sagte er ganz ruhig. So verdammt ruhig.

«Also ... sogar ... Liebe?»

Ain't it funny how time slips away?
Ain't it funny how time slips away?
Ain't it funny how time slips away?

Er lachte, ganz leicht, als wäre Liebe ein Modetrend. Als wäre Liebe wie Bulletproof-Kaffee und Leinöl-Smoothies und Fidget Spinner und Peloton-Räder. «Buddhistische Gelehrte haben alle menschlichen Emotionen quantifiziert und aufgezeichnet. Liebe ist auch dabei. Ich habe vergessen, wo sie in der Tabelle steht.»

«Das ist ja ...» Ich senkte den Blick. «Sehr, sehr traurig. Wie kann ich sie denn überwinden?» Ich riss die Augen wieder auf. «Meine Dämonen. Ich kenne sie alle. Es sind ... alte Dämonen. Ich ... ich glaube, ich stelle mich ihnen. Ich habe mit einem –»

Hier brach ich ab, weil ich dummes Zeug plapperte und weil es mir nicht so klug schien, von dem sprechenden Wurm zu erzählen.

«Es geht ums Akzeptieren», sagte er. «Nicht ums Besiegen. Versuchen Sie, das nicht als Kampf zu betrachten.»

«Als was denn sonst?»

«Es ist Vipassana.» Kurz huschte so ein breites, selbstzufriedenes Grinsen über sein Gesicht. Der junge Uri Geller, der direkt hinter ihm saß, läutete eine winzige goldene Glocke – wie ein Aristokrat, der den Butler ruft, damit der ihm ein Gurkensandwich bringt, die Brotrinde natürlich abgeschnitten.

«Das war's?», fragte ich ungläubig. Die Tür ging auf. Käpt'n Saubär trat ein. Warum wartete er nicht, bis ich draußen war? Ich versuchte aufzustehen, aber anscheinend gehorchten mir meine Beine nicht. «Moment. Die Dämonen. Ich muss noch wissen, wie man –»

«Damit ist die Sitzung beendet», sagte Penfold.

AIN'T IT FUNNY

I

N

,

T

IT

T

FUNNY

U

N

N

Y

HOW
O
W
TIME
I
M
E
SLIPS
L
I
P
S
AWAY
W
A
Y
?

«Aber», jammerte ich, weil sie mir überhaupt nicht geholfen hatten, diese unausstehlichen Idioten. Der junge Uri Geller erhob sich und schob mich zur Tür. Ich stolperte hinaus und rempelte im Vorbeigehen Käpt'n Saubär an.

Wutentbrannt stürmte ich zu meinem Zimmer. Wieso hatte ich geglaubt, er könne mir helfen?

Beim Gehen starrte ich auf den Boden, murmelte unverständlichen Quatsch und sang eine bestimmte Zeile aus einem bestimmten Lied, bis ich abrupt stehenblieb. Ameisen versperrten mir den Weg, sie strömten unter einem Busch hervor, ich wusste nicht, was für ein Busch es war, weil ich nicht weiß, wie Büsche heißen, weil ich ein Idiot bin.

«Geht mir aus dem Weg, Ameisen», sagte ich zu den Ameisen, die mir über den Weg liefen. Die Ameisen interessierte das nicht. «Kommt mir nicht so, Ameisen», sagte ich lauter zu den Ameisen, die mir immer noch im Weg waren. Sie liefen vom Gras zu meiner Linken quer über den Weg, schleppten irgendwelche grünen Blätter und verschwanden unter dem Busch neben dem Gebäude in ihr Zuhause, wie ich annahm.

Ich erinnerte mich an die Regel, kein Lebewesen zu töten, und dachte daran, wie schlimm Penfold und Goenka es fänden, wenn ich diese Regel brach, und mir wurde ganz warm ums Herz, als ich meinen Flip-Flop über einen Haufen dieser wuselnden, fleißigen Ameisen hob und dann auf den Boden knallte, womit ich vier oder vielleicht sogar fünf von ihnen auf einmal TÖTETE.

Während ich diese Sünde beging – Pardon, ich meine dieses Saṅkhāra der Abneigung (gegen Ameisen und Regeln und dieses Retreat), nein, Moment, das Saṅkhāra des Verlangens (Goenka und Penfold und mich selbst zu verletzen?) –, hörte ich etwas. Leise, aber unverkennbar: ein Gespräch.

Menschliche Konversation!

Ich blieb in Deckung und spähte um die Gebäudeecke. Ich stand am Ende des Wohnblocks, der für Wiederholungsmeditierende wie den Bärenmann reserviert war. Oft standen die Türen offen, und ich konnte einen Blick auf die routiniert Leidenden erhaschen, die auf dem gnadenlos harten Boden lagen, traurig und überflüssig wirkten wie arbeitslose Poltergeister während einer Poltergeist-Flaute.

Etwa fünf Meter entfernt, an der Eingangstür, unterhielten sich zwei Männer. Der eine stand mir gegenüber und hielt die Tür mit seiner etwas schwabbeligen Schulter offen – der Glatzkopf mit dem Sonnenbrand, den ich mitfühlend Grill Bill getauft hatte. Der andere hatte langes Haar, zum Pferdeschwanz gebunden, und –

Augenblick: das blaue T-Shirt, das breite Kreuz, die Muskeln.

Er drehte sich um. Ja, er war es. *Apfelficker!*

Ich ging in die Hocke, damit sie mich nicht sehen konnten. Der Busch und vier, vielleicht auch fünf tote Ameisen verdeckten mich. Ich strengte mich an, aber ihr abscheuliches Vergehen war nicht zu verstehen. Sie wussten, sie taten etwas Verbotenes.

Sie redeten weiter. Ich leckte mir über die Lippen und meinte, Schokoladeneis, eine Million Euro und Einhornsperma zu schmecken.

Ich könnte sie verpetzen. Meine Rache. *Jawohl.* Ich könnte ihnen einen Haufen Ärger machen. Und warum nicht? Die beiden, von offenbar uneinsichtigem Gemüt, hatten sich öffentlich verbrüdert und gefährdeten so die gewissenhafte Anstrengung von uns anderen Suchern nach Erleuchtung.

Mir fiel ein, dass ich gerade vier oder vielleicht sogar fünf Ameisen aus reiner fehlgeleiteter und kleinlicher Wut getötet hatte. Und dass ich mir gestern drei Meditationsrunden freigenommen hatte, um Deckenplatten zu zählen. War ich wirklich besser als sie? Sie taten wahrscheinlich auch nur, was sie konnten.

Eine ferne Stimme antwortete mir, stark hallend wie aus dem hinteren Teil einer Höhle: *Hast du nicht auch getan, was du konntest, Adam, als du den Apfel geschnitten hast?*

«Nnnnn – ja ...», antwortete ich der fernen Stimme. Ich stand auf, drehte mich um und marschierte zurück in die Meditationshalle. Penfolds sinnlos kurze Nichthilfe-Treffen waren vorbei, aber ich fand den jungen Uri Geller, der den Vorraum fegte. Er hatte mir den Rücken zugewandt. Ich stellte mich dicht neben ihn, gab jedoch keinen Ton von mir, weil das nicht erlaubt war. Er fegte weiter. Ich räusperte mich. Er drehte sich um.

«Da reden Leute», sagte ich, ohne ihn anzusehen. «Am Eingang der nächsten Wohneinheit.»

«Wer?», fragte er.

«Grill» – mir fiel ein, dass nur ich diesen Spitznamen kannte – «blaues T-Shirt und Pferdeschwanz. Rotes T-Shirt und Glatze.»

Er reichte mir seinen Besen und huschte davon. Ob sie wohl immer noch redeten? Ich schaute auf den Besen. Erwartete er, dass ich für ihn fegte?

Ich fege für niemanden.

Ich lehnte den Besen an die Wand, setzte mich und wartete.

Was tat Evelyn wohl draußen in der richtigen Welt? Beugte sie sich über ihren Laptop und suchte verzweifelt nach einer neuen Fruchtbarkeitsstudie? War ihr Verstand so außer Kontrolle wie ...

Moment mal. Ich erinnerte mich an die Party, und dass sie gesagt hatte, die Gedanken in ihrem Kopf seien wie ein Virus. Hätten sie infiziert und hörten nicht mehr auf, egal was sie tat. Sie hatte mich gefragt, ob ich wüsste, wie sich das anfühlt. Und was hatte ich geantwortet?

Nein.

Ich hatte einfach nur «Nein» gesagt. Hatte nicht mal gelogen, damit sie sich wenigstens nicht so allein und verrückt fühlte.

So fühlte es sich an.

Genau so.

Genau wie das, was mein Geist gerade mit mir machte. Sie hatte genau das durchgemacht, was ich jetzt durchmachte: die Kontrolle über ihren Verstand verloren. Das Virus hatte davon Besitz ergriffen. Ich heulte laut auf und weinte, das Gesicht in den Händen. Seit drei Tagen erst war ich in diesem Zustand. Sie hatte monatelang so gelebt.

Kein Wunder, dass sie so gequält aussah.

Es ist Folter, die Kontrolle über den eigenen Verstand zu verlieren, und ich hatte ihr echt nicht geholfen. Ich hatte es einfach nicht begriffen. Ich dachte, ich könnte sie ablenken, und als das nicht funktionierte, als ich fand, dass ich alles nur schlimmer machte, ging ich ihr aus dem Weg. Ich hätte sie zwingen sollen, es mir begreiflich zu machen. Hätte in ihren Kopf kriechen sollen. Sie begleiten sollen, wenn sie sich ihren Dämonen stellte, wie sie es auch für mich getan hätte. Ich war hier, weil sie mir helfen wollte.

Auf einmal fielen mir so viele Situationen ein, in denen ich ein viel besserer Partner hätte sein können: Die Party. All die vorgetäuschten Abgabetermine. Als sie die Ärztin mit den kritischen Artikeln konfrontiert hatte. Bei der zweiten Meinung.

Ich trat gegen den Besen. Er fiel klappernd zu Boden. Ich musste zu ihr. Ich musste mich entschuldigen. Ich musste ihr sagen, dass ich sie jetzt verstand. Dass es mir jetzt genauso ging.

17. KAPITEL

Berlin, einen Monat vor dem Retreat

Ich machte mir gerade in der Küche Frühstück, als ich den Schrei hörte. Ich rannte ins Bad.

«Hat es geklappt?», fragte sie und schaute von der Toilette zu mir hoch. «Hat es funktioniert?»

Ich kniff die Augen zusammen und linste auf die Anzeige des Schwangerschaftstests – zwei rosafarbene Linien, irgendwie, gerade so, vielleicht.

«Kann nicht sein», sagte ich und hüpfte auf und ab. «Es hat geklappt?»

Sie riss mir den Test wieder aus der Hand. «Wir brauchen mehr Licht.»

Wir liefen in den Flur, und sie neigte den Teststreifen unter den Strahlern bei ihrem Schminkspiegel hin und her.

«Im Film machen sie das nie so», sagte ich. Die Kontrolllinie beim *C* war dick und deutlich, die Testlinie beim *T* ganz schwach.

«Aber du siehst es doch auch, oder? Die zweite Linie?», fragte sie. «Ich bin nicht verrückt?»

Ich nahm den Test wieder. «Soll das so schwach sein?»

«Keine Ahnung», sagte sie und las die Gebrauchsanweisung zum fünfundzwanzigsten Mal. «Da steht nichts von schwachen Linien. Scheiße. Ich kriege Panik. Wir müssen googeln, sofort. Du suchst auf Englisch, ich auf Deutsch. Wir treffen uns in fünfzehn Minuten wieder hier. *Los.*» Bevor sie den Satz zu Ende gesprochen hatte, war sie schon weg.

Wir rannten zu unseren Laptops, ihrer auf der Couch, meiner auf meinem Schreibtisch. Mir schlug das Herz bis zum Hals. War es endlich vorbei? Die Erleichterung war spürbar, wie eine feste Umarmung. Nach fünf Minuten hektischen Googelns ging ich zu ihr.

«Das Internet sagt, eine schwache Linie gibt es nicht.»

Grinsend klappte sie ihren Laptop zu. «Das sagt es auch auf Deutsch. Keine falschen positiven. Es gibt keine falschen Positivtests.» Sie wedelte mit der Hand vor ihrem Gesicht. «Ich bin schwanger. Oh mein Gott. Taschentücher. Gib mir Taschentücher.»

Ich sprang über die Couchlehne, fiel auf sie, wir überströmten uns gegenseitig mit Tränen und waren bald nur noch ein großer, klebriger, heulender Klumpen. «Scheiße.»

«Scheiße.»

«Ich liebe dich», sagte ich und küsste ihre feuchten, tränensalzigen Lippen.

«Ich liebe dich noch mehr.»

«Wir haben es geschafft.»

Sie atmete aus. «WIR HABEN ES GESCHAFFT.»

«Haben wir noch mehr Tests?»

Lachend nahm sie meine Hand, zog mich ins Badezimmer und öffnete die Medikamentenschublade. Da lagen Dutzende Tests neben all ihren verschiedenen Fertilitätsmedikamenten. «Ich muss die Klinik anrufen», sagte sie. «Wenn wir noch ungefähr zehn Tests gemacht haben.»

Zwei Stunden später saßen wir im Wartezimmer, auf unseren üblichen Plätzen. Diesmal allerdings hatte ich den Arm um ihre Schulter gelegt. Hinter dem Tisch stand ein Stapel «Erfolgsboxen»: Die schenkte das Personal den Paaren, die schwanger wurden. Darin waren ein paar Probewindeln und eine Rassel und ... naja ... ehrlich gesagt wusste ich es nicht, weil wir nie eine bekommen hatten. Wir scherzten oft über diese Schachteln: wie albern sie waren, wie wenig dieses Zeug einem Paar bedeuten würde, das nach Monaten oder gar Jahren teurer Fehlversuche endlich schwanger wurde und diese Klinik hinter sich lassen konnte. Tatsächlich bräuchten sie eher

«Beileidsboxen», die sie am Ende eines jeden gescheiterten Zyklus ausgaben.

«Ich will die Box», sagte ich. «Es ist erst offiziell, wenn wir die Box haben.»

Man rief uns herein. Es war das gleiche Sprechzimmer, in dem wir unseren ersten Termin hatten. Das «Wunder-des-Lebens»-Poster. Die gleiche mürrische Ärztin, die gleiche klobige rote Brille, das gleiche Pokerface. Die Ärztin nahm Evelyn Blut ab und maß die hCG-Konzentration – das Schwangerschaftshormon. Wir hielten unter dem Schreibtisch Händchen. Sie schickten uns raus, sie riefen uns wieder herein. Der Mund der Ärztin war eher schmallippig als breit lächelnd. Die falsche Art Mund.

«Ihre hCG-Werte sind sehr niedrig», sagte sie. «Die hätten wir gerne etwas höher.»

Evelyn jaulte auf.

«Nein», sagte ich.

«Sie müssten sich alle zwei Tage verdoppeln», fuhr die Ärztin fort. «Das Entscheidende ist die Kurve. Kommen Sie in zwei Tagen wieder, dann testen wir noch einmal.»

«Zwei Tage?» Bei Evelyn klang es wie zwei Monate. Die Ärztin versuchte zu lächeln, aber es gelang ihr schlecht. «Dann wissen wir es mit Sicherheit.»

Wir gingen ohne Box.

«Zwei Tage», sagte Evelyn im Aufzug. «Was sollen wir zwei Tage lang machen?»

«Leiden?»

«Weißt du, was du jetzt fühlen sollst?», fragte sie.

«Kein bisschen.»

«Ich mache es einfach nicht.» Sie verschränkte die Arme vor der Brust. Ich glaubte ihr nicht.

«Wollen wir essen gehen? Hier ist doch dieses –»

«Ich muss die Forschungsliteratur durcharbeiten.»

«Das macht doch die Klinik, Liebste. Das ist ihr Job.»

«Denen ist es egal», sagte sie. «Mir ganz und gar nicht.»

Zwei Tage und fünfundzwanzig Tests später, die letzten fünf negativ, fuhren wir wieder in die Klinik und rechneten mit schlechten Nachrichten.

«Also, es handelt sich hier um eine sogenannte biochemische Schwangerschaft», sagte die Ärztin.

«Ich weiß, was das ist», sagte Evelyn.

«Ehrlich gesagt», fuhr die Ärztin fort, «wären die Tests nicht so empfindlich geworden, würden die meisten von denen gar nicht registriert werden. Das wäre besser.»

«Ich bin nicht schwanger.» Das war nur fast eine Frage von Evelyn.

«Wir probieren es nächsten Monat wieder», sagte die Ärztin. «Machen Sie sich keine Sorgen.»

«Keine Sorgen?» Evelyns Stimme brach. «Meine Eier sind offensichtlich Schrott. Warum sollten wir uns keine Sorgen machen?»

«Wir alle in der Klinik sind sehr optimistisch, was das positive Ergebnis angeht. Es wird nur etwas Zeit brauchen.» Die Ärztin öffnete eine Schublade in ihrem Schreibtisch. «Und in der Zwischenzeit sind viele unserer Patientinnen ganz begeistert von Akupunktur. Zum Stressabbau. Wir haben da ein spezielles Programm.» Sie kramte in der Schublade nach einem Flyer.

«Akupunktur?», fragte Evelyn, als hätte man ihr ein brennendes Kamel angeboten. «Akupunktur?! Was ist das denn für eine Klinik hier?» Sie sah sich um, als wäre sie zum ersten Mal hier. «Wir sind wegen Wissenschaft hier. Ernsthafter Fertilitätsforschung.»

«Richtig», sagte die Ärztin, schob die Lade zu und schaute auf den Monitor. Hätte es einen Panikknopf gegeben, hätte sie ihn gedrückt. Sie räusperte sich, drückte die Handflächen auf den Schreibtisch. «Ich will damit eigentlich nur sagen, dass es wichtig ist, an Ihre körperliche *und* Ihre geistige Gesundheit zu denken.»

«Sie hat recht.» Ich griff nach Evelyns Hand. «Das ist doch ganz schön anstrengend für dich.»

Evelyn wandte sich zu mir und fletschte die Zähne. Ich wich zurück auf meinen Stuhl. Normalerweise war sie so ruhig und respektvoll. Sie machte vor Fremden keine Szene.

«Ihre Chancen stehen wirklich sehr gut», sagte die Ärztin, hob die Hände und legte sie aneinander. «Ich bin sehr zuversichtlich.»

«Wann?», fragte Evelyn.

«Das können wir natürlich nicht genau wissen.»

«Danke, dass Sie sich Zeit für uns genommen haben, Frau Doktor», sagte ich und stand auf. «Wir gehen jetzt nach Hause und sammeln uns, und dann versuchen wir noch eine künstliche Befruchtung ...»

«Setz dich», knurrte Evelyn. Ich erstarrte, halb sitzend, halb stehend.

«O-okay», stammelte ich und setzte mich wieder hin.

«Ich kann das nicht noch weiter in die Länge ziehen», sagte Evelyn. «Das bringt mich um. Wir zünden jetzt die Atombomben. *In vitro*. So schnell wie möglich. Also, ich meine die ultralange Prozedur mit Leuprorelin-Depot-Injektionen, also vorher drei Monate Downregulation, oder? Wären Sie auch der Ansicht?»

Die Augen der Ärztin verengten sich zu schmalen Schlitzen. «Ultralange Prozedur? Drei Monate? Wer hat davon –»

«Wegen meiner Endometriose.»

Die Ärztin tippte auf ihre Tastatur. «Sowas wird hier nicht gemacht.»

«In dieser Klinik?», hakte Evelyn nach.

«In Deutschland.»

Die Ärztin schob die Maus weg. Evelyn kramte in dem Rucksack zwischen ihren Füßen und zog einen Stapel säuberlich gehefteter, mit Leuchtstift und Klebestreifen markierter Artikel aus wissenschaftlichen Fachzeitschriften heraus. Sie ließ sie mit einem dumpfen Knall auf den Schreibtisch fallen.

«Ich habe die Forschungsliteratur quergelesen. In den USA sind sie in diesem Bereich schon viel weiter, und einige der neuesten Forschungen sind –»

Die Ärztin schob sich langsam vom Schreibtisch zurück, als hätte sie ein schlechtes Date und die Person gegenüber hätte gerade angefangen, über Dollar-Cost-Averaging-Indexfonds zu sprechen.

Wieder griff ich nach Evelyns Hand. «Wir sollten uns Zeit nehmen», sagte ich auf Englisch. «Um uns zu sammeln. Das ist echt viel zu verarbeiten.»

Die plötzliche englische Ansprache brachte Evelyn aus dem Tritt. Sie schaltete einen Gang herunter und legte die Hände in den Schoß. Doch dann schien sie wieder zum Leben zu erwachen.

«Ich sage nicht, dass die Forschungsmeinung einhellig ist, aber die Literatur sagt ziemlich klar: Es ist besser, die ultralange Prozedur zu verfolgen. Drei Monate Unterdrückung, die Endometriose abklingen lassen, dann die Implantation, wenn die Narbenbildung minimal ist, vorausgesetzt, es gibt überhaupt noch irgendwelche brauchbaren Eizellen in meinem Körper.»

«Wir haben hier viel Erfahrung», sagte die Ärztin und biss sich auf die Unterlippe. «Das wäre völliger Overkill.»

«Meine Lektüre sagt etwas anderes.»

«Ich weiß nicht, was Sie gelesen haben.»

Evelyn zeigte auf den Stapel. «Alles hier.»

«Wir orientieren uns auch an der Forschungsliteratur. Wir sind Profis. Und wir haben die höchste Erfolgsquote aller Kliniken in Deutschland. Deshalb sind Sie ja hier.»

«Ts, ts», machte Evelyn. «Ich habe das Gefühl, mir wird nicht zugehört.»

Unter dem Fenster fuhr eine Straßenbahn vorbei, und ich wollte unbedingt drinsitzen.

«Wäre die IVF schon fünfmal fehlgeschlagen», sagte die Ärztin vorsichtig, «dann wäre das ein Weg, den wir ausprobieren könnten.»

«Ich möchte eine zweite Meinung einholen.» Evelyn wandte sich an mich. «Wir wollen eine zweite Meinung, nicht wahr?»

Ich zuckte zusammen. Ich war es nicht gewohnt, gefragt zu werden. Oder zu fragen. Ob ich einverstanden war oder nicht, ich musste mit Evelyn zusammenleben. Ich war nicht sicher, ob sie recht hatte, oder ob das überhaupt eine Rolle spielte. Ging es ihr nicht eher darum, irgendwie die Kontrolle zu übernehmen? Nicht das passive Opfer zu bleiben? Aber wenn sie sich irrte, würde uns das mindestens drei Monate kosten. Würden wir drei weitere Monate überstehen?

«Ähm ... ja?», sagte ich, wand mich dabei und vermied jeden Blickkontakt.

«Ich kann einen anderen Arzt fragen –»

«Von einer anderen Klinik», unterbrach Evelyn die Ärztin und nahm ihren Artikelstapel an sich. «Ich brauche einen Ausdruck aller unserer Testergebnisse.»

Wir gingen wieder ohne Box.

«Was war das denn?», fragte ich im Aufzug und drückte den Knopf fürs Erdgeschoss. «Das war ja wie in *A Beautiful Mind*. Du darfst nicht so viele Post-its verwenden. Das schreckt die Leute ab.»

Die Fahrstuhltür ging zu.

«Sie sollte auf dem neusten Stand der Forschungsliteratur sein. Und du hättest mir mehr Rückendeckung geben können. Du knickst einfach immer vor Autoritäten ein.»

«Ich? Im Ernst? Das ist doch überhaupt nicht wahr. Meinst du nicht, du drehst vielleicht ein bisschen durch?», fragte ich, als die Tür wieder aufging.

Wieder fletschte sie die Zähne, ihre Augen funkelten wütend. «Das sagst du nicht noch einmal zu mir.» Sie stapfte hinaus auf die Straße.

«Aber alle, mit denen wir gesprochen haben, schätzen unsere Chancen gut ein!» Ich lief ihr hinterher. Es nieselte.

«Dafür werden sie bezahlt», sagte sie. «Hast du gemerkt, wie sie die biochemische Schwangerschaft einfach abgetan hat, als wäre das nichts? Als wären diese zwei Tage keine Qual gewesen? Das waren die schlimmsten zwei Tage meines Lebens.»

«Stimmt.» Ich senkte wieder den Blick. «Sie hätte mitfühlender sein können.»

Wir gingen weiter. Wir wollten noch nicht wieder zurück in die Welt, aber auch nicht in der Klinik sein. Menschenschwärme umkreisten uns und trennten uns oft voneinander, die Leute schleppten ihre Einkaufstaschen, lebten ihr ganz normales Leben und merkten nicht, was auf dem Spiel stand, dass wir buchstäblich über Leben und, okay, nicht direkt Tod sprachen, so weit waren wir noch nicht gekommen, eher über Nicht-Leben.

«Für mich ist das auch nicht so leicht», sagte ich und meinte die letzten beiden Tage.

«Das ist nicht dasselbe.»

«Das habe ich auch nicht gesagt. *Hör mal.*» Ich ließ meine Stimme sanfter klingen und berührte ihren Ellbogen, als wir auf die Ampel warteten. Auf der anderen Seite spielten vier Menschen Panflöte. Ein Taxi hupte. Ein Obdachloser schüttelte einen Metallteller vor einem Laden, der Seife verkaufte. Es war alles so schrecklich banal.

«Meinst du nicht, du könntest Hilfe gebrauchen, Liebste?»

«Ich bin nicht verrückt, okay?» Sie sah aber verrückt aus, ihre Augen waren blutunterlaufen. «Du schaust mich genauso an wie *die.*» Die Ampel wurde grün. Sie eilte los, ich konnte ihr nur im Laufschritt folgen.

«Depressiv meinte ich. Nicht verrückt.»

«Meinetwegen brauchst du dir keine Sorgen zu machen», sagte sie.

«Ich sorge mich um dich.»

«Um mich? Du machst dir Sorgen um mich?»

«Ja. Ich bin am Start. Ich mache meine Arbeit. Ich lese Forschungsliteratur. Und was machst du so? Wie kommst du zurecht?»

«Ich komme gut zurecht.»

«Warum zittert dein Bein so?»

«Mein Bein zittert?» Ich schaute auf mein Bein, das zitterte.

«Warum hast du dir neulich eine Beißschiene zum Schlafen geholt?»

«Das ist doch normal in unserem Alter, oder?»

«Nein», sagte sie. «Ich hole jetzt eine zweite Meinung ein. Ich habe einen Arzt kontaktiert. Einen Spezialisten auf diesem Gebiet. Er hat einen dieser Artikel mitverfasst.» Sie holte ihr Handy heraus.

Auf einmal wurde mir klar, wie wenig Ahnung ich davon hatte, womit Evelyn ihre Zeit am Arbeitsplatz verbrachte, den sie so hasste, aber nicht aufgeben konnte. Offensichtlich hatte sie wie verrückt recherchiert, gelesen, gemailt, geheftet und Post-its geklebt.

«Du rufst da *jetzt* an?»

«Die Praxis ist gleich um die Ecke.»

«Er wird uns doch jetzt keinen Termin geben. Wir sind hier in Deutschland. Da ist es schon toller Service, wenn man nicht zu oft angeschrien wird.»

Sie rief an. Er sagte zu, uns sofort zu empfangen. Wenigstens ging es schnell. Zwei solche Tage wie die letzten beiden konnten wir nicht nochmal gebrauchen.

Ein anderes Wartezimmer. Andere Stühle, ebenso spindelige Beine. Bessere Pflanzen. Ich bin nicht sicher, wie lange wir dort saßen, die Zeit spielte mal wieder verrückt. Evelyn scrollte auf ihrem Handy, vielleicht auf der Suche nach weiteren Forschungsergebnissen, während ich mich in meinen Gedanken verlor.

«*Adam.*» Ihr Ton ließ vermuten, dass sie mich nicht zum ersten Mal ansprach.

Ich sah auf. «Hm?»

«Wo bist du eigentlich?»

«Was?»

«Ich habe dreimal deinen Namen gesagt.»

«Oh.»

«In Adamistan», sagte sie. «Ich kenne niemanden, der so in seinem eigenen Kopf lebt wie du.»

Ich rieb mir das Kinn. «Ich wünschte, es gäbe ein Adamistan. Da wäre es bestimmt wunderbar.»

«Ich würde so gerne da reinsteigen.» Sie klopfte mir an die Schläfe. «Um das mal zu sehen.»

«Unfruchtbarkeit gäbe es jedenfalls nicht da drin.»

«Umso besser», sagte sie, als man ihren Namen aufrief, immer *ihren* Namen, und dann waren wir in einem anderen Sprechzimmer, aber es war nicht wirklich anders. Schick, minimalistisch, als wäre es erst vor fünf Minuten eingeweiht worden. Der Arzt war ein freundlicher älterer Herr, glattrasiert und glatzköpfig.

Evelyn krempelte die Ärmel hoch, holte den Stapel Papiere aus der Tasche und ließ ihn auf seinen leeren Schreibtisch fallen. «Ich bin nicht verrückt», sagte sie. «Ich bin gut informiert. Bitte reden Sie dementsprechend mit mir.»

Er lachte, und in seinen Augen blitzte Respekt auf. Er wirkte wie ein netter Großvater, oder wie ich mir jedenfalls einen netten Großvater vorstellte. «Ich merke schon, Sie wollen das unbedingt», sagte er und blätterte die ersten sechs Artikel durch. «Ah, da ist ja meiner.» Er zog seinen Artikel heraus und hielt ihn hoch. «Sie machen wirklich alles richtig.»

«Sind Sie ihrer Meinung?» Evelyn wollte eindeutig keine Plattitüden hören. Die Lage hatte sie am Telefon schon grob skizziert.

Sie hatte die Hände im Schoß und pulte an ihren Fingern. Seit wann pulte sie an ihren Fingern? Kannte ich diese neue Evelyn-Version überhaupt, diese manische Version, die Szenen machte und zum Angriff überging, statt in Deckung zu gehen?

«Ja», sagte er. «Ihre Endometriose ist nicht so schlimm.»

«Was genau meinen Sie damit?»

«Auf einer Skala von eins bis vier so ungefähr Stufe zwei.»

«Warum hat mir das noch nie jemand gesagt?»

Sein Kopf zuckte ein wenig zurück. «Niemand?»

«Ich höre immer nur so Klischeesprüche, dass unsere Chancen gut sind, dass die Wissenschaft jeden Tag Fortschritte macht und dass wir uns keine Sorgen machen müssen.»

«Auf diesem Gebiet», er hob die Hände und drehte sie, «weiß man nie, warum es nicht klappt. Und man weiß nie, warum es plötzlich doch klappt. Man muss viel Geduld haben. *Patience*», sagte er in meine Richtung.

Ich hatte noch nie die Verbindung zwischen *patience* und *patients* gezogen.

«Zu mir kommen jede Menge Paare. Im Vergleich zu den meisten sind Sie in einer sehr guten Position. Sie könnten sogar auf natürliche Weise schwanger werden. Das könnte drei Jahre dauern, aber ich glaube, es würde passieren.»

«Drei Jahre habe ich nicht mehr», sagte sie leise.

«Dann machen Sie IVF, aber keine Downregulation. Das ist tatsächlich Overkill für Sie beide.»

Wir seufzten synchron lange und erleichtert.

«Sollte ich zu denen zurückgehen?», fragte sie. «In die Klinik?»

«Ja», sagte er. «Sie sind die Besten.»

Ich stand auf, schüttelte ihm die Hand und hätte ihn ohne Weiteres auf den Mund geküsst, wenn er darum gebeten hätte.

«Muss ich mich entschuldigen?», fragte sie im Aufzug.

«Bei mir?»

«Scheiße, nein, natürlich nicht bei dir. Bei ihr. Der Ärztin.»

«*Ah*. Hm. Meinst du, dass du dich entschuldigen solltest?»

«Ich weiß nicht. Kann sein. Ich gehe jetzt wieder hin, die Medikamente holen und mit der Stimulation anfangen. Kommst du mit?»

«Muss das jetzt gleich sein?»

«Ja, natürlich muss das jetzt sein. Kommst du mit?»

«Ach, ähm, also», ich wollte diese peinliche Szene unbedingt vermeiden, «es ist so, ich habe doch diese Deadline …»

«Schon gut», sagte sie, als wir uns am Eingang trennten. «Spielt ja auch keine Rolle.»

18. KAPITEL

Am Spätnachmittag des vierten Tages litt ich still in meinem Zimmer, als die Tür aufging. Es war der junge Uri Geller. Ich nahm an, er wollte mir für das Verpfeifen von Apfelficker und Grill Bill danken, doch er sagte bloß: «Sie müssen in den Meditationssaal kommen.»

«Ich habe zu tun», sagte ich. Dachte er, diese Deckenplatten würden sich von alleine zählen?

«Goenka hat neue Anweisungen.»

«Hmmm.»

Widerwillig stand ich auf, folgte ihm, setzte mich auf meinen Platz und hörte Goenka zu, der wie immer schlecht sang. Dann redete er, und da bemerkte ich den Unterschied: Goenka klang lebhaft – geradezu überschwänglich. Er gratulierte uns, dass wir es bis hierher geschafft hätten. Versicherte uns, das Schlimmste hätten wir hinter uns. Dass unsere Gedanken von nun an weniger heftig auf uns einprasseln würden. Dass wir unsere Dämonen nun gesehen und wahrscheinlich verstanden hätten. Jetzt werde es Zeit für die nächste Stufe und damit die vollständige Vipassana-Erfahrung.

Er führte uns durch eine weitere Meditation, und dann änderte sich etwas: Er erweiterte unseren Fokus. Wir sollten uns nicht mehr nur auf die Atemluft konzentrieren, die durch unsere Nasenlöcher ein- und ausströmte. Wir konnten nun unsere Aufmerksamkeit darauf lenken, wie sie beim Verlassen der Nase unsere Haut zwischen Nase und Oberlippe streifte, das Grübchen in der Mitte, dass offenbar «Philtrum» hieß.

Genau, das war unser Lohn für tagelanges quälendes und rückgratbrechendes Nichts: das Philtrum. Die erste kleine Veränderung in einem Prozess, der schließlich dazu führen sollte, dass wir «das gesamte Spektrum von großen und kleinen Sinneseindrücken wahrnehmen» würden. Wenn wir das richtig machten, sagte er, würden wir einen Zustand erreichen, in dem alle Erstarrung und Festigkeit in uns sich in einen Strom subtiler Schwingungen auflösten, die durch unseren Körper wogten, und das wäre sehr angenehm.

Es klang herrlich. So herrlich, dass ich mir die Vorstellung sofort zu eigen machte und sie wie eine Lotion auf meine trockene, rissige Seele schmierte. Was Goenka anscheinend bemerkte, denn nun hielt er einen langen Vortrag darüber, dass wir diesen kribbelnden Energiestrom – wenn er denn eintrat – keinesfalls begrüßen oder uns emotional an ihn binden sollten. Es kam mir vor, als säße er in meinem Kopf, hörte meine Gedanken, die ihm wenig originell schienen, und schösse einen nach dem anderen davon ab wie tieffliegende Tauben. Er warnte uns, dass manche Menschen diesen Zustand zwar schon nach vier Tagen erreichten, andere aber acht Tage brauchten, oder vier Meditationskurse, oder vier Jahre.

Und dann startete er die nächste Meditation. Bei mir änderte sich nichts. Ein erweitertes Empfindungsfeld hieß, dass ich mich auf mehr Dinge konzentrieren konnte, jedenfalls ein paar Minuten lang, ehe mein Geist mich wieder in die übliche Richtung schleifte, in die ich eigentlich nicht wollte.

Zwei Sitzungen später erweiterte Goenka den Beobachtungsraum wieder, bis zur Vorderseite des Kinns. Und jetzt konnten nicht bloß die Atemzüge, sondern alle großen und kleinen Empfindungen registriert werden.

In der nächsten Sitzung bezog er die Schultern mit ein.

Ain't it funny how time slips away?

Geduldig und beharrlich selbstverständlich.

Nächste Sitzung: den linken Arm hinunter.

Wieder geduldig und beharrlich.

Dann hinunter zum linken Knie.

Dann vom rechten Knie wieder aufwärts.

Ain't it funny how time slips away?

Und vor der letzten Sitzung schließlich ließ er uns von der Leine. Wir sollten uns vom Scheitel bis zur Sohle, von der Sohle bis zum

Scheitel wahrnehmen. Ein sprudelnder Quell von Empfindungen – normalerweise zu schwach und unbedeutend, als dass wir sie überhaupt bewusst registrierten – würde sich uns eröffnen. Konnten wir sie spüren? Wir sollten uns abtasten, und sie würden reagieren. Wobei es natürlich nicht um die Reaktion ging. Wir sollten uns nicht auf das Empfindungsspiel einlassen. Wir sollten nur beobachten, was es alles zu beobachten gab und dass nichts davon wichtiger war als irgendetwas anderes.

Ich tastete ab.

Ich beobachtete.

Nichts.

Keine Reaktion.

Keine Empfindungen.

An dieser Stelle beschloss Goenka, nachdem er uns so viel gegeben hatte, dass er uns nun wieder etwas nehmen müsse. Wir durften uns nun während der Meditationseinheiten, die längstenfalls zwei Stunden dauerten, nicht mehr bewegen. Wir sollten in der Stellung verharren, die wir am Anfang der Sitzung eingenommen hatten, egal wie groß der Schmerz, die Unbequemlichkeit, das Schreien unseres Körpers wurde. Wir sollten zu Statuen erstarren. Es war ja nur Schmerz, erinnerte er uns. Schmerz war nicht wichtig. Er war nur eine Empfindung wie alle anderen. Etwas, das entsteht, um zu vergehen. Wir sollten uns sogar auf den Schmerz konzentrieren.

Welche Form hatte der Schmerz?

Wo fing er an, wo hörte er auf?

Beobachteter Schmerz ist halber Schmerz, versicherte er.

Aber er hatte meinen Schmerz unterschätzt. Ich musste mir inzwischen beim Gehen den Rücken halten wie ein gebrechlicher Rentner. Mein rechtes Knie knirschte bei jedem Schritt.

Wir meditierten weiter, ich tastete meinen Körper weiter ab, keine Reaktion. Ich konzentrierte mich auf den Schmerz in Schultern und Nacken, aber der wurde bloß stärker.

Irgendwann war die Einheit vorbei. Das Licht ging an, ich öffnete die Augen. Im Saal herrschte eine andere Atmosphäre. Normalerweise rannten wir alle nach draußen, sobald der Gong ertönte, um uns zu strecken. Diesmal jedoch blieben alle in ungläubiger Stille sitzen. Man konnte die Erregung spüren, sie hing förmlich in der Luft. Eine Art berauschender Nebel. Ich sah meine Mitmeditierenden an. Sie waren entgeistert.

Es hatte funktioniert. Bei ihnen. Sie rasten in Richtung Erleuchtung, ich hingegen würde hier sitzen bleiben, gebrochen, verbittert, würde die schlimmsten Augenblicke meines Lebens erneut durchleben, und meine einzige Erleichterung wäre Goenka, der sang und schreckliche Fabeln über Kühe zum Besten gab und Worte wie «westliche Schulmedizin» so aussprach, als wäre die ein Haufen Mist, in den er gerade barfuß getreten war.

Ich mochte die Schulmedizin.

Ich mochte auch Onanieren gern.

Ich redete gern.

Ich schaute gern Menschen in die Augen.

Ich unterdrückte meine Vergangenheit gern, wie es sich gehörte.

Ich mochte geistige Gesundheit.

«Wer Fragen hat, kann nach vorn kommen», sagte die Oma des Todes.

Die Hälfte der Kursteilnehmer stand auf. Sie fragten, und die Alte antwortete so leise, dass ich nichts hören konnte.

Ich hatte eine Frage. *Warum bin ich noch hier? Warum quäle ich mich noch?*

Ich stand auf, schlenkerte meine Glieder, bis sie wieder durchblutet waren, hielt mir den Pullover vor den Schritt, drückte die freie Hand an die Lendenwirbel und humpelte hinaus in den Wald, wo ich laut weinte und mit der Faust gegen einen Baum hieb. Immerhin lenkte mich meine schmerzende Faust vom Schmerz überall sonst ab. Und diesen Schmerz hatte ich selbst herbeigeführt. Kontrollierte ihn.

Der Gong wurde geschlagen. Zeit, wieder meditieren zu gehen. Ich versuchte, in die Richtung zu laufen, aber meine Füße weigerten sich. Sie drehten mich weg vom Saal und zur Kantine hin. Zuerst hatte ich die Kontrolle über meinen Geist verloren, nun auch noch über meine Füße. Sie verließen rasch den Weg und liefen über das Gras auf den niedrigen Zaun zu.

Hinter dem Zaun lagen Wiesen.

Hinter den Wiesen eine Straße.

Wenn ich der Straße folgte, kam ich zu einer Stadt, die ... irgendwie hieß.

Dies war der richtige Zeitpunkt, sich davonzustehlen. In die Stadt zu laufen. Sie anzurufen. Vielleicht hatte es geklappt. Sieben Eizellen. Eine davon bildschön und perfekt, hatten sie gesagt. Vielleicht hatte es geklappt. Vielleicht musste ich das hier alles gar nicht machen.

«Belgier», sagte ich, weil ich an den verwirrten Arzt denken und lachen musste, als ich mich am Zaun hochstemmte.

Ich sah mich nervös um, entdeckte aber niemanden, der mich beobachten konnte. Alle waren sicher im Meditationssaal am anderen Ende des Zentrums.

Ich überlegte, ob es möglich war, Goenkas sämtliche Regeln auf einmal zu brechen.

Ich könnte in ein Restaurant gehen, mit einer Hand unter dem Tisch onanieren, mit der anderen einen Burger aus ermordeten Kühen essen, mit einem Strohhalm einen höchst alkoholischen Cocktail schlürfen, dabei dem Kellner in die Augen schauen und ihn anlügen, wie sehr ich Meditation mochte, und schließlich hinausrennen und die Zeche prellen.

Das wäre lustig, wenn auch nicht für den Kellner. Und dann würde ich hierher zurückkehren, gestärkt und verjüngt durch das Sündigen, bereit, es besser zu machen, besser zu sein.

Ich kletterte auf den Zaun. Er war nicht hoch, ging mir gerade bis über die Hüfte. Er sollte eher die Schafe draußen halten als uns drinnen. Als ich darauf saß, wackelte er unter mir. Ein Pfeifen. Ich drehte mich um. Sie wissen, wer da kam, denn das hatten wir schon.

«Kommen Sie herunter», sagte der junge Uri Geller. «Ich habe eine schlechte Nachricht.»

19. KAPITEL

Berlin, zwei Tage vor dem Retreat

Ich war in dem Zimmer, in das Männer kamen, um zu kommen. Doch niemand war auf die Idee gekommen, es «Masturbatorium» zu nennen. Es gab mehrere dieser Räume in der Klinik, ich kannte sie gut. Einer war so fade und traurig wie der andere. Sie hatten keine Namen. Und keine Hinweisschilder.

Vor mir: ein Waschbecken.

Unter mir: ein Glastisch, darauf eine kabellose Maus.

Hinter mir: ein Liegestuhl mit Plastikbezug, bedeckt mit Papiertüchern, auf den ich mich auch für sämtliche Bitcoins in China nicht gesetzt hätte.

Links von mir: ein Computermonitor, auf dem ein Porno namens *Die Schule der lesbischen Vampire* lief. In den fünfzehn Minuten, die ich bisher davon gesehen hatte, ohne dabei eine belastbare Erektion halten zu können, war mir klar geworden, dass es an dieser Schule keine guten Vampire gab. Blut hatte bisher überhaupt keine Rolle gespielt. Grabkammern, Särge, Kruzifixe ebenso wenig. Sie waren auch alle ganz schlechte Lesben. Zwei von ihnen hatten gerade sehr lauten, sehr begeisterten Sex mit einem Mann – in einer Art Klassenzimmer, jedenfalls wenn man nicht so genau hinsah. Soweit ich das beurteilen konnte, lernte niemand irgendwas.

Ich wurde derweil immer panischer. Bald würde Evelyn kommen. Wir hatten auf die Ärzte gehört. Kurze Prozedur. Die Suppression war gelaufen, Evelyns biologische Maschinerie lief auf Hochtouren, heute würden ihre Eierstöcke abgegrast werden. Alles unter sechs

Eizellen wäre enttäuschend. Ich war nicht sicher, wie sie mit einer weiteren Enttäuschung fertigwerden würde.

Aber erstmal brauchten wir Sperma.

Ich klickte mit der Maus, um das Video zu beenden, schloss die Augen und grub mich tief in meine Erinnerungen an glücklichere erotische Zeiten mit Evelyn ein. In einem Urlaub in Istanbul hatten wir einen freudvollen, klebrigen Tag verlebt, an dem alles nicht bloß möglich, sondern ganz leicht schien. Wir hatten uns auf dem Sofa geliebt. Danach hatten wir nackt Eis gegessen und uns Geschichten erzählt, bis wieder Zeit für Sex war. Das war einer der besseren Tage meines Lebens.

Als ich fertig war, stellte ich den Becher mit meinem Samen vor das kleine Fenster und drückte den Klingelknopf. Ich ging zurück ins Wartezimmer. Evelyn saß schon da, die Hände unter die Schenkel geschoben, und schien zu hoffen, dass das Erschießungskommando sich mal ein bisschen beeilen würde.

«Hast du es erledigt?», fragte sie.

«Gerade so.»

Ihre Pupillen zuckten im ganzen Zimmer umher. «Bin nervös.»

«Ich weiß.»

«Werden sie Eizellen kriegen?»

Ich setzte mich und nahm ihre Hand. «Werden sie.»

Man rief ihren Namen auf und führte uns in ein Zimmer. Ein neues Zimmer. Ich dachte, wir hätten schon alle Zimmer gesehen. Man gab ihr Tabletten, noch mehr Tabletten, aber man gab ihr ständig Tabletten. Sie zog sich ein OP-Hemd an, und wir warteten, dass ein Operationssaal fertig wurde – nahm ich an, vielleicht, wahrscheinlich? Oder wie sich das hier nannte.

«Was glaubst du, wie viele?», fragte sie.

«Mindestens sechs», antwortete ich. «Höchste Qualität.»

«Sechs wäre gut.»

Wir hatten gelernt, die Erwartungen flachzuhalten.

Zwei Krankenschwestern kamen sie abholen.

«Viel Glück», sagte ich, als könnte sie jetzt noch irgendwas beeinflussen. Drei Zyklen, vielleicht vier Monate, und dann war es vorbei. Dann wäre es endlich vorbei. Ich wusste nicht, was vorbei bedeuten würde, ob wir Evelyn aus den Trümmern dieser ganzen Tortur würden bergen können, aber zumindest wäre es vorbei. Wir würden das Projekt abschließen und entscheiden, was zum Leben danach gehören könnte.

Vielleicht ein Hund.

Ich wollte nichts weiter, als dass es vorbei war.

Ich tippte auf dies und scrollte durch jenes, und dann fiel mir ein, dass ich nie dazu gekommen war, die App für Kindernamen zu installieren, wie Evelyn mich schon vor Monaten gebeten hatte – wahrscheinlich schon vor mehr als einem Jahr. Das wäre eine schöne Aufmunterung. Ich musste mir ein Happy End vorstellen. Und wie das Happy End heißen könnte.

Ich installierte die App.

Sie funktionierte wie Tinder: Einen Namen nach links wischen hieß Nein, nach rechts hieß Ja. Weil mein Handy mit Evelyns verbunden war, konnte die App eine Liste von Namen erstellen, bei denen wir übereinstimmten. Wir sprachen nicht mehr über Namen. Das war zu schmerzhaft, zu vermessen. Aber damals – in Istanbul, in der Hasenheide – hatten wir und hatten dabei festgestellt, dass wir beide automatisch jeden Namen ablehnten, den der oder die andere vorschlug, bloß weil der Vorschlag nicht von einem selbst kam.

Trotz könnte man das wohl nennen.

Die App war neutral.

Nach drei Minuten hektischen Wischens war ich über 500 Namen durchgegangen. Am Ende matchten wir bei ungefähr einem Dutzend Mädchennamen, aber – unglaublich! – nur bei einem Jungennamen: Leo.

Die Tür ging auf. Ich steckte hastig mein Handy weg, doch es war gar nicht Evelyn. Sondern ein langer, dünner Mann, eine richtige Bohnenstange. Sein Gesichtsausdruck war ernst und gequält, als käme er zu spät zu seiner eigenen Obduktion. Er trug eine weiße Hose und ein eng anliegendes weißes T-Shirt.

«Ähm», sagte er mit tief gefurchter Stirn, «also ...»

«Keine Eier?», fragte ich auf Deutsch, denn so hatte ich immer mit dem Klinikpersonal gesprochen.

«Sieben Stück», sagte er. «Ausreichend. Aber es ist zu einer Komplikation gekommen.» Seine Lippen wurden schmal. «Sie spricht auf einmal nur noch Englisch. Vor der Narkose sprach sie Deutsch, aber jetzt antwortet sie nur noch auf Englisch.»

«Englisch?», fragte ich ungläubig, als handelte es sich um ein obskures mongolisches Medikament. Ich biss mir auf die Unterlippe, konnte aber ein Lächeln nicht unterdrücken. «Aber sie spricht doch gar kein Englisch.»

«Wirklich nicht?» Die Sorgenfalten des Arztes oder Fast-Arztes wurden tiefer.

«Bloß Deutsch und ein bisschen Hebräisch», sagte ich ein wenig nervös.

«Hebräisch?»

«Ja, verrückt, oder?» Ich verdrehte die Augen, denn es war ja auch lächerlich, dass jemand lieber Hebräisch lernte als Englisch, die erste Zweitsprache der ganzen Welt.

«Aber sind Sie nicht ...» Er zögerte. «Ihr Akzent?»

«Belgier», sagte ich. «Ich bin Belgier.»

«Ach so.» Er drehte sich um und sagte etwas in den Flur, zu jemandem, den ich nicht sehen konnte. Kurz darauf ging die Tür ganz auf. Evelyn kam herein, totenbleich, von zwei Krankenschwestern gestützt. Die beiden setzten ihren sehnigen Körper auf den Stuhl neben meinem, und sie lächelte mich schief an, ganz offensichtlich total high.

«Hello», sagte sie. «I'm back.» Sie stieß erleichtert Luft aus. «*Woohoo.*»

«Sieben Eier, habe ich gehört?», fragte ich auf Deutsch.

«Mehr als genug für ein gutes Omelette», antwortete sie auf Englisch.

«Unglaublich», sagte der Arzt auf Deutsch.

«What?», fragte Evelyn, die weiter Englisch redete. «Was denn?

Sollte ich mir Sorgen machen? Kann ich noch mehr von diesen tollen Tabletten kriegen? Gegen die Schmerzen oder so?» Sie lallte leicht. «Ich mein ja bloß.»

«Sie sprechen Englisch?», sagte der Arzt etwas nervös.

Ihr klappte die Kinnlade herunter. «Echt? Oh. Dann ist das wohl inzwischen die Sprache, mit der ich Gefühle ausdrücke.» Das fand ich ein bisschen eigenartig, aber ich schob es auf die Medikamente. «Er ist Engländer.» Sie zeigte auf mich, nur dass sie leicht daneben zielte und stattdessen gegen eine Jalousie piekste. «Warum schauen die mich so an, Adam?»

«Ganz ohne Grund, Schatz», sagte ich und tätschelte ihr den Arm. «Das war bloß ein kleiner privater Scherz zwischen dem Arzt und mir.»

«Ihr Partner macht ein bisschen zu viele Witze», sagte der Arzt zu Evelyn und ging dann mit den Schwestern hinaus.

Evelyn lehnte sich zurück und blies wieder die Luft aus ihren Backen aus. «Ich bin so high, das glaubst du nicht.»

«Doch, das sehe ich.»

«Aber auch groggy.» Sie richtete sich auf. «Sieben ist gut. Oder? Ich finde sieben gut.»

Ich tätschelte ihre Hand. «Sieben ist gut. Hast du gut gemacht.»

Es ist fast vorbei.

Es ist fast vorbei.

Es ist fast vorbei.

Was heißt das, dass es vorbei ist?

Ich wusste, was es für sie heißen würde. Was sie schon angedeutet hatte. Dass ich mich zwischen einer Familie und ihr entscheiden müsste. Dass sie mich zu Ersterem drängen würde. Dabei hätten wir noch jahrelang Zeit, entgegen aller Wahrscheinlichkeit ein Kind der Lust zu zeugen. Ich wollte nicht *ein* Kind – ich wollte *unser* Kind. Und noch viel mehr wollte ich, dass sie wieder so war wie früher.

«Sieben», sagte sie wieder. «Das ist okay?»

«Wir brauchen bloß eins. Ein frisches. Was passiert jetzt?»

Sie fing an zu schielen. «Wieso weiß ich immer als Einzige über alles Bescheid, über alle Sachen und so?»

Ich kniff die Augen zusammen, und sie mimte das Auskippen eines Bechers. «Im Wesentlichen passiert jetzt Sperma.»

«Das schütten sie einfach drüber?»

«Schütten sie drüber.»

«Kommt mir vor wie Schummeln», sagte ich.

«Ist es auch. Geschummelt. Darum geht es doch bei dem ganzen Kram.» Sie wedelte mit dem Arm. «Das ist alles Schummeln. Wir müssen schummeln.»

«Und dann tun sie es wieder in dich rein?»

Sie machte so ein saugendes Geräusch. «Wenn ein Embryo das Blastozyten-Stadium erreicht, ja.» Wieder stieß sie lange Luft aus. «Ich glaube, ich schaffe das nicht mehr.»

Ich ließ die Schultern hängen. «Ich auch nicht.»

«Aber du tust doch eigentlich gar nichts.»

«Eben.»

«Es wird nicht klappen, oder?» Ihre Stimme zitterte.

«Doch, wird es. Und wenn es ein Junge wird, wissen wir auch schon den Namen.» Ich zeigte ihr mein Handy.

Sie klickte zwischen den Listen hin und her. «Leo?», sagte sie. «Wir sind uns nur über *einen* Jungennamen einig? Wie kann das denn sein?»

«Offenbar mag ich nicht viele Jungennamen.»

«Ich auch nicht. Die sind alle so *baaaaaaaaahh*.»

«Also Leo?»

«Leo», sagte sie, atmete dann tief ein und heulte laut auf. «Oh Gott.»

«Wirken die Tabletten schon nicht mehr?», fragte ich angesichts dieses plötzlichen Druckabfalls.

«Kannst du mir noch mehr besorgen?», flehte sie.

«Ich kann dir deine Kleider besorgen, wie wär's damit?»

«Ich bin wieder nüchtern», sagte sie und klang auch so. «Es ist vorbei.»

Ich ging zum Metallspind hinter ihr. «Wann musst du wieder herkommen?», fragte ich.

«Übermorgen.»

«Muss ich auch dabei sein?»

«Warum solltest du dabei sein müssen?»

«Ja, klar.»

20. KAPITEL

Da meine Flucht vereitelt war, kletterte ich wieder vom Zaun hinunter. Der junge Uri Geller wartete, bis ich bei ihm war, dann drehte er sich um, und wir gingen im Gleichschritt zur Kantine. Ich hatte ein schlechtes Gewissen, weil ich abzuhauen geplant hatte, und ich hoffte, er hatte auch ein schlechtes Gewissen, weil er mich fegen lassen wollte.

Wäre ich wirklich auf der anderen Seite hinuntergesprungen und weggerannt?

Ja.

Eine Minute später hielt er mir die Tür zum Wohnblock auf.

Moment mal – ich hatte weder Geld noch Handy bei mir. Wenn ich bis in die Kleinstadt gekommen wäre, was hätte ich dort getan? Ich konnte offensichtlich noch nicht wieder geradeaus denken.

Wir blieben vor meiner Zimmertür stehen.

«Die schlechte Nachricht», sagte er.

Ich dachte, dass ich beim Türmen erwischt worden war, reichte schon. Wieso hatte er bis jetzt gewartet, mir die schlechte Nachricht zu überbringen? Vielleicht, damit niemand uns reden sah? War die schlechte Nachricht, dass ich rausgeschmissen wurde? Hatte er mich hergebracht, damit ich meine Sachen packen konnte?

Auf keinen Fall würde ich weggehen. Ich hatte so viel gelitten, aber noch so wenig gelernt, ich würde jetzt nicht gehen, ohne Einsichten, aber voller Reue. Abhauen, weil *ich* es wollte, das war okay. Aber nicht, wenn *sie* mich wegschickten. Nein, dann würde ich mich ans Bett fesseln. Schreien und treten und kratzen und beißen. Sie würden mich hier rausschleifen müssen. Ich würde es mit einer ganzen Armee aufnehmen.

Der junge Uri Geller knipste sein übliches Schleimerlächeln aus und senkte den Kopf. «Ihr Großvater Leo ist gestorben», sagte er. «Mein Beileid.»

«Ain't it funny how –» Ich unterbrach mich. «W-wie bitte?»

«Ihr Großvater», sagte er und deutete zum Abschied eine unterwürfige Verbeugung an. Er drehte sich um, ging den langen Flur hinunter, und ich blieb sehr verwirrt allein, eine Hand auf der Türklinke. Ich schaute ihm nach und dachte, dass er wirklich einen sehr knackigen Hintern hatte, wie zwei Äpfel in einem Seidenbeutel.

Ich schüttelte den Kopf. *Konzentrier dich, Adam.*

Wieso hatte er mich für meinen Fluchtversuch nicht bestraft? Klar, streng genommen war ich noch nicht abgehauen, aber der Vorsatz war doch nach dem Buchstaben des Gesetzes sicher genauso schlimm? Nein, das galt nur für Drogenbesitz. Naja, Vorsätze hatten jedenfalls auch etwas zu bedeuten, und meine waren scheiße. Ich hatte Scheißvorsätze. Vielleicht ließ er Gnade walten, weil mein Großvater Leo gestorben war? Nett von ihm, aber auch unnötig, ich hatte nämlich gar keinen Großvater namens Leo. Ich hatte einen Großvater Ron, der schon lange vor meiner Geburt gestorben war und von dem ich nur eins geerbt hatte – seine Augen –, und einen Großvater Les, der vor zehn Jahren gestorben war und von dem ich zum Glück nichts geerbt hatte, denn was er besaß, war alles vom Wahnsinn getränkt: Er war der allgemein bekannte Orts-Irre gewesen, verrückter als ein Hühnerstall bei Fuchsbesuch.

Ich fuhr mir über das stopplige Kinn, öffnete die Tür und betrat wieder meine karge Behausung. Freddy lag wie üblich gekrümmt auf der Seite und schluchzte in seine Brust, also beachtete ich ihn gar nicht.

Ich legte mich hin.

Dieser Name. Leo. Den kannte ich irgendwoher.

Irgendwie.

Irgendwo.

Irgendwann.

Ain't it funny how time slips away?

Ich nahm all meine Denkkraft zusammen – nachdem ich mich

vorher noch vergewissert hatte, dass keine neuen Deckenplatten dazugekommen waren.

Nein, immer noch siebenundzwanzig.

Zeit. Glitt. Davon.

Eine Erinnerung stieg aus der Tiefe auf, so wie Nessie für einen Boulevard-Fotografen. Die Klinik. Die Eier. Die App. Ich richtete mich auf, und mein Herz raste fast so schnell wie bei der Panikattacke.

SOLLTE DAS HEISSEN???!!!

Es hatte geheißen, wir dürften keine Nachrichten von draußen empfangen, aber da gab es sicher Ausnahmen, oder? Ein Trauerfall war doch bestimmt eine Ausnahme? Evelyn war teuflisch schlau. Wenn sie mir eine Botschaft zukommen lassen wollte, dann würde sie einen Weg finden.

Sie hatte einen Weg gefunden. Sie kommunizierte mit mir, und sie teilte mir mit, dass sie schwanger war.

Evelyn war schwanger.

Wir bekamen ein Kind.

Unser eigenes Kind. Aus unserem eigenen Sperma, unseren eigenen Eizellen. Einer guten Eizelle. Sicher hatte sie die zwei Tage abgewartet. Und das hieß, dass sich ihre hCG-Werte verdoppelt hatten. Ich boxte vor Freude in die Luft und sprang aus dem Bett. Ich legte diesen albernen Tanz-Move hin, wo man die Hände vor sich verschränkt und Butter stampft wie eine Hausfrau bei den Amish, wobei man die wahrscheinlich gar nicht Hausfrauen nennen muss, weil sie alle Hausfrauen sind, man muss sie also gar nicht erst so beschreiben.

Sie sind einfach bloß Frauen.

Ich stampfte also Butter wie eine Amish-Frau. Hätte ich nicht sowieso schon geweint, wie üblich, dann wäre ich jetzt in warme Glückstränen ausgebrochen. Freddy weinte auch aus seinen ganz eigenen Gründen. Von ihm ließ ich mich nicht runterziehen. Stattdessen legte ich mich wieder hin und dachte an Evelyn, wie sehr ich sie liebte und wie sehr ich mich darauf freute, uns Eltern werden zu sehen, und wie viel wir in diesem Niemandsland verloren hatten, in dem wir uns fragten, ob wir je welche sein würden.

Ich stand auf.

Ich lief im Kreis. In einem sehr kleinen Kreis.

Ich setzte mich auf die Bettkante. Ich hatte das Gefühl, Ameisen im Hintern zu haben, was gut möglich war. Vielleicht war eine Eliteeinheit ausgeschickt worden, um das Massaker an vier, vielleicht gar fünf verwandten Seelen zu rächen.

Haben Ameisen Seelen?

Die künstliche Befruchtung hatte funktioniert!

Und das würde keine biochemische Schwangerschaft aus so einem zufällig ausgestoßenen stinkenden Ei und einem fetten, faulen, trägen Spermium sein, die sich nur zeitweilig verbunden hatten, um Tage später von Evelyns berüchtigt wählerischem Uterus abgewiesen zu werden.

Nein, das hier war *in vitro* – ein handverlesenes, im Labor befruchtetes, kunsthandwerklich zubereitetes Ei, hatten sie gesagt, das sich jetzt in ihre nach bestem wissenschaftlichen Vermögen aufgemotzte Gebärmutter kuschelte, wuchs und gedieh.

Wir bekamen ein Kind.

Ich wurde Vater.

Diese elende Phase unserer Leben und unserer Beziehung war vorüber. Ich rannte hinaus auf die Wiese und schrie den Narzissen mein Glück ins Gesicht. Dankbarkeit stieg in mir auf. Ich fragte mich, wie lange sie wohl währen würde.

Sie währte etwa anderthalb Minuten.

Ehrlich gesagt hatte ich gehofft, sie würde länger dauern, doch da stieg etwas Neues auf und schob die Dankbarkeit beiseite: nackte Angst.

Ich wurde Vater.

Wir durften das Elternsein nicht so vergeigen wie die Unfruchtbarkeit. Wie ich dieses Retreat vergeigte. Ich bekam hier Sachen über mein Unterbewusstes aufgezeigt, versuchte aber bloß, vor ihnen wegzulaufen und wieder zum Atem zurückzukommen, so wie ich versucht hatte, vor Evelyn wegzulaufen und mich in der Arbeit oder in den lustigen Teilen meines Geistes zu verstecken – in Adamistan, würde ich sagen.

Ich musste meine Herangehensweise ändern. Darüber dachte ich eine Weile nach, dann ging ich zurück in mein Zimmer und zählte die Deckenplatten, bis der Gong ertönte, weil es Zeit war für den abendlichen Dhamma-Diskurs.

21. KAPITEL

In der Populärkultur hat sich die hinterhältige Lüge verbreitet, dass wir zu jeder Zeit je ein vorherrschendes Gefühl erleben. Und dass diese Emotion sich mehr oder weniger klar definieren lässt. Natürlich kann Ihnen jeder denkende und fühlende Mensch versichern, dass das Schwachsinn ist. Ich wurde Vater und ging zum Dhamma-Diskurs des vierten Tages, und ich fühlte … *alles.*

Absolut alles.

Auf einmal.

Alles stürzte mit betäubender Lautstärke und ungeheurer Geschwindigkeit auf mich nieder, ein schockierender, Jackson-Pollock-buntspritzender Wasserfall der Emotionen.

Aufregung.

Angst.

Anspannung.

Hoffnung.

Stolz.

Wut.

Begeisterung.

Ich wollte die Zeit verlangsamen (um mehr von Evelyn und mir zu haben, da der Unfruchtbarkeitsstress jetzt vorbei war und bevor wir unsere Liebe und ihren Körper mit einem Parasiten teilen müssten).

Ich wollte die Zeit beschleunigen (um unserem Sprössling früher in die Augen schauen zu können).

Ich wollte alles lesen, was jemals an Elternratgebern geschrieben worden war, und alles ignorieren, um die Sache so unvoreingenommen wie möglich anzugehen.

Ich hatte sogar die ganz leise winzig kleine Hoffnung, dass wir das Baby verlieren würden (vielleicht, weil ich fürchtete, wir würden es nicht richtig erziehen? Oder dass es den Wahnsinn oder die Nase meiner Familie erben könnte?). Auf diese Stimme hörte ich aber nicht. Die war dumm.

Ich wollte und fühlte noch so viele andere Dinge, aber sie waren zu unbestimmt und vage, um sie mit Etiketten zu versehen.

Die Türen zum Vortragssaal gingen auf. Ich setzte mich gerade aufgerichtet in die Mitte. Viel erwartete ich nicht, es interessierte mich nicht einmal besonders, was Goenka zu sagen hatte. Ich musste zu viel nachdenken und überlegen und planen und besser werden.

Ich war froh, seine Frau wiederzusehen. War sie glücklich? Wollte sie hier sein? Wer wusste das schon? Sie sagte es nie. Nur Goenka redete. Dann tat er etwas Unerwartetes: Er kam zum Punkt! Er stellte den ideologischen Kern von Vipassana in (größtenteils) so schlichten Worten dar, dass ich ihn zum ersten Mal verstand.

Hier meine Zusammenfassung dieser Zusammenfassung:

1. Der Körper hat sechs Sinnestore: Augen, Zunge, Ohren, Nase, Körper und Geist.
2. Der Körper lässt durch diese Tore Wahrnehmungen herein und verwandelt sie in Empfindungen im Körper. Hübsches Mädchen geht vorüber, Augen bemerken es und geben die Information nach drinnen, wo sie in Erregung umgewandelt wird oder, wenn man beim schlichteren Saṅkhāra-System bleiben möchte (Begehren und Abwehren), in Begehren, das die Lenden zum Leben erweckt, und diese Empfindung wird im Geist registriert, der Sachen denkt und einen vielleicht zum Handeln bewegen möchte – mit dem Mädchen reden, den Kuchen essen, vor dem Löwen weglaufen usw.
3. Die Standardeinstellung des Geistes veranlasst ihn, auf die vorherrschenden Empfindungen des Körpers zu reagieren. Es gibt jedoch keinen Grund dafür. In jeder Sekunde ereignen sich überall im Körper unzählige biochemische und elektromagnetische Reaktionen. Und so wie aus manchen Vorgedanken echte Gedanken werden, die unsere Aufmerksamkeit erregen,

so werden manche Empfindungen für wichtig genug erachtet, gefühlt zu werden, während andere – wie das ganz schwache Kitzeln zwischen dem vierten und fünften Zeh oder das Pochen unten im linken Ohrläppchen – unbeachtet bleiben.
Das alles wird vergehen.

4. Die Existenz ist wie das Sitzen in einem schnell strömenden Fluss der Empfindungen. Durch Meditation können wir uns ans Ufer bewegen, wo wir den Fluss beobachten und selbst entscheiden können, in welchen Abschnitten wir baden wollen. BEOBACHTEN, dann HANDELN. Man muss den vorherrschenden Empfindungen des Körpers und Gedanken des Geistes nicht blind folgen.
5. In den Augenblicken, wo wir uns auf den Atem konzentrieren, ist unser Geist frei. Das wirkt auf die alten Unreinheiten, die sich im Unbewussten gesammelt haben. Einige dieser Unreinheiten steigen nach oben auf die Ebene des Bewusstseins und manifestieren sich als psychisches oder physisches Unwohlsein (Schmerzen, Leiden, aufdringliche Gedanken, Songtexte, Dämonen).
6. Neutral beobachtet vergehen sie.
7. Alles vergeht.
8. Beim Meditieren geht es nicht um die Fokussierung des Geistes, sondern um Reinigung. Wenn wir diesen Reinigungsprozess oft genug durchschreiten, so bewegen wir uns mit ausgewogenem, gleichmütigem Geist durchs Leben, der weniger dazu neigt, überhaupt Unreinheiten zu erzeugen.

Das Video war zu Ende, und zum ersten Mal war ich nicht enttäuscht. Ich begriff teilweise, was ich hier falsch gemacht hatte. Wie verrückt es gewesen war, mich überhaupt dieser Herausforderung zu stellen. Obwohl ich keinerlei erwähnenswerte Meditationserfahrung besaß, versuchte ich, die Herrschaft über meinen Geist zu erringen. Dabei verstand ich nicht mal die Grundlagen. Ich reagierte ständig auf alles – willkürliche mentale Rülpser, Gelüste, Abneigungen, Deckenplatten, Vorgedanken, Dämonenschleifen, Goenka, Ameisen. Darum musste ich so viel stampfen und brüllen und heulen. Wenn meine Dämonen kamen, beobachtete ich sie nicht neutral. Ich konzentrierte mich darauf, sie loszuwerden, ihnen zu entfliehen, mich rasch wieder auf den Atem zu fokussieren.

Wenn wir glauben, nichts mehr lernen zu können, ist es nur logisch, dass wir nicht mehr auf den Lehrer hören. Das hatte ich mit Goenka gemacht, aber auch mit meinem Geist, der mir nicht ohne Grund immer wieder dieselben paar Sachen zeigte. Die vergingen nicht, oder vielmehr vergingen sie schon, aber nur um sofort wieder aufzuploppen, weil sie mich etwas lehren wollten. Irgendetwas lag dahinter. Sie waren ein Symptom, keine Ursache.

Ich gelobte, ab morgen all die schlimmen Dinge, die mein Geist mir an den Kopf warf, neutral zu beobachten, bis ich herausfand, warum er gerade diese bestimmte Sache geworfen hatte.

Es wurde Zeit, mal mit meinen Dämonen abzuhängen.

Jippie.

22. KAPITEL

Tag 5 von 10: Vormittag

Ort: Bett

Stimmung: Brodelnde Begeisterung

Die Schwingungen des Gongs riefen uns zum morgendlichen Nicht-Gebet. Normalerweise hätte ich noch geschlafen, aber heute war ich wach, saß quer im Bett, an die Wand gelehnt. Freddy schnarchte leise. In der Nacht hatte ich kaum geschlafen; ich wurde Vater und musste über so vieles nachdenken.

Ich ging zum Meditationssaal. Auf den Ästen der Bäume lag noch Tau. Die ersten paar Vögel zwitscherten aufgeregt, voller Vorfreude auf einen Tag mit lauter ... Vogelsachen. Seit dem ersten Tag, der so weit entfernt schien, war ich nicht zu so unchristlicher Stunde auf gewesen. Damals war ich ein anderer Mensch gewesen: gepflegt, gefasst, selbstsicher, klar im Kopf. Ich will nicht behaupten, dass mich alle verstanden hätten, aber ich selbst verstand mich. Jetzt begriff ich mich überhaupt nicht mehr – ich war ein faselnder, murmelnder, rasender, geiler, ein klein bisschen schwuler Irrer.

Im Saal roch es nach Äpfeln und nicht wie sonst nach der Mischung aus ranzigem Schweiß und frischem Kummer. Nach der Zahl der leeren Matten zu schließen fehlten etwa die Hälfte meiner Mitmeditierenden – entweder sie schwänzten oder sie waren ausgestiegen, hatten sich in ihr von Saṅkhāra erfülltes Leben zurückgeschlichen.

Auch Apfelfickers Platz war leer. Hatten sie ihn rausgeworfen? Wenn ja, war es meine Schuld, weshalb ich zugleich triumphierte und ein schlechtes Gewissen hatte. Denn auch wenn er ein furchtbarer Mensch war, der Meerschweinchen bei lebendigem Leibe kochte und Kleinkinder in Brunnen warf, so war er doch auch ein Mensch, der sich hier abmühte, genau wie ich.

Ob er nun von selbst gegangen oder rausgeschmissen worden war, ich wünschte ihm alles Schlechte.

Ich kniete mich auf mein treues Kissen und fühlte ein leises Kitzeln von Stolz – ich hatte es bis zum fünften Tag geschafft. Mittags wäre ich über den Berg – mehr als die Hälfte vorbei. Wenn Goenka recht hatte, dann hatte ich die schlimmsten Seiten meines Geistes schon gesehen. Ich hatte meine Gedanken nur nicht genau oder gleichmütig genug betrachtet.

Das würde sich jetzt ändern. Mit geschlossenen Augen setzte ich mich richtig hin. Die Einheit begann gut, mein Geist war ruhig. Ich konnte meinen Atem geduldig und beharrlich beobachten.

Ein … beide Nasenlöcher.

Aus … beide Nasenlöcher.

Ein … linkes Nasenloch.

Aus … rechtes Nasenloch.

Zu meiner großen Erleichterung war ich nicht mehr sexuell erregt. Auch die Zeit und wie sie verging war kein häufiges Thema mehr. Ich blieb ganz beim Atem, denn ich wusste, das würde meinen Geist ärgern, und wie üblich würde er versuchen, mich abzulenken, indem er meine Gedankenwelt ruinierte.

Ein … beide Nasenlöcher.

Aus … beide Nasenlöcher.

Ein … linkes Nasenloch.

Aus … rechtes Nasenloch.

Rasch fokussierte mein Geist sich auf die Themen, mit denen er mich in der Vergangenheit am besten abzulenken vermocht hatte, bereichert durch ein paar neue, die mit Vaterschaft zu tun hatten. In einem besonders bizarren, gestochen scharfen Tagtraum schmorte ich aus Versehen unser Baby im Backofen statt einer Lasagne. Langsam, sehr langsam ging die Einheit vorüber, und die Ablenkungsschlange reduzierte sich schließlich auf einen einzigen Dämon. Der kehrte in einer Schleife wieder. Und wieder. Und wieder. Und wieder und wieder wieder wieder wieder wieder wieder wiederwiederwieder-WIEDER!

Hunderte, vielleicht gar Tausende Mal schon hatte ich kurze Schnipsel dieser Erinnerung und andere aus dem gleichen Genre in den letzten drei Tagen angeschaut. Allerdings nie freiwillig. Ich hatte sie immer nur ein paar Sekunden ertragen, bevor ich sie abgeschüttelt oder niedergebrüllt hatte.

Diesmal sah ich genauer hin. Ich tat, als wäre ich hingerissen. Ein begeisterter Zuschauer in der ersten Reihe. «Zugabe!», rief ich innerlich immer dann, wenn die Schleife zu Ende ging. «Zugabe!» Je länger ich zuschaute – je länger ich mich einließ, je öfter ich mich in den Körper meines elfjährigen Ichs versetzte, das die Hauptrolle spielte –, desto lebendiger wurde das Bild und desto weniger war mir mein sechsunddreißigjähriges Ich bewusst, bis …

Etwas sehr Seltsames passierte. Es fühlte sich an, als würde ich am Scheitel gepackt und heftig nach hinten gerissen, so als wäre ich ein Gummiband. Unter voller Spannung wurde es losgelassen, und mit einem *Fffffflappppp*-Geräusch schoss ich abwärts, taumelte und strudelte durch die vielen Schichten meines Geistes.

Ich spürte, wie meine Augen aufgingen, aber ich kontrollierte sie nicht. Ich saß in einem … Klassenzimmer an einem kleinen hölzernen Schülertisch und sah auf eine staubige Tafel. Ich versuchte, nach unten auf das zu blicken, was ich geschrieben hatte und was ich mit den Fingern umklammerte, aber so sehr ich mich auch konzentrierte, ich konnte meinen Körper nicht bewegen – meinen elfjährigen Körper. Den Körper, in dem ich gefangen war. Ich fühlte, was dieser junge Adam fühlte – eine Mischung aus Hunger und Angst –, doch ich hatte ihn nicht unter Kontrolle. Ich saß einfach da, starrte durch seine Augen, konnte jedoch nicht entscheiden, wann sie blinzelten oder worauf sie sich richteten.

Dann wandte er den Kopf, dieser Adam. Er saß in einem Klassencontainer. Mittelschule. Fünfte Klasse. Licht strömte durch Fensterscheiben voller schmieriger Handabdrücke. Dann schaute er hinunter auf den Schreibtisch, und ich sah, er umklammerte einen grünen Buntstift, der mal angespitzt gehörte. Anscheinend malte er gerade eine Karte des amerikanischen Kontinents aus. Er hatte über die Linien hinausgemalt. Von draußen erklang ein Ruf. Er schaute nach links. An der Wand stand ein breites Regal mit Schubfächern. Seins war ganz unten und seine Handschrift darauf bewundernswert schlecht, als wäre eine in Tinte gefallene Spinne übers Papier gelaufen. Das *t* von Fletcher hatte keinen Querstrich.

Von rechts durchquerte etwas mein Blickfeld. Ein Papierflieger. «Wer hat das geworfen?», fragte der Lehrer mit gespielter Genervtheit. Er bückte sich, um den Flieger aufzuheben, nachdem der im Sturzflug neben dem Lehrertisch zu Boden gegangen und die Nase unrettbar zerknautscht worden war.

«Mittelschule», sagte eine vertraute Stimme, und die Szene kam abrupt zum Halten. Alles fror ein, die Farben verblichen, bis bloß noch Grauschattierungen blieben. Evelyn tauchte vor mir auf, in schlechter Auflösung, aber voll in Farbe, leicht wabernd wie zwischen zwei Sendern in alten Fernsehern. Sie wedelte mit den Armen. «Ich glaube, ich bin so eine Art Geist», sagte sie. «Wie bescheuert.»

«Was machst du hier?», fragte ich irgendwie, obwohl ich doch gar nicht den Mund bewegen konnte. Sie trug das Gleiche wie beim letzten Mal, als ich sie gesehen hatte, im Wohnzimmer vor meiner Abfahrt zum Retreat: blauer Strickpullover, bequeme Jeans. Sogar die flauschigen weißen Pantoffeln hatte sie an. Nur der Tee fehlte.

«Ich kann mich nicht mal bewegen», sagte ich. «Ich wäre sehr gerne ein Geist.»

Ihr Kopf neigte sich zur Seite. «Moment. Sag nochmal was?»

«Bist du wirklich schwanger?», fragte ich.

«Du hast recht», sagte sie. «Deine Lippen bewegen sich beim Sprechen nicht.» Sie sah sich um. «Das ist eine Erinnerung, stimmt's? Du kannst dich nicht bewegen, weil du sie nicht verändern kannst, nehme ich an? Meine Güte, was für eine Brille.»

Ich hatte die übergroße Goldrandbrille auf, an der ich stur festhielt, bis ich sechzehn war, als die Welt der Modetrends schon zehn Jahre lang aufgehört hatte, sich über sie lustig zu machen. Der Rahmen war so verbogen, dass es schon fast wie ein Scherz wirkte. Kein Wunder, dass die Erinnerung so schmierig und schmutzig aussah.

«Wie kommst du denn hierher?», fragte ich. «Du warst doch noch nie hier. Dabei habe ich diese Erinnerung schon so oft gesehen. Viel zu oft. Allerdings war ich noch nie drin, so wie jetzt. Ich bin verwirrt. Du auch? Ich rede dummes Zeug. Im Augenblick bin ich ständig verwirrt. Ich bin jetzt übrigens geisteskrank. Vielen Dank auch dafür.»

Sie versuchte, mich zu berühren, doch ihre Hand ging einfach durch mich hindurch. «Ich bin doch gar nicht wirklich hier. Ich bin du als ich.» Sie lächelte breit und schien kein bisschen verstört von der ganzen Situation – eher amüsiert, als wäre das ein alberner Scherz, ein netter Zeitvertreib. «Ist alles so ein bisschen abgekupfert von Dickens' *Weihnachtsgeschichte*, oder?»

«Willst du damit sagen, meine Fantasie ist nicht sonderlich fantasievoll?»

Sie beugte den Kopf nach vorn und grinste auf mich herab. «Was hast du für prächtige Haare.» Sie waren dick und glänzend. Meine Mutter hatte sie jeden Morgen geföhnt. Evelyn wollte sie zerwühlen, weil sie vergessen hatte, dass das nicht ging. Ihre Geisterhände verschwanden einfach darin.

«Das waren meine genetischen Kronjuwelen», sagte ich und bereute es sofort, denn mal ehrlich, wie blöd hörte sich das denn an? Außerdem sollte ich elf Jahre alt sein. «In der *Weihnachtsgeschichte* führen die Geister doch den Protagonisten herum, oder? Aber du führst hier nirgendwohin. Es war schon gelaufen, als du anfingst zu reden. Und wo wir vom Reden reden: Wenn ich hier rauskomme, haben wir eine Menge zu bereden. Ich muss mich für einiges entschuldigen. Ich habe dir nicht bei deinen Dämonen geholfen, obwohl ich wusste, du würdest mir mit meinen helfen, und jetzt bist du hier. Und das ist nett. Wenn auch ziemlich unscharf. Neulich habe ich mit einem Wurm geredet, und er hat geantwortet.»

«Mein Gott, du redest wirklich wirr.» Sie schaute hinaus auf den Schulhof, der zur Hälfte mit Klassencontainern vollgestellt war. Das Gras wuchs nur stellenweise, und an den Basketballkörben hingen keine Netze. «Du hast mich hergezaubert, damit ich dir helfe?» Sie beugte sich vor, um die Fische zu betrachten, die in einem Aquarium unter dem Fenster schwammen.

«Ja.»

Eine Glocke ertönte. Sie sah auf. «Was war das?»

«Vielleicht das Ende der Meditation?», vermutete ich. «Nein, das können noch keine zwei Stunden gewesen sein.» Als ich versuchte, die Augen zu öffnen, passierte nichts. Ich schluckte meine Irritation hinunter. Ich war passiv. Gefesselt. Ich war dem hier, was es auch war, ausgeliefert. «Ich glaube, wir stecken hier fest, bis wir herausfinden, wieso dieser Erinnerungsdämon immer wiederkehrt.»

Wieder ein *Ding*!

Sie erstarrte. «Eigenartig», sagte sie.

«Vielleicht erreiche ich eine größere Distanz zu der Erinnerung, wenn ich dich heraufbeschwöre? Womöglich bist du so etwas wie eine neutrale Beobachterin?»

DING

«Diese *Dings* sind nervig», sagte sie.

«Diese *Dings*, das bin ich, oder?» Ich hatte festgestellt, dass sie nur in Reaktion auf Aussagen von mir erklangen.

DING

«Und zwar, wenn ich die richtigen Antworten gebe», sagte ich. «Dann macht es *Ding*.»

DING

Sie zog die Nase kraus, woraus ich schloss, dass sie diese Interpretation lahm fand. «Aber woher kommen die *Dings*? Und wieso sollten wir ihnen trauen können?»

Ich überlegte. «Goenka spricht von den Schichten des Geistes. Dass man Sachen auf verschiedenen Ebenen wissen kann. Dass man zum Beispiel im Bauch *fühlen* kann, dass etwas falsch ist, auch wenn der eigentlich höhergestellte, rationale Geist Argumente *dafür* findet.

Ich glaube, diese Glocke klingelt irgendwo in den tieferen Schichten meines Unterbewusstseins.»

DING

«Findest du es nicht beunruhigend, dass der Wurm mir geantwortet hat?», fragte ich, weil mir einfiel, dass sie diese ziemlich erschreckende Eröffnung gar nicht kommentiert hatte.

Sie reckte das Kinn. «Der Wurm hat nicht geantwortet. Du hast für ihn gesprochen. So wie ich ja auch nicht ich bin – ich bin du, der ich ist.»

«Das ist aber sachlich-nüchtern.»

Sie nickte. «Bei manchen Sachen muss man nüchtern bleiben.»

«Ich finde jedenfalls, auch als leicht unscharfer Geist bist du als du ziemlich überzeugend. Bist du wirklich schwanger?»

«Ja», antwortete sie.

«Das ist ja aufregend.»

«Du klingst gar nicht aufgeregt.»

«Ich kann den Mund nicht bewegen und … auch sonst nichts. Aber ich habe letzte Nacht keine Minute geschlafen, und ich habe totale Panik, aber es ist schön, dass du da bist. Dass ich mit all dem nicht allein bin.»

Sie schaute sich um und nickte mehrmals leicht und zufrieden, wie ein Klempner, der seine Arbeit begutachtet. «Mittelschule dürfte nicht allzu schwierig sein», sagte sie. «Komm, wir bringen dich auf Kurs, damit wir die Schwangerschaft feiern und gemeinsam aufgeregt und panisch sein können, wenn du deine zehn Tage rumhast.»

«Okay», sagte ich. «Gut. Ja. So machen wir's.»

«Warum ist das hier ein *Trailer*?», fragte sie und schaute zur Tafel. Wie viele Deutsche hatte sie Englisch vor allem aus amerikanischen Fernsehserien gelernt, weshalb ihre Grundeinstellung oft amerikanisches Englisch war. «In meiner Schulzeit hatten wir nie Unterricht in einem Trailer.»

«Wir sind arm», sagte ich. «Die Schule ist überbelegt. Jedes Jahr kommen ein oder zwei von diesen Klassencontainern dazu. Es ist sehr, sehr heiß hier drinnen.» Ich trug ein dunkelblaues Poloshirt. Darauf das Logo der Schule: ein weißes Schiff. «Kannst du als Geist die Hitze spüren?», fragte ich.

«Nein», antwortete sie. «Was passiert jetzt? Wie kriegen wir die Erinnerung dazu, sich abzuspielen?»

«Ich glaube, wir müssen still sein», sagte ich.

DING

23. KAPITEL

Evelyn verschwand knisternd von der Bildfläche, während Farbe vom Rand meines Blickfeldes hereinschwappte wie Wasser in eine Waschmaschinentrommel.

«Schön langsam», sagte der Lehrer und tippte an die Tafel. «Und vergesst nicht eure Hausaufgaben. Seite 22 und 23. MORGEN. Das ist der Tag nach heute.»

Die Klasse war schon auf den Beinen, alles lief durcheinander, Zettel und Hefte wurden achtlos in Mappen gestopft. Mappen verschwanden in Taschen. Kinder schubsten und schrien und rannten zur Tür.

Da ich mich nicht rühren und nicht reden konnte, solange die Erinnerung lief, blieb ich bloß sitzen und schaute zu, denn dafür war ich ja hier.

Der junge Adam rührte sich auch nicht, aber ich spürte, dass sein Herz schneller schlug.

Der Lehrer packte seine Aktentasche. Wofür brauchte ein Mittelschullehrer eine Aktentasche? Für seine Banane? Ich versuchte, mich an seinen Namen zu erinnern. War es eine Farbe? Ich entschied mich für Mr White. Er rückte seinen dunkelblauen Schlips gerade, auf dem grellbunte Blumen blühten. Er war riesengroß, deutlich über zwei Meter, und hatte ein langes, schmales Wolkenkratzergesicht.

Er nahm einen letzten Schluck sicherlich kalten Kaffee aus einem Becher, auf dem «Weltbester Lehrer» stand. Dann setzte er den Becher hart auf dem Lehrertisch ab und marschierte Richtung Tür, ohne zu bemerken, dass ich immer noch auf meinem Platz saß und mich nervös umschaute.

Nur ein weiterer Junge war noch da. Er kam zu mir. «Kommst du, Adam?»

Das war mein Freund Tim. Ein dünner Bengel mit grützegrauer Haut, dem ständig die Nase tropfte wie ein kaputter Wasserhahn. Die Sorte Kind, dem fremde Frauen mitleidig die Frühstücksbrote ihrer Kinder gaben. Ihm fehlte ein grundlegendes Verständnis für soziale Interaktion, und er vermied jeden Blickkontakt. Der Leim unserer Freundschaft waren unsere gemeinsame Begeisterung für Super Nintendo und sein sehr großer Garten. Meine Eltern hatten jeweils vier Jobs, seine schienen überhaupt nicht zu arbeiten und hatten kein erkennbares Einkommen.

«Ich komme gleich nach», hörte ich mein jüngeres Ich lügen. «Muss noch meine Tasche sortieren.»

Ich (eigentlich *er*, aber da ich in seinem Körper steckte und fühlte, was er fühlte, und weil das alles einmal *mir* passiert war, werde ich von jetzt an beim *ich* bleiben) rutschte vom Stuhl und steuerte auf den großen begehbaren Schrank zu, der sich hinter der Tafel befand. Ich öffnete die Tür, schob ein paar Plastiktüten voller Hefte zur Seite und räumte mir so eine kleine Nische unter Kleiderhaken mit Malschürzen und einem weißen Laborkittel frei, in der ich mich verstecken konnte. Ich setzte mich, zog die Schürzen vor mich, schlang die Arme um die Knie und zog sie fest an die Brust.

Evelyn tauchte wieder vor mir auf. Die Hälfte ihres Körpers war im Schrank, die andere Hälfte schwebte durch die Tür in den Klassenraum.

«Machst'n da?», fragte sie heiter.

«Chillen», sagte ich.

Sie riss die Augen auf. «In einem Schrank? Hinter irgendwelchen Kitteln?»

«Ist doch der beste Platz zum Chillen.»

«Du versteckst dich.»

Ich schaute mich um, als wäre ich überrascht. «Verstecken? Hier? Jetzt hör aber auf.»

«Aha», sagte sie. «Na gut. Das ist also bloß eine Schlüsselerinnerung daran, wie du in einem Schrank chillst, ja?»

«Ja, das ist einer meiner fünf besten Chill-Momente. In ungefähr zehn Minuten bin ich so entspannt, dass ich einschlafe und den Musikunterricht verpasse. Episch.»

«Hmm», machte sie. «Dies Geplauder ist zwar ganz witzig, aber wir wissen doch beide, dass gleich etwas ganz Großes passiert. Das sollten wir ernstnehmen, oder?»

«Meinst du.»

«Vor wem versteckst du dich?», fragte sie. «Sag mir bloß das.»

Ich zuckte mit einer Schulter. «Vor niemandem.»

«Vor größeren Jungs?»

«Vielleicht.»

«Das tut mir leid.»

«Alles cool.» Nichts war cool, und innerlich umarmte ich einen Kaktus. «Wo bist du, wenn die Erinnerung abläuft?» Ich wollte das Thema wechseln.

«Ich bin da», antwortete sie. «Du kannst mich bloß nicht mehr sehen. Warum sind sie hinter dir her, die größeren Jungs?»

«Sie sind neidisch auf meine Föhnfrisur und meine modische und» – ich fasste mir an die Nase – «sehr verbogene Goldrandbrille.»

Sie schob die Lippen vor, sagte aber nichts.

«Ich glaube, es gibt keinen Grund. Ich meine, einer wird sagen, dass ich ihn komisch angeguckt habe oder sowas. Aber eigentlich hat es keinen Grund. Warum hast du es überhaupt unterbrochen? Sollten wir das nicht einfach hinter uns bringen?»

«Ich wollte ein bisschen Kontext», sagte sie. «Um mich vorzubereiten.»

«Sehr deutsch.»

«Danke. Wie lange dauert die Mittagspause?»

«So eine Dreiviertelstunde?»

«Und du willst dich eine Dreiviertelstunde hier drinnen verstecken?»

«Nee, mein bester Freund, dieser Tim, hat ihnen schon erzählt, wo ich bin.»

Sie kniff die Augen zusammen. «Warum tut er das denn?»

«Kinder sind im Grunde Arschlöcher.»

«Er war ein ziemlicher Rotzbengel. Das ist jetzt gar keine Beurteilung, bloß eine Beobachtung. Er hatte die ganze Zeit Rotz an der Nase.»

«Ist bei ihm immer so.»

Zufrieden mit dem Kontext richtete sie sich auf, schloss die Augen und löste sich in Schnee auf.

Die Erinnerung setzte sich fort.

Meine Hände lagen zitternd auf den Knien. Ein paar Minuten vergingen, ehe die Klassentür knarrend aufging.

«Er ist noch nicht wieder rausgekommen», hörte ich Tim sagen.

«Im Schrank», sagte eine andere Stimme aufgeregt. «Was für ein Weichei.»

«Loooooser», sagte jemand anderes.

«Kommt, wir holen ihn uns.»

«Komm raus, komm raus, wo du auch bist», sang ein anderer.

«Wir tun dir auch nicht weh», sagte wieder ein anderer, und alle kicherten.

Mein rechtes Bein zitterte inzwischen hemmungslos. Die Schranktür flog auf. Ich hatte vergessen, sie zuzuhalten. Das Kichern wurde lauter. Sie hatten mich bloßgestellt: beschämend versteckt in einer selbstgeschaffenen dunklen Ecke.

«Ich war gerade auf der Suche nach euch.» Ich versuchte, den Anführer zu besänftigen, einen rothaarigen Jungen mit Sommersprossen und Zahnspange. Rothaarige hatten in dieser Schule nur zwei Möglichkeiten: Rückzug oder Attacke. Er hatte Letzteres gewählt. Er war eine Klasse über mir, die letzte der Mittelschule, und schon von der Pubertät gestreift. Er hatte schon einen dünnen rötlichen Flaum auf der Oberlippe. Seine Arme und Hände waren länger und stärker als eigentlich vorgesehen. Er war schlaksig, verwirrt, saß zwischen den immer weiter auseinanderrückenden Stühlen von Kindheit und früher Jugend.

Und dann diese Haare.

Also ehrlich.

Auch ihn frisierte seine Mutter, gab sich aber deutlich weniger

Mühe als meine. Nein, seine Mutter stülpte ihm gelegentlich eine Schüssel über den Kopf und schnitt drum herum. Und nicht mal gerade: Sein Pony hing auf der linken Seite tiefer. Er hatte mehrere ältere Brüder, ebenfalls stadtbekannt, einer von ihnen wanderte später wegen gefährlicher Körperverletzung in den Knast. Ich habe den Namen des Bösewichts entweder vergessen oder verdrängt, also nenne ich ihn einfach Sprosse.

Sprosse lachte und wandte sich an die anderen. «Was für ein Wichser.»

Er zog mich an den Füßen heraus.

«Lass mich los.»

«Packt ihn.»

«Nein!», schrie ich. «Stopp.»

Es waren fünf Kinder plus Tim, der bloß danebenstand und gaffte. Sein Gesicht war ausdruckslos wie immer, weder aufmunternd noch billigend. Sprosse und seine Freunde schleiften mich über den Boden, bis mein Kopf gegen ein Tischbein knallte.

«Aaaaahh!», schrie ich. «Ich hab gar nichts gemacht. Lasst mich los.»

«Du hast mich komisch angeguckt», sagte Sprosse.

«Hab ich nicht. *Hilfe*», rief ich, als Sprosse mir zwischen die Beine trat und ein anderer mir gegen den Hinterkopf kickte.

«Helft mir beim Schleifen.»

«Tut mir leid», sagte Evelyn, die wieder aufgetaucht war und heftige Hiebe gegen die Gang austeilte, doch ihre Arme gingen einfach durch sie hindurch. «Ich kann dir nicht helfen. Ich kann einfach nichts machen.»

«Du solltest besser nicht zugucken», sagte ich.

«Das hier muss dir nicht peinlich sein», sagte sie. «Es ist nicht deine Schuld.»

«Ich war schon ein bisschen seltsam.»

«Wie alt bist du hier, zehn? Alle Zehnjährigen sind seltsam.»

«Guck nicht zu», sagte ich. «Bitte.»

«Ich gucke zu. Wir stehen das gemeinsam durch, und dann überlegen wir, was es zu bedeuten hat.»

Scham gedeiht im Dunkeln. Eine von Evelyns Redewendungen, wobei sie den Satz wahrscheinlich irgendwo gelesen hatte. Sie las ständig irgendwas. Dabei war das hier gar kein Grund zum Schämen. Es war schlicht Kinderkram. Und außerdem war sie sowieso ich, auch wenn es sich gerade nicht so anfühlte.

Ich rappelte mich hoch auf alle viere und wollte wegkrabbeln, doch dann zerrten sie mich am Kragen nach draußen. Aus dem Klassencontainer führten drei Metallstufen nach unten, scharf und hart.

«Ich kann selber gehen», sagte ich. «Lasst mich los.»

Das taten sie, aber kaum berührten meine Füße wieder den Boden, lief ich los. Als ich klein war, konnte ich schnell rennen, und an diesem Tag hatte ich allen Grund dazu. Die Lungen gefüllt, den Kopf in den Nacken geworfen, die Arme pumpend wie Zylinder – so hatte ich rasch einen Vorsprung vor den Verfolgern. Ich rannte im Slalom um zwei Klassencontainer und kam auf den offenen Schulhof, aber die Jagd erregte Aufmerksamkeit. Schon waren ein Fußballspiel und ein Basketballspiel unterbrochen, ebenso das Fangspiel namens British Bulldog, bei dem die Fänger die Laufenden mit Gewalt aufhalten mussten und das die Schule ein paar Wochen später verbot, nachdem Tim am Halswirbel verletzt worden war.

«Schnappt ihn», rief Sprosse.

«Haltet die Brillenschlange auf», sagte ein anderer und winkte einer Gruppe zu, die vor mir am Maschendrahtzaun Murmeln spielte. Drei seilspringende Mädchen ließen ihr Seil fallen und liefen hinter mir her. Wie auch ein paar British-Bulldog-Spieler. Und ein Murmelkind. Bald hatte ich gar keinen Platz mehr zum Ausweichen, weil so viele Menschen hinter mir her waren. Ich rannte am Zaun entlang, wich einigen ausgestreckten Händen aus und kam schließlich auf eine kleine Lichtung zwischen buschigen Koniferen in einer Schulhofecke. Ich umkreiste einen Baum, tänzelte und schlug Haken, machte mich von einem Jungen los, der mein Hemd gepackt hatte, wobei der Kragen abriss. Einen Augenblick hatte ich das Gefühl, ich könnte davonkommen, obwohl ich wusste, das würde nicht passieren.

Direkt vor mir lag der Rand des gepflasterten Fußballplatzes. Alle hatten aufgehört zu spielen.

«Schnappt ihn!», schrie Sprosse wieder, schwenkte die Arme und boxte in die Luft. «Sonst schnappe ich mir euch!»

Ein paar Fußballspieler rannten auf mich zu.

«Vollidiot.»

«Packt ihn.»

«Na los!»

Unglaublich, wie fit ich in dem Alter war. Selbst nach dem langen Sprint war ich kaum außer Atem. Aber jetzt kamen aus allen Richtungen Kinder auf mich zu, ich konnte mich nicht mehr in Sicherheit bringen. Ein Ruf schwoll an, zuerst leise, aber mit jeder Wiederholung lauter. «Kämpfen, kämpfen, kämpfen, KÄMPFEN!»

Der Ruf war unwiderstehlich wie eine Alarmsirene. Er brachte die Kinder schneller zusammen als «Feuer», «Schokolade», «Schulschluss», «Sommerferien» oder «Nächstes Tor entscheidet».

«Nein!», rief ich, wurde langsamer und schwang wild die Arme. «Nicht kämpfen. Es wird nicht gekämpft.»

Plötzlich kam die gesamte Schule angerannt. Ich war gefangen. Gab auf. Blieb stehen. Hob die Hände. Sank auf die Knie, ins schüttere Gras, während Kinder mich von allen Seiten packten. Ich ließ ein schlecht gespieltes nervöses Lachen hören, als das erste Kind mir in den Bauch boxte. Ich krümmte mich, als Sprosse mir das Knie ins Gesicht rammte und schließlich meine Brille zerbrach.

Etwa fünfzehn Meter entfernt am Zaun standen zwei Frauen von der Essensausgabe, schauten zu und taten nichts.

Blut lief mir aus der Nase.

«Auf ihn!», lautete der neue Ruf. «Auf ihn, auf ihn, AUF IHN!» Ein Dutzend Jungen sprangen auf mich, meine Brust gab nach, ich fing an zu husten und zu spucken. Ich versuchte, zwischen den Beinen herauszukrabbeln, aber ich steckte unter einer Masse von Körpern fest.

Ich schlug wild um mich, versuchte, mich zu befreien, doch zu viele Leiber lagen auf mir. Sprosse nahm Anlauf und warf sich auf den Haufen, der unter seinem Gewicht zusammenbrach. Er lachte wie ein Irrer und verdrehte sich, um an mich heranzukommen. Ich hörte auf, mich zu winden, denn es hatte keinen Zweck.

«Lass ihn den hier essen», sagte Ryan, ein Junge, der in Englisch neben mir saß und den ich ebenfalls für einen Freund gehalten hatte. Er hielt einen Wurm hoch. Der Wurm krümmte sich und wollte sich aus seinen Fingern winden. Wir hatten also einiges gemeinsam.

«Ich muss das anhalten», sagte Evelyn, und sofort kam die Handlung zum Stillstand und das Licht wurde schwächer. Ich schaute zu ihr auf, mein Kopf hing aus dem Kinderstapel heraus, der Rest steckte fest.

«Nicht», sagte ich. «Lass uns das zu Ende bringen.»

«Ich kann mir das nicht anschauen.»

«Warum schaust du es dann an?»

«Ich dachte, ich will, aber ich kann nicht. Aber offenbar muss ich. Und es tut mir alles so leid.» Ihr Gesicht war reines Mitgefühl.

«Ist schon okay», sagte ich und saugte Luft ein. «Ist bloß Schulkram. In den oberen Klassen wird es noch schlimmer.»

Sie sah sich auf dem Schulhof um. «Das ist kein bisschen wie an *meiner* Schule.»

«Ist bloß ganz normales Mobbing. Morgen trifft es jemand anderen.»

«Ist das wahr?»

«Wahrscheinlich.»

«Du bist jedenfalls nicht allein.» Sie richtete sich auf. «Ich bin hier. Bloß dass ich dir leider nicht viel nütze.»

Ich seufzte, weil ich offensichtlich allein war und weil die Erinnerungsschleife durch ihr Reden länger lief als nötig.

Halt, nein, ermahnte ich mich. Das Ziel hier war nicht, so schnell wie möglich durchzurauschen. Ich musste es nacherleben. Jedes Gefühl nachfühlen, das ich damals gefühlt hatte. Zuschauen und lernen, ohne zu urteilen.

«Vielen Dank», sagte ich.

Sie senkte den Kopf. Meine Vergangenheit lief weiter. Ich weigerte mich, den Mund aufzumachen, auch als mir jemand immer wieder in die Nieren boxte und Sprosse, der auf meinem Rücken lag, meinen Arm packte, ihn umdrehte und nach oben bog.

«Mach das Maul auf oder ich breche dir den Arm.»

Der Schmerz war wie ein rotglühendes Eisen in der Kehle. Ich konnte mich gerade noch so zusammenreißen. Weinen war an dieser Schule eine große Sache, aus genauso sinnlosen Gründen wie alles andere, was dort passierte.

Mr White kam herüber, einen frischen Becher Kaffee in der Hand. «Was ist denn hier los?»

«Hilfe», sagte ich.

«Er hat Geburtstag heute», sagte Sprosse und zauste meine prachtvollen Haare. Es gab einen seltsamen Brauch an dieser Schule, vielleicht an allen englischen Schulen – wenn jemand Geburtstag hatte, durfte die Person verprügelt werden.

«Ich habe gar nicht Geburtstag», sagte ich oder versuchte es, denn der rothaarige Schläger hielt mir Mund und Nase zu. Seine Hand roch nach Zigaretten. Die Kinder sahen den Lehrer an und warteten auf sein Urteil.

«Beeilt euch», sagte der Lehrer und wandte sich ab. Autoritätspersonen. Bis heute habe ich ein echtes Problem mit Autoritätspersonen. Darum hatte ich auch so heftig reagiert, als sie das Gegenteil behauptet hatte.

«Friss ihn! Friss ihn! Friss ihn!», wurde jetzt skandiert.

Das wollte ich nicht, aber vor allem wollte ich, dass es vorbeiging, und überhaupt, wie viel schlimmer konnte es noch werden? Wie viel peinlicher?

Langsam öffnete ich den Mund. Ryan schob den Wurm hinein und reckte die Arme in die Höhe, als hätte er in der Schlussminute einen entscheidenden Elfmeter verwandelt.

Die Menge ächzte vor Ekel.

Geschrei.

Buhrufe.

Ich kaute. Der Wurm schmeckte nach nichts, vielleicht nach

einem Hauch saurer Erde. Nicht unbedingt unangenehm. Sprosse ließ meinen Arm los, blieb aber auf mir sitzen. Ich spuckte den Wurm aus, jetzt zweigeteilt. Die Körper um mich herum wanden sich ebenfalls und wollten freikommen. Die Frauen von der Essensausgabe starrten uns ausdruckslos an, als wären wir bloß Hunde, die sich um einen Tennisball balgen.

Endlich brach sich die Gefühlswelle und ich fing an zu heulen und zu schluchzen, presste den Kopf in den Boden, als wollte ich mich verstecken.

Das gab den Ausschlag. Der Mob wich zurück. Wieder waren Buhrufe zu hören, als es zum Ende der Pause klingelte. Die Kinder verstreuten sich – schnappten sich Murmeln, Wasserflaschen, Springseile, Schulpullover – und gingen zum Unterricht. Ich blieb am Boden liegen, weinte und sah hinauf in die dicken Äste der Konifere.

Der Himmel darüber war blau. Wolkenlos.

Meine anthrazitgraue Hose war zerrissen, mein Polohemd ebenso. Meine Schuhe waren beide weg. Jemand hatte sie ganz hoch in einen der Bäume geworfen.

Evelyn erschien wieder.

«Ich wollte sie gerade fertigmachen», sagte ich leutselig.

«Wen?»

«Ähm ... alle? Ich wollte sie erst in Sicherheit wiegen.»

Sie runzelte die Stirn. «Das ist dir offensichtlich gelungen.»

«Ich hätte den Wurm auch nicht essen müssen. Ich war einfach neugierig. Und ich dachte mir, das wird bestimmt mal eine gute Anekdote zum Erzählen.»

«Komisch, dass du sie mir dann nie erzählt hast, nicht wahr?»

«Das zeigt doch nur, wie unbedeutend ich sie fand.»

«Hmm», sagte sie. «Irgendwie verwirrend.»

Die Szene hatte damit geendet, dass ich in Richtung der Bäume schaute. «Jetzt fällt mir wieder ein, dass Tims älterer Bruder uns erzählt hat, in diesen Bäumen sei eine Geheimbasis versteckt. Wir haben jahrelang danach gesucht.»

Sie schaute auf das Fleckchen Erde. «Um diese zwei Bäume herum habt ihr jahrelang gesucht?»

«Nicht besonders systematisch.»

Sie setzte sich und legte ihre Geisterhand auf meine. «Viele Kulturen essen Würmer», sagte sie. «Die Māori zum Beispiel. Einige Volksgruppen in Indien. In Zukunft werden wir sie wahrscheinlich alle essen.»

«Dann war ich damals schon ein Hipster», sagte ich. Die Erkenntnis, dass dies alles vorbei war, dass ich nicht mehr dieser Adam war und auch nie wieder sein musste, beruhigte mich.

«Es tut mir leid», sagte sie wieder.

Ich schnaubte. «Wieso denn? Alles in Ordnung. Das übliche Gerangel junger Menschen in unzureichend betreuter Umgebung.»

«Das war nicht normal.»

«Doch, war es.»

Ihre Stimme wurde härter. «Es war nicht okay. Hör auf, es kleinzureden.»

«Wenn das hier eine bedeutsame Erinnerung ist, dann ist es mir peinlich.»

DING

«Ah, da sind die *Dings* wieder», sagte ich. «Hätte ich fast vergessen.»

«Natürlich ist das eine bedeutsame Erinnerung. So ziemlich deine gesamte Schule hat dich verprügelt und gezwungen, einen Wurm zu essen.»

«Ach, komm. Das war höchstens die halbe Schule. Und es war bloß ein winziger Wurm. Und außerdem ist die Kindheit bei den meisten Menschen so. Ist fast schon klischeemäßig. Und dies war nicht der schlimmste Tag meiner Schulzeit.»

Kein *DING*, wie ich feststellte.

«Und was machen wir dann hier?», fragte sie. «Wenn das stimmt, was du sagst. Ist es wichtig, weil du hier die schreckliche, lähmende Furcht vor Würmern entwickelt hast, von der du mir nie erzählt hast?»

«Nein», sagte ich, aber dann musste ich an die Hasenheide denken, an den Wurm, den sie dort gefunden hatte. «Oder wahrscheinlich nicht.»

«Natürlich ist es wichtig», sagte sie und schaute in die Bäume hinauf. «Wie kann so etwas nicht wichtig sein?»

«Jeder wird gemobbt», sagte ich. «Das ist doch bloß ganz stinknormale, alltägliche Kleinstadtgewalt.»

Wieder kein *DING*.

«Fallen dir die fehlenden *Dings* auf?», fragte sie. «Mir schon.»

«Scheiß auf die *Dings*.»

«Vorhin hast du noch anders über die *Dings* geredet.»

«Es ist echt verstörend, wenn man erkennt, wie wenig man sich auf die eigene Auslegung von solchen Sachen verlassen kann.»

Sie nickte.

«Nichts daran ist irgendwie besonders. Es soll keine der Geschichten werden, die ich über meine Vipassana-Erfahrung erzähle. Schon gar nicht, wenn eines Tages ein Buch daraus wird, wie aus allem in meinem Leben. Die meisten Menschen, die Memoiren schreiben, schlagen sich doch mit ernsthaften Problemen herum. Sie werden in eine Sekte geboren. Oder sie haben verrückte Stiefeltern, die glauben, Gott würde ihnen Botschaften durch ihre Kacke senden, wie bei Augusten Burroughs. Oder sie müssen große Widrigkeiten überwinden oder zumindest hohe Berge erklimmen. Ich bin bloß ein enervierend normaler, privilegierter weißer Mann aus der Mittelschicht. Meine Eltern haben mich geliebt. Sehr sogar. Und sie haben nie irgendwelche Botschaften in ihrem Stuhlgang gefunden.»

DING

Evelyn verschränkte die Arme. «Die Menschen lesen deine Bücher, *weil* sie so sind wie du. Du bist Jedermann. Das ist dein Ding. Sie schlagen sich mit den gleichen Fragen herum, mit den gleichen Problemen, Unsicherheiten, mit Langeweile, Scham, Unzulänglichkeit. Tun wir alle.»

«Kann sein», sagte ich, wie so oft, wenn ich eine unbequeme Wahrheit vor mir hatte. «Kann sein.»

«Und überhaupt», fuhr sie fort, «ist das Leben relativ. Du bist nicht doppelt so glücklich wie ein Mann, der nur halb so viele Beine hat wie du. So funktioniert das einfach nicht.»

Ich holte tief Luft. «Wie funktioniert es dann? Du scheinst ja alle Antworten zu kennen.»

Evelyns Geisteshaltung war insofern interessant, als sie das Leben liebte, aber sich selbst meistens hasste. Sie hatte überhaupt kein Problem damit, vor hundert Fremden auf einer Bühne einen Vortrag zu halten, aber wenn sie zwei Minuten lang mit einem Fremden auf einem Bahnsteig reden musste, warf sie sich fast lieber vor den Zug. Sie steckte voller prächtiger, saftiger Widersprüche. Ich musste an Freddy denken.

«Wenn das jetzt passiert, wenn wir hier sind, dann muss das ein Schlüsselmoment gewesen sein», sagte sie. «Auch wenn es dir schwerfällt, das zuzugeben.»

«Es wäre jedenfalls leichter, dich als meine geisterhafte Therapeutin ernst zu nehmen, wenn du keine flauschigen weißen Pantoffeln tragen würdest.»

Sie schaute auf ihre Füße. «Wenn ich sie ausziehen und dich damit verprügeln könnte, würde ich es tun, das kannst du glauben. Außerdem lenkst du schon wieder ab.»

«Sie sind aber flauschig.»

«Das macht gar nichts. Hör auf mit deinen Witzen. Konzentrier dich darauf, wieso wir hier sind.»

«Also», sagte ich, nicht weil ich irgendeinen Satz parat hatte, der auf «also» folgen könnte, sondern weil ich selbstbewusst loslegen wollte. Das «also» war ein Köder, den ich im Gesprächsteich in der Hoffnung auswarf, dass etwas Substanzielleres anbeißen könnte.

Nichts passierte. Nichts biss.

«Was hast du denn gefühlt, als es passierte?», fragte sie nach einer Minute Schweigen.

«Also», sagte ich wieder, denn aller guten Dinge sind zwei, «tatsächlich ist währenddessen, als alle auf mir drauf lagen, ich ständig geboxt wurde und kaum Luft kriegte, etwas Eigenartiges passiert. Es war fast, als würde ich aus meinem Körper heraus- und in meinen Kopf hineingezogen. Und als ich da drin war, spürte ich nichts mehr. Ich schwebte so irgendwie. Das hatte ich ganz vergessen, bis ich es jetzt wieder durchlebt habe.»

DING

«Klingt, als hättest du dich dissoziiert.»

«Ich, naja, ob es so extrem war, weiß ich nicht, aber es fühlte sich …», ich suchte nach dem richtigen Wort, «… bedeutsam an?»

DING

«Ich wünschte, ich könnte in der Zeit zurückreisen», sagte ich, «und dem kleinen Kerl hier sagen, dass es besser wird, verstehst du? Dass er später mal mit Frauen wie dir zusammen ist und …» Ich zögerte. «Naja, eigentlich nur mit einer Frau wie du, aber das reicht auch völlig.»

«Wie süß», sagte sie und warf mir einen Geisterkuss zu.

«Kinder sind gemein, und Teenager sind am schlimmsten, aber erwachsen zu sein ist toll. Er wird entkommen. Die Kontrolle erlangen.»

DING

«Kontrolle», sagte ich. *«Hm.»*

«Du bist ein totaler Kontrollfreak», sagte sie. «Du hasst Überraschungen, du magst es nicht mal, wenn ich dir Geschenke kaufe, weil du dann» – sie senkte die Stimme – «verpflichtet bist, dich darüber zu freuen.»

«Du kaufst mir gar keine Geschenke.»

«Und was meinst du, warum? Warum kaufst *du mir* keine Geschenke?»

«Warum sollte ich dich zu genau der gleichen Verpflichtung zwingen?»

«Du bist so ein Idiot.»

«Und offenbar ein Würmerfresser.»

Der halb zerkaute Wurm lag neben meinem Socken. Immerhin hatte dieser nicht mit mir geredet, mich nicht angefleht, ihn nicht zu essen. Plötzlich fiel mir etwas ein. «Ungefähr um diese Zeit habe ich angefangen, nicht mehr im Bett zu schlafen, sondern auf dem Schlafzimmerfußboden, sodass die Tür nicht aufging.»

«Warum?»

«Meine Eltern haben angenommen, es sei bloß so eine spinnerte Idee. Ich erinnere mich gar nicht mehr, dass ich das gemacht habe, nur dass sie mir davon erzählt haben. Ich glaube, es ging um Kontrolle. Mein Zimmer hatte kein Schloss.»

Sie kniff die Augen zusammen. «Kam denn jemand rein?»

«Nein.» Ich lachte. «Mein Zuhause war wunderbar. Kein bisschen wie das hier.»

Es wurde still, und einen Augenblick dachte ich, die Szene würde weitergehen oder die Schleife wieder von vorn anfangen. Was sie zum Glück nicht tat. «Ich hatte als Kind immer das Gefühl, zu sensibel zu sein.»

DING

«Interessant», sagte sie und legte den Kopf in den Nacken. «Würde der erwachsene Adam das auch über sich selbst sagen? Was meinst du?»

Ich lachte wieder. «Nein. Na, leben heißt leiden. Der Buddha hatte recht. Moment mal: Vielleicht ist das die Verbindung zu uns? Zu unseren Problemen?»

«Der Buddha?»

«Nein. Kontrolle. Dass man leidet, wenn man sie nicht hat. So wie du in der Klinik mit den ganzen markierten wissenschaftlichen Artikeln. Da wolltest du die Kontrolle gewinnen.»

«Ich sehe da keine Verbindung.»

«Ich glaube, ich habe nach diesem Erlebnis eine Regel aufgestellt: Wenn ich die Kontrolle habe, bin ich sicher. Das ist keine so schlechte Regel, hat mir wahrscheinlich gute Dienste geleistet, auch wenn daraus folgt, dass ich Überraschungen und Geschenke hasse. Aber das macht auch Beziehungen schwierig, oder? Denn in einer ernsthaften Beziehung muss man Kontrolle an jemand anderen abgeben. Und das macht Angst.»

Hätte ich Beifall klatschen können, hätte ich es getan. «Und mit dem Kindprojekt war es genauso», fuhr ich fort. «Da mussten wir die Kontrolle an die Klinik abgeben. Und die hatten keinerlei Motivation, auf unsere Gefühle Rücksicht zu nehmen. Und ich habe mich gefühlt wie ein Ersatzspieler, der sich an der Seitenlinie warmläuft, aber nie eingewechselt wird, weil ich ja bloß das Sperma bin. Ich bin nutzlos. Und darum ist diese Erinnerung jetzt aufgetaucht, in diesem Retreat. Das ist die Verbindung zur Unfruchtbarkeit. Zu uns. Es geht um Kontrolle. Das steckt hinter diesem Dämon – nicht Selbsthass, Unzulänglichkeit, Scham, Angst, Selbstekel oder sowas.»

«Warte», sagte sie. Ein einzelnes *DING* sagte *War doch klar, oder*, und darauf folgte ein längeres, dröhnendes *DONG*.

Die Szene verblasste. Meine Augen, meine richtigen Augen öffneten sich: Ich lag auf dem Rücken im Meditationssaal. Leiber schlurften zum Ausgang. Ich konnte mindestens drei Menschen weinen hören. Ich starrte an die Decke (Hunderte von Deckenplatten), wo über mir einer der zwölf Riesenventilatoren kreiste.

Ich war wieder da. Ich öffnete und schloss die Fäuste, ließ die Füße kreisen. Ich hatte die Kontrolle wiedererlangt. Ich war nicht mehr eingesperrt. Mein Geist fühlte sich erfrischt, beinahe brandneu. Ich hatte aufgehört wegzusehen und machte endlich Fortschritte.

Evelyn hatte recht gehabt, als sie mich herschickte. Ich war nicht komplett erforscht. Kannte mich nicht so gut, wie ich geglaubt hatte. Begriff nicht, wie die Erfahrungen meiner Vergangenheit zu Verhaltensmustern meiner Gegenwart geworden waren, die ich so nicht mehr wollte.

Ich richtete mich auf, schloss die Augen und kehrte zum Atem zurück.

Ein ... linkes Nasenloch.

Aus ... linkes Nasenloch.

Ein ... beide Nasenlöcher.

Aus ... beide Nasenlöcher.

Ein ... rechtes Nasenloch.

Aus ... rechtes Nasenloch.

Ein ... linkes Nasenloch.

Aus … beide Nasenlöcher.

Ich weiß nicht genau, wie lange ich dabeiblieb, aber irgendwann kamen die anderen Meditierenden zur nächsten Sitzung wieder, und ich war immer noch beim Atem. Ich folgte Goenka beim nächsten Gang durch den gesamten Körper, worum es bei den Einheiten jetzt ging, gelegentlich angeleitet, meistens allein.

«Gleitet vom Scheitel, von ganz oben, bis ganz hinunter zu den Zehenspitzen», sagte er.

Ich konzentrierte mich mit aller Geisteskraft auf meinen Scheitel, doch es stellte sich keine Empfindung ein. Eine Weile kehrte ich zum Atem zurück. Dann versuchte ich, von den Rändern meiner Nasenlöcher hinab zum Philtrum und zur Oberlippe zu wandern, doch auch darauf kam keine Reaktion.

Ich öffnete die Augen und boxte wütend in mein Meditationskissen. Ich machte zwar Fortschritte, aber noch nicht genug. Genervt ging ich ins Bett, aber das war nichts Neues.

24. KAPITEL

Tag 6 von 10: Vormittag

Ort: Bett

Stimmung: Vorzügliche Verwirrung

Ich stand mit dem Vier-Uhr-Gong auf und trottete zum Meditationssaal. Ich war müde, wusste aber, ich musste mich an die Arbeit machen. Am Tag zuvor hatte ich Fortschritte gemacht, doch die waren hart erkämpft. Ich hatte ein erstes Puzzleteil, aber ich wusste nicht, wie viele Teile es insgesamt waren oder welches Bild ich überhaupt zusammenlegen musste. Mir blieben noch vier ablenkungsfreie Tage, um das herauszufinden. Ich nahm meinen Platz und meine Meditationshaltung ein und konzentrierte meine Aufmerksamkeit.

Ein … rechtes Nasenloch.

Aus … rechtes Nasenloch.

Ein … beide Nasenlöcher.

Aus … beide Nasenlöcher.

Die Gedankenschlange bildete sich. Der Wurm tauchte noch ein- oder zweimal auf, aber schließlich lief nur noch ein Hauptdämon in Dauerschleife. Ich betrachtete ihn mit andächtiger Aufmerksamkeit, versuchte, mich in meinen Körper darin zu versetzen, einen Adam Anfang zwanzig diesmal, das dünner werdende Haar mit Gel aufgestellt. Je öfter ich zusah, desto mehr sah ich, desto durchlässiger kam mir die Trennlinie zwischen ihm und mir vor, und dann spürte ich wieder diesen Ruck, diese Dehnung und das Schnalzgeräusch, als ich in meine Vergangenheit geschleudert wurde.

Fffffflappppp.
Eine U-Bahn. Die Lichter wurden hell, als wir aus einem Tunnel fuhren und in Richtung des nächsten Bahnhofs rasten. Das Handy in meiner Hosentasche – natürlich noch kein Smartphone – vibrierte. Ich – besser gesagt diese jüngere Version von mir, die ich wieder *ich* nennen werde – zog es heraus. Ich hatte eine SMS von meiner damaligen Freundin Sarah bekommen.

> **Sarah: Ich muss dir was sagen. Sorg dafür, dass ichs wirklich sage, auch wenn ich nicht will. Okay?**

Ich ließ das Handy wieder in die Tasche meiner ungeheuer weiten Jeans gleiten.

«Guck dir bloß mal deine Haare an», sagte eine Stimme. Die Erinnerungsschleife blieb stehen, das schon schwache Licht wurde noch dunkler. «Prächtig.»

Evelyn saß auf dem Platz neben mir.

«Hi», sagte ich. «Wirst du davon seekrank? Vom Weg hierher?»

«Nein. Ich tauche einfach auf.»

«Freut mich, dass du da bist», sagte ich, denn beim letzten Mal hatte sie am meisten geleistet in ihrer sachlich-nüchternen Art.

Sie schaute sich im Wagen um. «London, richtig?»

«Ja. Wir sind gerade in Liverpool Street abgefahren.»

«Du warst so mager», sagte sie lachend. «Was hast du denn damals gegessen?»

«Hauptsächlich Brausepulver.»

«Irgendwie erinnerst du mich an jemanden.» Sie tippte sich mit dem Finger an die Nasenspitze. «An wen bloß?»

«Ross aus *Friends*. Habe ich oft zu hören gekriegt.»

«Sag bitte, dass du nicht wieder verprügelt wirst», meinte sie. «Das kann ich mir nicht noch einmal ansehen.»

«Nee», antwortete ich. «Auch das hier ist nicht schlimm. Eigentlich kaum von Bedeutung. Ich hab dir davon erzählt.» Aber dann fiel mir ein, dass ich das im Grunde nicht getan hatte. Sie hatte nur eine zensierte Version zu hören bekommen, bei der alle peinlichen Klumpen herausgesiebt waren.

«ÖFFENTLICH GEDEMÜTIGT UND GEZWUNGEN WERDEN, EINEN WURM ZU ESSEN, IST SCHLIMM», sagte sie. «Okay? Akzeptier das einfach.»

«Ja, gut. *In Ordnung.* Diese Erinnerung ist aber eher schräg als schlimm oder beschämend. Es überrascht mich ziemlich, dass sie hier auftaucht. Ich fand es immer eine eher positive Erfahrung.»

«Na gut», sagte sie und lehnte sich zurück. «Ich glaube dir kein Wort, weil du dich ständig selbst belügst. Aber egal. Los geht's. Ich bin so weit.»

Die Geräusche setzten wieder ein. Der Zug ratterte auf den Gleisen. Die Lichter über uns flackerten an und aus. Drei Stationen später, an King's Cross, stieg ich aus. Mit schnellen Schritten schlängelte ich mich auf meinen Leinen-Sneakern ein Labyrinth von Rolltreppen und Stufen hinauf, vorbei an traurigen, vertrockneten Pendlern. Ein Duft von Misstrauen hing in der Luft, verstärkt durch die Überwachungskameras, die einen von jeder Ecke aus beobachteten.

Wie aus dem Maul eines Molochs trat ich auf die Straße hinaus, die von einem Müllwagen versperrt wurde, der nach Tod und Bratensoße roch und die Mülltonnen eines schäbigen Nachtclubs in seinen Bauch leerte. Zum Soundtrack splitternder Flaschen. Ich schaute auf die Uhr – eine Swatch. Ich hatte eine ganze Kollektion davon, fiel mir jetzt wieder ein. War sicher, eines Tages würden sie wertvoll werden. Würde ich reich werden. Millionär mit dreißig, erzählte ich den Leuten immer. Heute verstehe ich die meisten Gedanken nicht mehr, die ich damals dachte, aber ich kann die Überzeugung würdigen, mit der ich daran glaubte. Ich würde die Welt in Brand stecken und um die Flammen tanzen. Von allen Lippen würde mein Name klingen, wenn auch nur einmal. Eine Straße würde nach mir benannt werden, nein, ein Gebäude würde meinem Gesicht nachgebaut werden, nein, ich bekäme meine eigene Sekte, nein, meine eigene Stadt – Adamistan.

Ich ging die belebte Einkaufsstraße entlang, vorbei an dem überteuerten Delikatessenladen, den Sarah so liebte. Darin hing an jedem Produkt eine dicke Karte mit geprägter Schrift, auf der ausführlich erzählt wurde, dass das Schwein sicher darum gebettelt hätte, geschlachtet zu werden, wenn es nur gewusst hätte, wie lecker sein Fleisch zubereitet werden würde.

Ich fing an zu laufen. Um eine Ecke. Über eine Straße, ein paar Sekunden nachdem die Fußgängerampel auf Rot gesprungen war. Ein genervter Taxifahrer hupte mich an. Von einem Schulhof drangen die Geräusche spielender Kinder. Friedlich spielend, soweit ich das hören konnte. Ein breitbeiniger Teenager stieß mich mit der Schulter an, ohne sich zu entschuldigen. Ich tat so, als bemerkte ich es nicht. Dann zog ich an einer Tür. Ein Restaurant. Spanisch eingerichtet, das Logo war ein Stier. Ich war ein paarmal mit ihr hier gewesen. Wir mochten die Sangria, sie wurde in braunen Tonkrügen serviert.

Sarah saß an einem Tisch in der Mitte des halbvollen Restaurants, mit Blick zur Tür. Auf vielen der dunklen Tische standen schmutzige Gläser und Teller, noch nicht abgeräumt vom hektischen Mittagsbetrieb. Sie sah von einem Wirtschaftsbuch über Mäuse und Käse auf. Ihre Karriere in der Finanzbranche ging gut los.

Sie lächelte nicht, als sie mich sah, senkte nur sachte den Kopf und klappte das Buch zu, die Lippen fest zusammengepresst. Sie hatte helle Haut, dünnes, schulterlanges Haar und trug viel Grün. Heute war es ein grüner Blazer über einer frisch gebügelten weißen Bluse. Sie hatte eine kleine Nase; das mochte ich immer an ihr. Sie sang unter der Dusche. Wenn sie im selben Raum mit Alkohol war, musste sie sich mit ihm bekannt machen. Sie hatte monatelang ihre Briefe nicht geöffnet. Bekreuzigte sich jedes Mal, wenn sie jemandem ihre Bankkarte reichte. Wir waren seit zwei Jahren zusammen, und ich liebte sie mehr als alle anderen Frauen, die ich bis dahin kennengelernt hatte.

«Entschuldigung», sagte ich und beugte mich über die Tischecke, um sie zu umarmen. «Die Züge waren der reinste Albtraum, wie üblich. Blätter auf den Gleisen? Was für ein Quatsch –»

Sie stand weder auf noch erwiderte sie meine Umarmung, saß nur stocksteif da und unterbrach mich. «Wenn du erfährst, was ich getan habe, willst du mich bestimmt nicht mehr in den Arm nehmen.»

«Aber ganz sicher will ich das.» Ich zog mir einen Stuhl zurück und setzte mich ihr gegenüber.

Sie nahm ein Papiertaschentuch aus der Handtasche. Sie hatte nie Taschentücher in der Tasche, so ein Mädchen war sie nicht. Dachte nicht voraus. Neigte nicht zu Gefühlsausbrüchen. Sie schnäuzte sich. «Es tut mir leid», sagte sie.

«Was ist denn los?», fragte ich und schaute mich nach einem Kellner um. «Ist die Operation deiner Mutter gut gelaufen?»

Der Kellner kam. «*Top of the mor–*» Er sah auf die Uhr. «*... afternoon to you.*» Er tippte sich an eine unsichtbare Mütze. «'Tschuldigung, ich meine ¡*Hola!* Hab früher in einem Irish Pub gearbeitet.» Er grinste und zeigte schöne Zähne. «Ich bin neu, aber das werdet ihr gar nicht merken.» Er trug einen silbernen Ohrring und hatte seine zotteligen Haare blau gefärbt. Er wippte auf den Zehenspitzen. Schauspieler, vermutete ich. «Geht es uns gut heute?», fragte er. «Aber sicher.»

Wir schenkten ihm beide so ein breites, aber unfassbar oberflächliches britisches Lächeln, das fünfzig Mal am Tag von uns erwartet wird und das die Seele erschöpft wie ein Zehn-Kilometer-Lauf den Körper. «Gut», sagte der Laiendarsteller und reichte erst Sarah eine Speisekarte, dann mir. «Ich bin Steven. Wenn ihr die Tagesangebote hören wollt, sagt Bescheid. *Gracias.*»

Ich verdrehte die Augen. Steven glitt davon. Sarah biss sich auf die Unterlippe.

«Sarah», sagte ich. «Was ist –»

«Ich habe dich betrogen», sprudelte sie heraus. «Auf dem Teambuilding-Seminar.»

Ich ließ die Speisekarte fallen, die von der Tischkante abprallte und zu Boden fiel. Ich ließ sie liegen. «Was?»

«Tut mir leid», murmelte Sarah.

«Was?», fragte ich schließlich nochmal, als hätte ich mich bloß verhört.

«Ich habe nicht. Es war einfach ...» Ihre Augen füllten sich mit Tränen.

«Mit.» Ich hob die Speisekarte auf. *Wem?*

Sie schüttelte den Kopf. «Mit niemandem.»

«Wie kann das denn sein?», fragte ich. Meine Stimme tastete sich in Richtung Wut und fand sie auch. «Es war ja wohl kein Geist, oder?»

Evelyn lachte; die Szene hielt an.

«Bitte lach nicht.»

Sie räusperte sich geisterhaft. Richtete sich auf. «Tut mir leid. Es ist nur –»

«Wegen ‹Geist›, ich verstehe schon.»

Der Kellner kam wieder und klatschte in die Hände. «Wie sieht es denn bei euch aus, *amigos*? Kann ich eure Bestellung aufnehmen? *Sehr schön.*»

«Ich», sagte sie. «Ich. Ähm.» Sie sah ihn an, dann mich. «Bleibst du?»

«Hä?» Ich schaute finster. «Wieso denn nicht?»

«Wein», sagte sie. «Großes Glas. Nein. *Flasche.*»

«Möchtet ihr eine Empfehlung?», fragte er. «Weiß oder rot?»

«Ja. *Nein.* Ich meine, bringen Sie einfach, was Sie empfehlen wollten. *Rot.*»

«Russisch Roulette», sagte er und machte mit den Händen Pistolen. «Find ich super.» Er wandte sich an mich. «Zwei Gläser, nehme ich an, *amigo*?»

«Klar. Sicher. Ja. *Amigo.*»

«Und zu essen?» Er wiegte sich hin und her. «Wir haben eine herausragende Chorizo, die würde garantiert die Laune heben.»

Er hatte bemerkt, dass die Laune nicht die beste war.

«Später», sagte ich und zeigte wieder das schrecklich falsche britische Lächeln. Dann starrte ich Sarah böse an. «Mir ist der Appetit vergangen.»

«Den bringen unsere Calamari bestimmt mit Macht zurück», sagte er und ließ die Augenbrauen wippen. Keiner von uns sah ihn mehr an. Schweigen. «Cool, cool», sagte er und ging.

Am Nachbartisch saßen, jetzt nicht mehr durch den Kellner verdeckt, vier männliche Teenager, *Lads* – das meint in Großbritannien eine ganz bestimmte Sorte Jungs, prollig, laut und breitbeinig – in Trainingsanzügen, zwei mit den Kapuzen über den Kopf gezogen. Gläser mit *San Miguel* standen auf dem Tisch verstreut.

«Wer war es?», fragte ich mit zusammengebissenen Zähnen.

«Bloß so ein Typ», antwortete Sarah ausdruckslos. Sie sah mir ins Gesicht, richtete den Blick aber auf mein Kinn.

«Ist das ein Witz?», fragte ich. «So eine Art ‹Versteckte Kamera›?»

«Wie bitte? Was wäre das denn für ein Witz?»

Ich schaute mich um, sah die Überreste langer, alkoholgesättigter Mittagessen. «Warum willst du mir das hier erzählen? In der Öffentlichkeit?»

Ein Klingelton. *Crazy Frog*. «Was geeeeeeeht?», fragte einer der Lads in sein Aufklapphandy. Seine Freunde lachten. Ich rückte meinen Stuhl ein Stück nach links, drehte ihn weg von ihnen. Eine kleine Geste, die aber nichts änderte.

Sarah schaute zu ihnen hinüber, ob einer uns ansah. Tat keiner.

«Du solltest gehen», sagte sie.

«Aber ich bin doch gerade erst angekommen. Mit dem Zug. Aus Cambridge.»

«Du musst das erstmal verarbeiten», sagte sie. «Ist doch ziemlich heftig.»

«Können wir das nicht zusammen verarbeiten?»

Sie legte den Kopf schräg. «Willst du das denn?» Sie schien echt überrascht.

«J-ja? Steht das nicht jetzt an? Normalerweise, meine ich? Oder nicht?»

Der Kellner tauchte wieder auf, zwei Gläser und eine Flasche in der Hand. Er stellte die Gläser hin. «Wer will probieren?»

«*Du*», sagte ich mit Blick auf Sarah. Damals trank ich noch keinen Wein. Das sollte sich erst mit Evelyn ändern.

«Wirklich schönes Wetter haben wir in letzter Zeit, oder?», sagte der Kellner, während er die Flasche unbeholfen zwischen den Knien hielt und entkorkte. «Irgendwas vor am Wochenende?»

«Hmm», sagte Sarah leise. «Vielleicht gehe ich zu einem Musikfestival im Hyde Park.»

Das «ich» ließ mich zusammenzucken. Das Festival im Hyde Park hatte sie noch gar nicht erwähnt. Bisher hatten wir jedes Wochenende zusammen verbracht. Ich kam sie besuchen, und ich zahlte auch alles.

Der Kellner schenkte ihr einen kleinen Schluck Wein ein, den sie sich in einem Zug in den Rachen schüttete, um dann einen Rülpser zu unterdrücken. Der Kellner lachte. «Kein Problem.»

«Ist gut», sagte sie und bedeutete ihm ungeduldig nachzugießen. Sie hielt das Glas schräg. Er schenkte es halb voll, der Wein spritzte an den Seiten hoch. Er goss auch mir ein Glas ein, und ich ließ ihn, denn jetzt war auch schon alles egal.

«Genießt ihn», sagte er.

Am Nachbartisch fiel ein halbvolles Bierglas um. Die Lads lachten unbändig, einer sprang auf und versuchte, dem goldgelben Strom zu entkommen, der auf ihn zu schwappte. «Meine Sneaker, Alter!»

Der Kellner eilte ihnen zu Hilfe. «Gaaanz ruhig, Jungs», sagte er.

«Ich verstehe das nicht», sagte ich zu Sarah, die sich gerade hinsetzte und mir jetzt fest in die Augen schaute.

«Du musst mit mir Schluss machen.»

«Aber ich weiß doch nicht mal, was passiert ist. Wer war es überhaupt?»

«Bloß so ein Typ», flüsterte sie.

«Du hattest Sex mit ‹so einem Typen›?», fragte ich zu laut, und einer der Lads schaute kichernd herüber. Sarah senkte den Kopf und schlürfte Wein. «Darf ich nicht entscheiden, was jetzt passiert?», fragte ich. «Kriege ich nicht ein bisschen Zeit, um das zu entscheiden? Erzähl mir davon. Von ihm.»

«Warum?» Sarah runzelte die Stirn, schien ernsthaft verwirrt.

«Weil ich es wissen will.» Ich ließ die Faust auf den Tisch fallen. «Das schuldest du mir doch wohl», sagte ich, aber ich hörte, wie meine Entschlossenheit wankte.

«Wirklich?», fragte sie und schnäuzte sich. Sie hatte offenbar wirklich nicht damit gerechnet, dass unser Gespräch so laufen könnte, dass es überhaupt ein Gespräch geben könnte. Dass ich irgendwas anderes von ihr wollen könnte als Schluss machen und gehen.

«Oh mein Gott», sagte ich. «Du willst, dass ich mich von dir trenne? Das ist der Zweck dieser Übung?» Ich hob die Hände und sah mich um. «Darum passiert das hier? In der Öffentlichkeit?»

«Will ich das?» Sie stürzte den letzten Schluck Wein hinunter. «Keine Ahnung. Ich dachte bloß, das würdest du tun.»

«Man macht sowas im Restaurant, wenn man eine Szene vermeiden will. Das hättest du nicht gemacht, wenn du nicht ...» Ich verstummte.

Sie sah auf ihr Telefon.

«Soll ich gehen?», fragte ich gereizt. «Musst du irgendwohin? Arbeit?»

«Ich habe mich krankgemeldet.»

Ich stützte die Ellbogen auf den Tisch und rieb mir die Stirn. «Bist du denn krank?»

«Vielleicht. Hör mal, du braucht doch bestimmt Zeit», sagte sie. «*Wir* brauchen Zeit. Meine ich. Um herauszufinden, was wir wollen.»

«Du hattest doch schon Wochen», sagte ich. «Was willst *du*?»

Ihre Augen wanderten im Raum umher. «Ich weiß nicht.»

«Mich also nicht, oder wie muss ich das verstehen?»

«Ich weiß es nicht, okay?»

«Wer war es?»

«Spielt keine Rolle.»

«Sag es mir.»

Sie schaute wieder auf ihr Handy. «Ich habe kein –» Sie holte tief Luft. «Er kommt her. Okay. Sorry. Aber er kommt. Ich wollte ...» Sie verstummte.

«Was?» Ich fuhr herum zur Tür. «Wieso lädst du ihn denn hierher ein, jetzt, solange ich noch da bin?» Ich lachte. Ich lachte tatsächlich. Ein wildes Lachen, nicht unähnlich meinem Lachen im Wald am dritten Tag, als ich durchdrehte.

«Um darüber zu reden, was passiert ist», sagte sie. «Ich dachte nicht, dass du ...» Sie rieb sich mit beiden Händen die Schläfen. «Ich hatte einfach angenommen, du würdest gehen. Dass du total angewidert von mir wärst und abhaust.»

«Ich dachte, er wäre niemand?»

Sie zog die Schultern hoch. «Er muss ja wohl jemand gewesen sein, sonst hätte ich nicht mit ihm ...» Sie senkte den Blick. «Ich muss auch begreifen, was passiert ist. Ich war glücklich. Mit dir. *Uns.* Aber das kann ich ja dann wohl nicht gewesen sein, oder?» Ihr Blick war flehend, aber ich wusste nicht, worum sie bat.

«Und was ist mit mir?», fragte ich, denn mir war immer noch nicht klar, wie wenig ich die Situation noch im Griff hatte. «Damit, was ich will?»

«Was willst du denn?», fragte sie, aber ehe ich antworten konnte, fuhr sie fort: «Du brauchst doch wahrscheinlich ein bisschen Zeit, oder?» Sie sah auf ihr Handy. «Es ist nicht ... Er und ich ... Wir wollten bloß reden.»

Ich probierte vorsichtig einen Schluck Wein, schauderte und stellte das Glas wieder ab. «Ich habe das Gefühl, du machst Schluss mit mir. Nein, du hast schon mit mir Schluss gemacht. Nur dass du es nicht per SMS tun wolltest. Das hier sollte also bloß eine Formalität sein, kurz und schmerzlos.»

Der Kellner tauchte wieder auf, den Daumen gereckt. «Wie läuft's hier beim Team, ich meine, bei euch *amig*–»

«Jetzt nicht», fuhr ich ihn an. «Okay? Verpiss dich einfach.»

«Adam», tadelte Sarah, als der Möchtegernschauspieler verstört und beleidigt davonschlich. Zwei der Lads hörten uns und unterbrachen ihr Gespräch, um zu lauschen. Ich schob meinen Stuhl ein Stück weiter von ihnen weg.

«Naja», sagte ich leise, «das hat er verdient. Total fake, der Typ. Und du bittest mich für so eine Formalität hierher, und dann hast du fünf Minuten dafür eingeplant? Klar, ich bin eine Stunde zu spät. Aber das ist ja normal, wenn man Zug fährt. Züge sind immer eine Stunde verspätet. Immer Scheißblätter auf den Gleisen. Stehen ja auch immer Bäume neben den Schienen. Und wieso musste *ich* eigentlich hierherkommen? Verlangt das Protokoll nicht irgendwie, wenn du mit jemandem Schluss machen willst, dass *du* dann zu demjenigen kommst, damit der nicht wieder zurück muss zur Liverpool Street und dann wieder in so einen Scheißzug steigen muss, der wieder eine Stunde Verspätung hat, weil Blätter auf den Kackgleisen liegen?»

«Du faselst», sagte sie. «Das ist der Schock.»

«Wenn ich faseln will, dann fasele ich, okay? Bist du jetzt die Faselpolizei oder was?»

Die Restauranttür ging auf. Das sah ich gespiegelt in Sarahs frisch nachgefülltem Weinglas, dessen Inhalt schon wieder zügig in ihren Mund floss. War es das zweite Glas? Ihr Gesicht zuckte leicht. Fast unmerklich, aber ich kannte sie gut.

Ich wandte mich zur Tür, die sich gerade hinter einem Mann schloss. Er trug ein Rugbyshirt – ein lachsrosa Rugbyshirt, den Kragen hochgeklappt.

Körperlich waren wir Gegensätze. Er war stämmig und kahl, sein Hals so breit wie sein Kartoffelgesicht. Er sah aus, als wäre er auf einem Bauernhof aufgewachsen. Hatte eine Meinung dazu, welche Traktormarke die beste war: John Deere. War Kapitän seines Rugbyteams gewesen. Sah gern Jeremy Clarksons Autoshow. Trank zum Frühstück Guinness. Konnte aus dem Stand ein Dutzend Dartsspieler aufzählen.

Sarah drehte eigenartig den Kopf. Offenbar ein Zeichen an ihn, irgendwo zu warten, ohne mir zu zeigen, dass er da war. Es blieb wirkungslos.

Der Typ kam näher. «Hi», sagte er. Seine Stimme war tief, ein wenig rau vom Rauchen.

«Kannst du uns noch –», setzte Sarah an, während ich auf den Tisch starrte und betete, er möge mich verschlucken.

«Wer sind Sie?», fragte er. Sie hatte ihm wahrscheinlich nichts von mir erzählt. Warum auch?

Ich antwortete nicht, denn ich war schon zu sehr mit Beten beschäftigt, dass der Boden sich endlich auftun und ich darin versinken würde.

«Toby», sagte er und streckte mir die Hand hin.

Ich sah zu ihm hoch, ignorierte aber die Hand. «Adam», sagte ich bitter. «Der Freund.»

«Er will gerade gehen», sagte Sarah hastig. «Ruf mich in ein paar Tagen an, okay, Adam?»

Es ist komisch, wenn die Partnerin dich mit Namen anspricht. Wir redeten uns nicht mit Namen an.

«Der Freund?», wiederholte er kichernd.

Kichernd?

Ich stand langsam auf, ließ es so aussehen, als wollte ich ihm doch die Hand schütteln, doch dann griff ich mein Weinglas, und ehe ich richtig merkte, was ich tat, schüttete ich den Inhalt in seine Richtung.

Er sah es kommen und duckte sich weg, bewundernswert geschmeidig für einen so groben Klotz, und während die Hälfte des Weins auf seiner Wange landete, flog der Rest an seinem Blumenkohlohr vorbei und klatschte auf die Lads.

«*What the fuck?*», rief einer und sprang auf. Der Rest des Tisches folgte ihm und blockierte meinen Weg zum Ausgang.

«Scheiße», sagte ich, drehte mich um und rannte in die andere Richtung. Ich konnte natürlich nirgendwohin, denn dies war ein Restaurant und kein Schulhof. Ich schlängelte mich an Tischen vorbei in Richtung Küche, als ich das Schild zu den Toiletten sah. Der Kellner kam auf mich zu, ein großes Tablett mit mehreren vollen Tellern auf der Hand, und ich wollte an ihm vorbeischlüpfen, blieb aber an einem Stuhlbein hängen, sodass ich nach vorn stolperte, in ihn hinein. Er drehte sich um die eigene Achse und ließ das Tablett fallen. Ein Glas zersprang, Teller klirrten, ein Essensregen ergoss sich über die Tische, hauptsächlich Austern, das Essenspendant zu Golf. Ich rappelte mich hoch und war schon durch die Toilettentür, bevor alles gelandet war.

Drei Stufen nach unten. Links schauen. Rechts schauen. Zwei

Türen. Zwei Figuren darauf. Klein. Eine mit Rock. Eine ohne Rock. Herren. Musste so sein. Ich drückte mit hämmerndem Herzen die Tür auf. Drinnen hingen zwei Urinale an der Wand. Hinten eine Kabine, die Tür ging vom Boden bis zur Decke. Ich stürmte hinein, verriegelte die Tür hinter mir, und dann explodierte mein Magen. Ich kotzte heftig in die Kloschüssel.

Beim Übergeben war ich wieder ganz in meinem Kopf, schwebte so wie in der anderen Szene über dem Schülerknäuel und dachte, wie erstaunlich es doch war, dass ein Körper so reagieren konnte. Dass weltliche Ereignisse so heftige Gefühle hervorriefen, dass man sich davon erbrechen musste. Das war mir noch nie passiert.

Die Toilettentür flog krachend auf.

«Komm raus», dröhnte eine Stimme. Ich hörte die Schritte mehrerer Menschen auf den Fliesen. *Jetzt.*»

«Besetzt», sagte ich. «Moment noch.»

Eine Faust hämmerte gegen die Kabinentür.

«Wo ist er?»

«Versteckt sich.»

«Er hat mein Hoodie ruiniert.»

«Das war ein Missverständnis», sagte Toby, der Mann, der meine wundervolle mehrjährige Beziehung mit zerstört hatte, indem er beim Teambuilding-Seminar unwiderstehlich war, womöglich in seinem Rugbyshirt. «Er hat auf mich gezielt. Und mich übrigens auch getroffen.»

«Schon, aber das Ding ist doch irgendwie, er hat meinen Kumpel hier vollgespritzt. Und das geht ja wohl nicht.»

«Und entschuldigt hat er sich auch nicht. Der Wichser.»

Wichser. Das gleiche Schimpfwort hatte auch einer der Schulhofschläger verwendet.

Jemand trat gegen die Kabinentür. «RAUS DA!»

«Das war keine Absicht», sagte Toby. «Er wollte mich treffen.»

«Wieso verteidigst du ihn?», fragte einer der Lads. «Wenn mir irgendein Idiot Wein an den Kopf schmeißt, dann ziehe ich ihm die Flasche über den Schädel.»

«Ist halt sein Kumpel.»

«Er ist nicht mein ...», fing Toby an. «Es ist kompliziert. Aber glaubt mir, er hat einen schlechten Tag. Einen viel schlechteren als ihr.»

«Und der wird gleich noch viel schlimmer werden für ihn!»

Mein Magen blubberte, ich spuckte einen letzten Brocken meines Frühstücks in die Schüssel. Wo war Sarah wohl, fragte ich mich? Wieso half sie hier nicht? War das nicht vor allem ihre Schuld? Klar, wir waren auf der Herrentoilette, aber es war außer uns auch niemand darin. Zumindest waren keine Würmer in der Nähe. Ich spülte, klappte die Brille runter und setzte mich darauf. Die Sonne schien durchs Fenster über der Toilette und wärmte mir den Hinterkopf. In meinem Mundwinkel hing noch ein bisschen Erbrochenes, mir war schwindlig, ich war ängstlich und verwirrt. Ich riss zwei Blatt Klopapier ab und wischte mir den Mund sauber.

Das Fenster.

Ich drehte mich um. Es war groß genug. Nicht für ihren neuen Lover, aber für mich, den mageren Ersatz-Ross. Ich stellte mich auf die Klobrille und fasste nach dem Griff, als der nächste Schlag die Tür erzittern ließ. Eine Schulter? Ein Fuß? Die Türangeln klapperten. Das Fenster ging auf. Noch ein Schlag.

«Du sitzt in der Falle, Alter. Komm raus. Sei ein Mann.»

Noch ein Schulterstoß. Die Tür zitterte.

Ich steckte den Kopf aus dem Fenster. Erdgeschoss. Eine Gasse. Ein schmaler Sonnenstreifen zwängte sich über das Bürohochhaus gegenüber. Vodafone. Ein Bein raus, eins noch drin.

Ich zögerte. Wenn ich das jetzt tat, wenn ich aus dem Fenster kletterte, dann war ich offiziell und unleugbar für den Rest meines Lebens so ein verzweifelter Waschlappen, der aus Toilettenfenstern klettert, um vor Kämpfen und Trennungen wegzulaufen. Es war peinlich zu flüchten, klar, aber war es viel peinlicher, als von der Freundin beim Teambuilding-Seminar betrogen zu werden? Mal ehrlich, was für ein Klischee. Ganz zu schweigen davon, dass sie sich von mir getrennt hatte, ohne es so zu nennen, und eine Stunde später schon meinen Nachfolger im Rugbyshirt herbestellt hatte.

Lachsrosa.

Nein, entschied ich, packte den Fensterrahmen und stieg hindurch, drehte mich dabei und ließ mich draußen herabsinken. Ich fiel auf den Hintern, stand auf und rannte schon wieder, Kopf oben, Schultern zurück, Brust raus. Rannte wie damals auf dem Schulhof, wie schon an so vielen Tagen vor so vielen Dingen davon. Ich hielt nicht an, ich sah mich nicht um, ich sprang vom Bordstein und zwang einen Kurierfahrer zur Notbremsung, rutschte von seiner Motorhaube und prellte mir die Hüfte, aber dafür war jetzt keine Zeit.

TRÖÖT TRÖÖT TRÖÖT

Ich sah einen Park, bog hinein, ignorierte vier einwandfreie leere rote Bänke und duckte mich hinter die dicke Hecke, die am Zaun entlang wuchs. Ich stellte fest, dass ich die Straße von hier nicht sehen konnte, worauf ich annahm, dass sie mich von dort auch nicht würden sehen können, und setzte mich mit dem Rücken zum Zaun. Es gab nicht mehr vieles, dessen ich mir sicher war.

25. KAPITEL

Evelyn materialisierte sich vor mir, halb im Busch, die Wangen rot, wahrscheinlich vor Fremdscham. Sie setzte sich neben mich, so gut sie das in ihrer nebligen Geisterform konnte. «Ist es vorbei?», fragte sie.

«Ich hätte es auch mit ihnen aufgenommen, weißt du?»

«Klar, Schatz.»

«Ich hatte einen Plan und alles. Ich wollte sie herlocken.»

«Um dich vor ihnen zu verstecken?»

«Das war nur die nächste Etappe des Plans. Ein komplexer und teuflischer Plan.»

«Wieso hat er dann nicht funktioniert?», fragte sie.

«Weil ich so gut im Verstecken bin?»

«Offenbar», sagte sie. «Aber was ist dann passiert?»

«Im Grunde nichts. Ich habe einfach eine Weile hier gesessen. Dann bin ich aufgestanden und nach Hause gefahren. Ich habe es gerade so nach Cambridge geschafft, ohne mich nochmal zu übergeben. Bei Stevenage musste ich den Kopf aus dem Fenster halten, aber in Stevenage würde man die Grundstückswerte mit ein bisschen Kotze eher erhöhen. Der einzige Ort, wo garantiert keine Blätter auf den Gleisen liegen, weil sie schon vor Jahren alle Bäume verheizt haben.»

«Kannst du mal aufhören, Witze zu machen?»

«Muss ich?»

«Was ist aus ihnen geworden? Aus ihr und Kartoffelkopf?»

«Ich ... ich weiß eigentlich gar nicht. Für uns war es jedenfalls das Ende, obwohl ich mich noch an eine ganze Menge peinlicher und schleimender Textnachrichten und Anrufe von mir erinnere. Nicht mein tollster Monat.»

DING

«Sie war eine Idiotin», sagte Evelyn. «Und auch ziemlich fade, oder?»

«Wow, das ist jetzt aber ganz schön zickig.»

«Klar», sagte sie. «Wer dir wehtut, ist meine Feindin.»

«Wir hatten Spaß miteinander», sagte ich.

DING

Evelyn lachte. «Sie hatte offenbar auch sonst viel Spaß. Immerhin bist du nicht reingekommen, als sie gerade beim Sex waren, wie ich bei meinem Ex.» Sie übertrieb, aber ich korrigierte sie nicht. «Die Sache mit der Toilette hast du ausgelassen», sagte sie, «als du mir die Geschichte erzählt hast. Und dass Toby gekommen ist. Und von diesen Typen. Also eigentlich hast du das meiste weggelassen.» Ihre Nase zuckte. «Wieso?»

«Zu peinlich», sagte ich. «Zu waschlappig. Zu beschämend.»

DING

«Sie wollte, dass du mit ihr Schluss machst», sagte Evelyn. «Sauberer Schnitt.» Sie wischte sich die Hände an der Hose ab. «Dann hast du den entscheidenden Schritt gemacht, und sie kann weitermachen und muss sich nicht mit den Nachwehen herumschlagen.»

«Vielleicht», sagte ich. «Um ehrlich zu sein, ist es mir einfach peinlich, dass dies einer meiner sogenannten Dämonen ist. So eine große Sache war das wirklich nicht. Ich kenne viele Leute mit viel schlimmeren Trennungsgeschichten.» Ich seufzte. «Ich hätte wohl einfach gern ein größeres Trauma.»

«Denk über den letzten Satz nochmal nach.»

«Aber du weißt doch, was ich meine, oder? Ich will hier rauskommen und dir erklären können, also der echten Evelyn, warum ich im letzten Jahr so versagt habe. Und noch mehr – warum ich mich emotional von Situationen distanziere, in denen ich keine Kontrolle habe, warum ich mich von Menschen entfreunde, sobald sie mehr von mir wollen, warum ich so ein Workaholic bin, warum ich mich nicht mehr bemüht habe zu verstehen, was du durchmachst. Ab und zu in der Schule verprügelt und von meiner Freundin betrogen zu werden, das ist doch alles keine Entschuldigung dafür. Ich habe das Gefühl, es hat nicht mal viel damit zu tun.»

«Ich weiß nicht», sagte sie. «Muss es doch irgendwie.»

«Vielleicht geht es nur um das, was mit uns zu tun hat?», sagte ich. «Mit unseren Problemen?»

DING

«Aber dann müssen wir die Bedeutung ergründen», fuhr ich fort.

«Du hast mir erzählt, dieses gebrochene Herz sei die großartigste Erfahrung deines Lebens gewesen», sagte Evelyn. «Dass du dich niemals sonst so lebendig gefühlt hättest. Und ich dachte, was redest du für einen Scheiß.»

«Das war, als hätte ich eine neue Sprache für meine Gefühle gelernt», sagte ich über meinen Liebeskummer.

Sie schüttelte den Kopf. «Dummes Zeug. Keine *Dings*.»

Ich wurde trotzig, oder ich wäre es geworden, wenn ich gekonnt hätte. «Ich lüge nicht. Ich glaube, ich lüge nicht. Lüge ich?»

DING

«Hast du jemals wieder von einem Gefühl gekotzt?»

Ich dachte nach. «Nicht mal annähernd.»

«Das ist doch seltsam, oder?»

«Wirklich?», fragte ich zurück. «Ich meine, das Leben wird einfach weniger intensiv, je älter man wird. Man hat alles schon so oft gemacht. Der Reiz des Neuen verblasst. Die erste Liebe ist die intensivste. Und auch der erste Liebeskummer. Das hier war mein erster richtiger.» Ihre Augen wurden schmal. «Also», fuhr ich hektisch fort, «mich in dich zu verlieben war eine der intensivsten Erfahrungen meines Lebens. Vielleicht muss ich eines Tages auch deinetwegen kotzen.»

DING

Sie verdrehte die Augen. «Das ist nicht so romantisch, wie es sich anhört. Du hast *sie* wirklich mehr geliebt, als du mich liebst?»

Ich zögerte, was schon Antwort genug war. «Dafür ist doch noch Zeit», sagte ich. «Und du bist schwanger. Wir fangen gerade etwas völlig anderes an. Ich möchte dich ja mehr lieben. Ich sollte dich mehr lieben. Und das Kind. Ich will das Kind so leidenschaftlich lieben, wie meine Eltern mich geliebt haben.»

DING

«Es war spektakulär mit uns», sagte sie beleidigt. «Bevor der Befruchtungskram uns aus der Bahn geworfen hat. Ich habe das Gefühl, das hast du schon vergessen.»

«Kann sein», sagte ich, ohne *Ding*.

«Das hat doch bestimmt auch mit Kontrolle zu tun, oder?», riet sie.

Das klang naheliegend. Sarah hatte mir unsere Beziehung gestohlen und sie jemand anderem gegeben.

«Um einen anderen Menschen wirklich zu lieben, muss man ihm Kontrolle geben», tastete ich mich voran. «Und das habe ich seit diesem Augenblick nicht mehr getan. Kontrolle abgegeben. Wirklich geliebt. Nicht mehr seit Sarah.»

DING

Evelyn senkte den Blick. Das *Ding* hätte ich nicht gebraucht. Ich hatte auch so gewusst, dass die Antwort richtig war. «Das ist bloß die Weiterentwicklung von *Wenn ich die Kontrolle habe, bin ich in Sicherheit*», sagte ich. «Ich habe die Schraube nochmal weitergedreht. Das heißt: *Je weniger ich fühle, desto weniger können andere mich fühlen lassen*. Denn wenn man die Welt schon nicht kontrollieren kann, dann muss man eben seine Gefühle unter Kontrolle haben. Scheiße. Wie bescheuert. Das Leben *muss* gar nicht weniger intensiv werden, wenn man älter wird – ich habe es bloß so eingerichtet.» Eigentlich schade, dass ich mich nicht bewegen konnte, weil ich irgendeine triumphierende Geste machen wollte, die Fäuste in die Luft recken und «Heureka!» schreien oder sowas. «Es ist gar nicht so, dass ich sie am meisten geliebt habe. Ich war bloß damals zu mehr Liebe fähig.»

«Das ist gleichzeitig sehr schlau und sehr dumm», sagte sie. «Entschuldigung.»

«Ich kann es ändern. Ich werde mich ändern …»

Die Szene verblasste bereits. Meine Augen schlossen sich, und als ich sie wieder öffnete, lag ich rücklings auf meiner Matte und starrte schweißüberströmt an die Decke, während sich der Saal um mich leerte. Ich hob die Hand vors Gesicht und bewegte die Finger: Sie reagierten genau, wie sie sollten. Ich konnte meinen Körper wieder kontrollieren. Das hier war eine wirklich wahnsinnige, verrückte Erfahrung gewesen, und wir waren erst am sechsten Tag von zehn. Für die Emotionen, die ich hier durchlebte, brauchte ich ein neues Vokabular. Im Augenblick war es etwas in der Gegend von, aber nicht ganz genau *Ehrfurcht*. Ehrfurcht davor, wie Recht Evelyn gehabt hatte. Ich wusste nicht, ob sie mich besser kannte als ich mich selbst, aber jedenfalls war offensichtlich, dass ich von mir selbst keine Ahnung hatte.

Ich kniete mich hin und ignorierte alles, was wehtat. Ich leerte meinen Geist und lenkte meine Aufmerksamkeit auf den Atem. Nach einigen Minuten konzentrierte ich mich auf den rechten kleinen Zeh und schloss alle anderen Körperteile aus. Ich richtete meinen Leuchtstrahl darauf, und obwohl ich darauf achtete, weder Hoffnung noch Erwartung, weder Verlangen noch Bedürfnis noch Wunsch zu empfinden, kam eine Empfindung zurück.

KRIBBEL

Es war geschehen. Endlich war es passiert. In meinem kleinen Zeh hatte warme Elektrizität geknistert. Ich war so schockiert, dass ich aufschrie. Ich brauchte ein paar Sekunden, um mich zu beruhigen, zum Atem zurückzukehren und schließlich zu meinem Zeh, in dessen Gewebe eine wilde Empfindungsparty tobte. Diese Macht, diese Technik waren real. Ich glitt zu den anderen Zehen meines rechten Fußes, dann übersprang ich die Lücke zwischen den Füßen hin zu den Gliedern meines linken Fußes, und die Empfindungen folgten mir. Es war, als würde ich mich von innen mit einem inneren Lichtschwert kitzeln.

Die Beine hinauf.

Zu den Knien.

Die Schenkel.

Ich war total aufgedreht. Es war tatsächlich wahr. Ich drang in neue Schichten meines Geistes vor und entdeckte dabei auch neue

Schichten meines Körpers. Überall glitzerten Empfindungen, wie Sterne, die den Nachthimmel meines Bewusstseins erhellten.

Ich wurde Vater. Niemals würde ich mein Leben, Evelyn, mein Kind unter Kontrolle haben, und das war in Ordnung. Man kann die Geschenke des Lebens unmöglich genießen, wenn man ihnen ständig den eigenen Willen aufzuzwingen versucht.

Ich glitt weiter und weiter und weiter, bis ich schließlich meinen Scheitel erreichte. Ich merkte gar nicht, wie die nächste Einheit anfing und endete, denn ich war im Grunde ein Magier geworden.

Ich hatte mich meinen Dämonen gestellt und gewonnen.

26. KAPITEL

Tag 7 von 10: Vormittag

Ort: Astralsphäre

Stimmung: Euphorisch

Meditation war ein Genuss geworden. Jeder Schwenk, jedes Gleiten setzte Energie frei, die wie eine Horde Wildpferde durch meinen Körper galoppierte.

Egal wo ich war oder was ich tat – ob ich am Zaun entlanglief, mit geschlossenen Augen auf dem Kissen saß, im Bett lag und Platten zählte – es war, als würde mein ganzer Körper unter Strom stehen. Die Wirkung war so deutlich und klar, dass ich ständig damit rechnete, auch andere Menschen müssten es sehen. Und dass irgendjemand mir eine Decke überwerfen würde, weil ich beim Mittagessen alle anderen blendete.

Ich liebte Vipassana. Ich liebte Meditation. Ich liebte Buddhismus. Irgendwie liebte ich sogar Goenka. Ich liebte eigentlich alles, bis auf Golf.

«Spielt nicht das Spiel der Empfindungen», warnte Goenka, als ich in Richtung Ekstase glitt. «Angenehme Empfindung, negative Empfindung, große Empfindung, kleine Empfindung – macht keinen UnnnntersssschIED.»

Wie bitte, Goenka? Hast du was gesagt? Ich war gerade damit beschäftigt, ein unglaublicher Magier zu sein.

«Beobachtet einfach neutral, mit ruhigem Geist, still und vollkommen gleichmütig.»

ICH KANN MICH SELBST MIT MEINEN GEDANKEN KITZELN!

«Akzeptiert die Realität des gegenwärtigen Augenblicks.»

Brumm! Brumm! MAGIER!!

Wirklich witzig war, dass ich jetzt überhaupt nicht mehr wollte, dass die Zeit davonglitt. *Funny how time slips away.* Ich hätte sie am liebsten angehalten, weil jede Einheit noch aufregender war als die vorige und ich in wirklich bemerkenswerte Bewusstseinssphären vordrang.*

Ich fühlte mich wie ein Entdecker, der einen ganzen unberührten Kontinent zum Kartieren geschenkt bekommt. Jetzt verstand ich, wieso Menschen womöglich jahrelang in einer Höhle saßen und nur sich selbst im Inneren durchreisten.

Ich hatte für niemand anderen gefegt, aber für mich selbst fegte ich gern. Mein Geist ging viel tiefer, als ich je geahnt hatte. Plötzlich war ich fasziniert von Konzepten wie Atemarbeit und Psychedelika und ekstatischem Tanz und Klarträumen und Eisbaden nach Wim Hof und, scheiß drauf, vielleicht sogar Therapie? Von allem, was mehr von diesen Zuständen enthüllen könnte. Allem, was mich zu neuen Orten auf diesem unerforschten Kontinent führen könnte.

Mir gefielen Goenkas Methoden nicht, aber er und der Buddha erzielten auf jeden Fall Resultate. Ich raste auf meine Rettung zu, richtig?

---

* Man kann dabei sehr weit in die Tiefe vordringen, aber das tat Goenka nie, und es ist auch gefährlich, Meditation zu einer Suche nach persönlicher Glückseligkeit zu machen. Sie müssen nur wissen, wenn Sie sich mit Meditation beschäftigen wollen, dass es eine Reihe wirklich unglaublich klingender Zustände allerhöchster Konzentration gibt, in denen die materielle Welt verblasst und verschwindet. Darüber ist oft berichtet worden, und man kann sie sich als Raststätten auf dem Weg zum finalen Zustand vorstellen, den die Buddhisten Erleuchtung nennen. Sie heißen *Jhānas*, und es gibt vier davon, wobei der vierte zudem in vier noch subtilere Zustände unterteilt werden kann. Ich bin überzeugt, dass ich bei diesem Retreat die ersten beiden *Jhānas* erfahren habe. Da ich allerdings erst darüber gelesen habe, als ich schon wieder zu Hause war, kann ich nur auf flüchtige Erinnerungen an kurzlebige Zustände vertrauen und werde nicht von der Hauptgeschichte abweichen, um über sie zu reden.

27. KAPITEL

Tag 8 von 10: Vormittag

Ort: Die Wiese

Stimmung: Vor dem Altar sitzengelassener Liebhaber

Falsch.

Der Morgen des achten Tages war schwierig, weil mein Hochgefühl – beinahe ein Rausch – nachließ. Es wurde schwerer, sich auf die kleinen körperlichen Empfindungen zu konzentrieren, weil der Reiz des Neuen schwächer wurde. Mein Geist, den ich eine kurze Zeit so gut beherrscht hatte, gewann den Eindruck, alles von diesen neuen Zuständen gelernt zu haben, und da es nichts mehr zu lernen gab, begann er, sich zu langweilen.

Wie ein Lastwagen im Schlamm rutschte ich jedes Mal wieder zurück, wenn ich mit meinen Achtsamkeitsübungen vorankommen, mich weiter reinigen wollte. Gegen Ende des Vormittags konnte ich mich nicht länger als eine Minute an meinen Atem fesseln. Beobachteter Schmerz war nicht immer halber Schmerz. Gedanken und Zweifel kehrten zurück und eine lästige Zwischenruferstimme, die mir mitteilte, dass ich ein stinkendes, klebriges Stück Scheiße an den teuren neuen Schuhen der Menschheit sei.

Als ich am Nachmittag immer noch fröhlich durch meinen Körper glitt, hörten die Empfindungen ganz auf, das glitzernde Discolicht erstarb mit dumpfem Jaulen. Das war echt ärgerlich, und ich reagierte nicht besonders reif darauf. Ich schmollte und war beleidigt und wurde ehrlich gesagt auch ein bisschen pampig und trotzig. Hatte ich in Wirklichkeit gar nichts von meinen Kämpfen mit den Dämonen gelernt? War die ganze Selbstquälerei für die Katz gewesen?

Dabei konnte ich Katzen gar nicht leiden.

Ich ging nach draußen und zog wütende Furchen in Waldboden und Wiesengras, wie ich es am dritten Tag getan hatte – eigentlich hatte ich gedacht, diese Person hätte ich erledigt. Beim Gehen begleiteten mich Gedanken an meine überwältigende Unzulänglichkeit. Ich versuchte, die Gedanken zu entwaffnen, wie Goenka vorgeschlagen hatte.

«Hallo, ungeheure und alles verschlingende Traurigkeit», sagte ich. «Auch wenn mir gerade danach ist, mit dem Kopf voraus gegen diesen riesigen Baum da zu laufen, wirst du vergehen, und in fünf Minuten werde ich mich nicht mal daran erinnern, dass du hier warst, weil nichts von Dauer ist. So, und jetzt bist du dran.»

Das half wohl, aber die negativen Gedankenschleifen blieben und wurden stärker. Im Wäldchen setzte ich mich auf einen knorrigen Baumstumpf und kehrte zum Anfang zurück, wendete den Mutterboden meines Geistes um und um.

Was hatte ich bisher gelernt?

Ich bin ein Kontrollfreak. War ich schon als Kind, als ich keinerlei Kontrolle hatte und in einer Welt leben musste, die mich nicht immer gernhatte.

Ich habe die Angewohnheit wegzulaufen – ob auf Schulhöfen, in Restaurants bei Trennungen oder emotional, wenn Menschen etwas von mir brauchen, was ich glaube nicht geben zu können.

Das waren meine Dämonen. Sie hatten mich und meine Beziehungen mein ganzes Leben verfolgt, und wenn ich sie nicht ein für alle Mal besiegte, würden sie mich auch als Vater weiter heimsuchen, und das konnte ich nicht zulassen.

Was entging mir?

Ich ließ meine Gedanken wandern und sah zu, wo sie hingingen. Die Erinnerungen an die Trennung oder die Gewalt in der Schule kamen jetzt nur noch selten, vielleicht weil ich ihre Auswirkungen besser verstand und sie gleichmütiger betrachten konnte.

Es gab aber noch eine dritte Szene. Das war die Szene, die ich in den letzten acht Tagen am häufigsten gesehen hatte. Die ich am verstörendsten fand. Die ich um jeden Preis zu vermeiden suchte. Dafür gab es einige Gründe:

1. Ich hatte nicht glauben wollen, dass sie wichtig war.
2. Ich hatte nicht gedacht, dass sie ein Dämon war, weil sie sich im Gegensatz zu den anderen beiden nicht wirklich ereignet hatte, soweit ich wusste.
3. Sie war irgendwie abartig.

Aber sie war immer da, in Dauerschleife, wie Willie Nelson. Und das musste doch irgendwas bedeuten, oder?

Ich überlegte, wie Goenka *Dämonen* definiert hatte. Und da erst wurde mir klar, dass er das gar nicht getan hatte – er hatte sie nur als Dinge beschrieben, die unseren Geist beunruhigten, die uns vom Meditieren abhielten, die starke Saṅkhāras des Begehrens oder Abwehrens erzeugten.

Nach der Definition war diese Szene der größte, wütendste, fieseste Dämon von allen.

Und es wurde Zeit, sich ihm zu stellen.

28. KAPITEL

Fffffflappppp.
Ich öffnete die Augen.
Oh Gott, geht wieder zu, Augen! Das will ich nicht sehen!
Ich drückte die Augen wieder zu und drehte den Kopf weg. Ich war in meinem sechsunddreißigjährigen Körper zu Bewusstsein gekommen, in unserer Berliner Wohnung, in dem kleineren hinteren Zimmer, das eines Tages unser Kinderzimmer werden sollte. Als wir uns kennenlernten, war es Evelyns Zimmer gewesen, damals, als sie noch eine Mitbewohnerin hatte.

Evelyn war auf dem Bett und stöhnte laut. Ich wollte mir die Ohren zuhalten und stellte fest, dass mir die Hände hinter dem Rücken gefesselt waren.

«Hilfe!», rief ich, aber auch mein Mund war geknebelt, nur ein leises, dumpfes Geräusch kam heraus. «Hchhlf.»

Ich hatte das Gefühl, ein wütender Riese saß auf mir. Warum fiel mir das Atmen so schwer? Meine Brust wollte sich nicht dehnen. Und anscheinend quetschte jemand von beiden Seiten meinen Schädel zusammen. Ich schaute an mir hinunter. Ich trug einen Bondage-Ganzkörperanzug aus schwarzem Latex, der so eng saß, dass er mir aufgesprüht worden sein musste, und saß auf einem der Holzstühle aus unserer Küche. Von zwei Befestigungspunkten – Metallringen an den Hüften – liefen Ketten nach hinten und unten, die meine Hände und Füße fesselten, sodass ich sie nicht bewegen konnte. Auf meinem Schoß lagen drei ordentlich gefaltete rosa Handtücher, obendrauf eine Flasche Gleitmittel auf Wasserbasis. Anscheinend war ich eine Art Sex-Assistent.

Einen Meter vor mir auf dem Bett pumpte Evelyn in Reiterstellung auf und ab auf dem großzügig proportionierten Penis eines

Mannes, dessen Gesicht ich nicht sehen konnte. Sein Scheitel war sichtbar, da er lang hingestreckt dalag. Er hatte reichlich zerzaustes schwarzes Haar. Die dritte Person war noch nicht richtig involviert – ein blonder Mann, der praktisch die Definition von herkulisch darstellte. Er kniete neben Evelyn und masturbierte wie wild.

So verwirrt war ich seit *Die Schule der lesbischen Vampire* nicht mehr gewesen. Ich spürte den starken Drang, mich zu übergeben, den ich aber unterdrücken musste, da ich mich nicht übergeben konnte und Evelyn neulich gesagt hatte, es wäre kein Kompliment, wenn ich das ihretwegen täte. Ich sagte mir, dass ich zum Zuschauen hier sei, und so schaute ich mit abgewandtem Gesicht aus dem Augenwinkel zu. Es fühlte sich an, als würde ich meine Hand ewig lange über eine Kerzenflamme halten.

Die Männer waren aus Evelyns letzten beiden Partnern zusammengesetzt – sie basierten auf Schnipseln von Beschreibungen, die Evelyn mir gegeben hatte, und wohl auch auf meinen fieberhaften nächtlichen Versuchen, sie online zu stalken. Aber dort hatte meine Fantasie natürlich nicht Halt gemacht. Sie hatte diese Männer mit so viel Steroiden aufgepumpt, dass sie sich in die knackigsten Leckerbissen verwandelt hatten, mit messerscharfen Wangenknochen und saftig bebenden Brustmuskeln.

Das war meine Freundin, verdammt noch mal.

Ich musste diesen Akt beenden, aber wie?

«STOPP!», rief ich, doch sie hatten zu viel Spaß, waren selbst zu laut bei der Sache. Ich fing an zu schreien, aber meine alberne Gesichtsmaske dämpfte jedes Geräusch. Ich sah mich um. Kam ich an irgendwas ran, das ich werfen oder umstoßen konnte?

Ich versuchte, den Stuhl zu bewegen, aber meine Beine waren zu fest zusammengebunden. Ich schaffte nur einen kleinen Hüpfer. Das Gleitmittel? Ich stieß mit den Hüften, und beim dritten Versuch wackelte die Flasche, rollte von meinem Schoß und fiel zu Boden, zusammen mit dem obersten Handtuch. Erwartungsvoll schaute ich hoch, aber inzwischen hatte Evelyn, immer noch von mir abgewandt, die Metallstäbe am Kopfende gepackt und klammerte sich daran fest, während ihre Hüften immer schneller und schneller pumpten und sie gleichzeitig diesen dritten Mann leidenschaftlich küsste, ihre Zungen glitten umeinander wie Aale in der Reuse.

Niemand schien Handtücher zu brauchen.

Evelyns Stöhnen schwoll zu einem lauten, kehligen Schrei, der fast wie eine Parodie wirkte, oder, naja, wie Porno eben, was meist so etwas Ähnliches ist.

Meine Freundin. Diese Frau war meine Frau.

Ich bellte wie ein Hund und wackelte und schüttelte mich, und schließlich schaukelte ich mich in einen Rhythmus, wappnete mich und konnte meinen Stuhl endlich zur Seite kippen. Mit dem lauten Krachen schoss mir ein heftiger Schmerz in Schultern und Hüften, als die Ketten mir ins Fleisch schnitten, und der Schmerz ging längst nicht so schnell vorbei, wie ich mir gewünscht hätte.

Evelyn hörte auf zu stöhnen. Sie drehte sich um. «Meine Güte», sagte sie, «als was gehst du denn?» Sie lachte, zuerst nur leise, dann strömte es laut und ungehemmt. «Guckt euch den an, ihr beiden!»

«Ich werde mich nicht von meiner eigenen Fantasie auslachen lassen», sagte ich, aber heraus kam nur ein langes, dumpfes Grummeln. Ich versuchte es mit einem flehenden Ächzen.

«Hmmm?», machte sie.

«MSMSMFMSMSDMSMDSMDM.»

«Weitermachen?», sagte sie im Scherz und griff nach dem Blonden, nach seinem –

«NEEEIIIIIN!», schrie ich.

Ihre Hand blieb in der Luft hängen. «Dabei war ich so kurz davor.»

«STOOPPP!»

«Okay, okay», sagte sie und stieg aus dem Bett. «Chill mal, Gimp.» Sie wischte sich mit blauen Boxershorts ab, die neben meinem Kopf auf dem Boden lagen. «Zu viel Penis», sagte sie. «Bei einem Dreier. Kein Mensch braucht so viel Penis. Verstehst du?» Sie drehte sich um, suchte nach etwas und entdeckte es am oberen Bettpfosten. Ein Schlüsselbund. Sie schloss ein Vorhängeschloss hinter meinem Rücken auf.

Mit befreiten Händen tastete ich hinter meinem Kopf danach, was mich knebelte. Ich fand einen Reißverschluss. Ich riss ihn auf, zerrte die Maske herunter, die nicht mit dem Anzug verbunden war, spuckte und schnappte nach Luft.

«*Äärgh*. Bääh. Herrgott. Das war Folter.»

«Ach», sagte sie, «ich habe schon Schlimmeres erlebt. Warst du die ganze Zeit da?»

«Wie meinst du das, die ganze Zeit?»

«Vorspiel», sagte sie hüstelnd.

«Diesmal nicht, nein.»

Ihre Wangen röteten sich. «Wahrscheinlich besser so.»

«Machst du Witze?» Ich holte weiter in tiefen Zügen Luft, sie nahm mich am Arm und half mir auf. «Im Ernst jetzt?»

«Siehst du?», sagte sie. «Jetzt weißt du, wie sich das anfühlt.» Ihr Gesicht war erhitzt, ihr Haar glänzte vom Schweiß. Sie stellte den Stuhl wieder hin, ich setzte mich darauf, wedelte mit den Armen, um sie aufzuwecken.

«Ich bin kein Geist», sagte sie und schlenkerte ebenfalls mit den Armen. «Ich kann Sachen anfassen.» Sie drehte sich wieder zum Bett um. «Sachen küssen.»

Ich stürzte mich auf sie, umschlang sie und drückte das Gesicht an ihren Hals. Ihr üblicher tropischer Kokosduft mischte sich mit dem Geruch von Zigaretten und Aftershave. Ihr letzter Freund hatte geraucht, fiel mir plötzlich ein.

«Hallo, du», sagte sie überrascht und machte einen halben Schritt zurück, um nicht umzufallen. «Gut, gut. *Okay*. Ich ziehe mich besser mal an, ja? Und du diesen Anzug aus?»

Sie trug denselben lila BH wie an dem Tag, an dem wir zum ersten Mal Sex nach Terminkalender hatten. Ihre restlichen Kleider waren auf einen Stuhl an der anderen Zimmerwand gestapelt, was zumindest hieß, dass niemand sie ihr von Leidenschaft übermannt vom Leib gerissen hatte. Sie zog sich an – eine enge schwarze Hose und eine schwarze Bluse mit kleinen weißen Schwänen darauf: ein Büro-Outfit. Wenn sie schwanger war, konnte sie diesen Job endlich kündigen.

«Kannst du mir helfen?» Ich streckte den Arm aus, sie hielt das Ärmelende fest und zog.

«So geht das nicht», sagte sie, trat hinter mich und löste mehrere Schnallen und Reißverschlüsse, zog und zerrte, und irgendwie kriegten wir das Ding bis zur Hüfte hinunter. Dann musste ich mich wieder auf den Stuhl setzen, und mit reichlich Rupfen und Zupfen kriegten wir meine Beine heraus. Als ich den Anzug endlich aus hatte, waren wir beide außer Atem.

«Wie können Menschen sowas tragen?», fragte ich. «Ich finde ja, schon Jeans ausziehen tötet sechzig Prozent der Erotik. Und das hier ist zehn Mal schlimmer.»

«Das kann auch nur jemand sagen, der noch nie ein Korsett getragen hat. Und man muss ihn ja auch gar nicht auszuziehen.» Sie öffnete die Reißverschlüsse im Schritt und zeigte einen eingebauten Beutel, der direkten Zugriff ermöglichte.

«Praktisch.»

«Und leicht zu reinigen. Man kann ihn einfach mit dem Schlauch abspritzen.» Sie streckte mir die Zunge raus.

«Würg.»

Sie ging zum Schrank und öffnete die Tür. «Wenn das hier mein Zimmer ist, bevor du eingezogen bist, dann müssten Sachen von dir hier sein.» Sie griff hinein und reichte mir ein schlichtes graues T-Shirt und eine dunkelblaue Hose. «Ist die Tür abgeschlossen?», fragte sie und sah dann selbst nach. Die Klinke klapperte. «Abgeschlossen. Okay, dann muss es genau darum gehen. Diesmal macht es mehr Spaß, weil ich kein Geist bin und wir in einem verschlossenen Raum sitzen. Ist wie ein Escape Room. Darin bin ich gut. Diese Typen hatten mächtig breite Schultern», sagte sie. «Ist das ein Hinweis? Hast du ein Problem mit deinen Schultern?»

«Ich weiß nicht, ob wir uns ausgerechnet auf die Schultern konzentrieren sollten», sagte ich beim Anziehen und ignorierte dabei, dass mein herumirrender Fokus während der Meditationen oft genau darauf gelegen hatte. «Es muss doch um mehr gehen als die Schultern.»

DING

«Ich habe den Eindruck, das hier ist ziemlich offensichtlich», sagte sie. «Du hast Angst, dass du mich sexuell nicht befriedigst und ich dich betrügen könnte.»

Ich bewegte den Gedanken hin und her. «Nein, das fühlt sich nicht richtig an.»

DING

«Hast du denn das Gefühl, dass du nicht gut genug für mich bist?»

«Ich bin nicht gut genug für dich, aber das macht mir nichts aus.»

DING

«Es ist normal, sich von anderen Menschen angezogen zu fühlen», fuhr ich fort. «Ich möchte, dass du alle interessanten Erfahrungen machst, die sich dir bieten. Wir sind für den Spaß hier, nicht für die Ewigkeit.»

Sie zog die Augenbrauen hoch. «Woher stammt denn diese Perle der Weisheit?»

«Hat mein Großvater immer gesagt.»

«Klingt eher wie eine Liedzeile.»

«Vielleicht.»

«Wie lange hat er gelebt?», fragte sie.

«Ist so um die neunzig geworden. Hat also in seinem Fall nicht ganz gestimmt.»

«Du hast noch nie von deinem Großvater erzählt, oder?», fragte sie. «Ich kann mich gar nicht erinnern, von ihm gehört zu haben.»

«Er war ein ganz normaler, durchschnittlicher Irrer. Viel mehr gibt es über ihn eigentlich nicht zu sagen.»

«Ooookay.» Sie trat einen Schritt zurück in Richtung Bett. «Konzentrieren wir uns. Das mit der Schulgewalt und der Trennung haben wir herausgefunden, indem wir uns angeschaut haben, was in deinem Körper vor sich gegangen ist. Was hast du eben gefühlt, als du mich beobachtet hast?»

«Hmm.» Ich versenkte mich und schwenkte einmal durch den Reigen meiner Gefühle. «Ich habe alles Mögliche gleichzeitig gefühlt, und zwar in ganz großem Maßstab – Traurigkeit, Angst, Unglauben, Erleichterung, Resignation, Rechtfertigung, Erregung.»

DING

«Erregung?» Sie runzelte die Stirn. «Wieso wirst du denn erregt? Ich dachte, das hier sei ein Dämon? Ein Albtraum?»

Ich zuckte die Achseln. «Wieso stehen manche Leute auf Luftballons? Oder das Parfüm ihrer Mutter? Oder Sexsklavenanzüge aus Latex?»

Mein Blick wanderte durch das Zimmer, auf der Suche nach dem, was nicht stimmte. Als ich wieder aufs Bett schaute, waren die Männer weg. «Das Bett ist leer», sagte ich und ließ meine Augenbrauen auf und ab hüpfen. Wenn wir uns hier berühren konnten, dann konnten wir doch auch …

«Die haben mich völlig erschöpft», sagte sie. «Und außerdem fehlt es dir beim Sex nicht an Selbstvertrauen.»

«Das dachte ich eigentlich auch. Im Grunde bin ich ziemlich unkompliziert, solange ich alles einigermaßen unter Kontrolle habe.»

DING

Ich setzte mich wieder hin, schloss die Augen, holte tief Luft und begann, von den Zehen aufwärts durch meinen Körper zu gleiten, so wie beim Meditieren. Ich achtete genau auf jede Emotion, um zu sehen, ob ich irgendeine Feinheit übersehen hatte. «Betrogen werden ist es nicht», sagte ich, als ich bis zur Brust gekommen war.

«So habe ich als Kind gar nicht ausgesehen», sagte sie. Ich öffnete die Augen, sie schaute sich Fotos auf einem Regal an. «Die Nase ist total falsch. Das ist deine Nase.»

«Vergiss die Nase», sagte ich. «Es sollte doch die Untreue sein, oder? Das Gefühl von Verrat? Und Eifersucht oder Wut oder sonst ein Verratsgefühl ist es auch nicht. Scheiße.» Ich sprang auf. «Gerade ist mir was eingefallen.» Ich zeigte in Richtung Flur. «An dem Tag, als du mich mit diesem Retreat überrascht hast, da bist du in den Flur gekommen, und da lag meine Sporttasche, gepackt, und ich dachte, du würdest mich rausschmeißen, und ich erinnere mich, dass ich da auch erleichtert war.»

DING

Sie schaute finster. «Wieso bist du erleichtert, wenn ich einen Dreier ohne dich schiebe? Oder dich aus der Wohnung schmeißen will?»

Ich setzte mich aufs Bett und ließ die Hand über die silberne Decke gleiten. Sie war warm. Ich winkte sie zu mir. Sie setzte sich neben mich, unsere Füße standen nebeneinander auf dem Boden und berührten sich fast. Mir fiel eine Party ein, wo wir genauso dagesessen hatten, auf einer fremden Bettkante und dem Tiefpunkt unserer Beziehung. Ich hatte nicht begreifen können, was sie durchmachte, und wie ich jetzt verstand, schmerzte dieses Versagen umso mehr, weil ich es nicht mal versucht hatte.

Sie gab mir die Hand.

«Ich denke, vielleicht, wenn du sowas machen würdest wie diesen Dreier oder wenn du die Regeln unserer Beziehung auf andere Weise krass brechen würdest, dann wäre es vorbei. Richtig?», sagte ich. «Dann würdest du mir keine andere Wahl lassen, als dich zu verlassen. So wie Sarah damals auch dachte.»

Das *Ding* ließ diesmal länger auf sich warten, als müssten tief in meinem Unterbewusstsein erst Zusammenhänge hergestellt werden.

DING

«Und das würde dich erleichtern?» Ihre Stimme wurde lauter.

«Offenbar», sagte ich. «Ja.»

DING

«Und wenn ich dich verlöre, hätte ich wieder Kontrolle über mein Leben. Es gäbe keine Unfruchtbarkeit mehr. Keine traurige Partnerin. Ich müsste nicht mal in Berlin wohnen bleiben.»

«Klar, aber mich hättest du auch nicht mehr», sagte sie, doch ich war schon bei der nächsten Schlussfolgerung.

«Jetzt verstehe ich. Mein Geist, oder jedenfalls ein Teil davon, möchte dich tatsächlich loswerden.»

DING

Ein Lächeln zog über mein Gesicht. «Diese schrecklichen Bilder, die ich bei der Vipassana-Meditation gesehen habe, versuchen, meine Gefühle für dich aktiv zu untergraben. Wollen dich wegstoßen. Ich

habe gar keine Angst, dass du so etwas tun wirst – sondern ein Teil von mir, ganz tief drinnen, *hofft* darauf. *Wow!* Das ist wirklich gestört.»
DING
Sie zog Luft durch die Schneidezähne. «Das ist ja schrecklich.»
«Mein Geist glaubt, er hilft mir.» Ich rieb mir den Schädel. Sie sank in sich zusammen, ich legte ihr den Arm um die Schultern. «Natürlich hilft er mir nicht. Das ist alles ganz falsch. Oh Mann, mein Bewusstsein ist so ein Chaos! Das hätte ich niemals gedacht.»
DING
«Darum ist die Vergangenheit auch so wichtig», sagte sie. «Darum sind die Schulschikanen und die Trennungen, und was hier sonst noch so brodelt, von Bedeutung. Diese Regeln, die du aufgestellt hast – *Wenn du die Kontrolle hast, bist du sicher* und *Je weniger du fühlst, desto weniger können andere dich fühlen lassen* –, die sind dein Drehbuch geworden, und du merkst nicht mal mehr, dass du danach lebst. Wenn dein Geist wirklich versucht, uns auseinanderzubringen, mich loszuwerden, dann müssen wir noch tiefer in dein Unterbewusstes vordringen, um das Drehbuch umzuschreiben.»

«Nach Adamistan», sagte ich, denn ich wusste, was sie dachte. «Es gibt kein Adamistan.»

Sie wartete. Kein *Ding*. Sie wiegte sich neben mir, streckte den Ellbogen aus und stieß mich in die Seite. «Kein *Ding*, du Arsch. Es *gibt* ein Adamistan», sagte sie. «In meinem Kopf ist es auch nicht lustig, das kann ich dir sagen. Darum halte ich mich da auch nicht auf. Du würdest auch nicht den ganzen Tag in deiner Fantasie verbringen, wenn es da nicht richtig spaßig wäre. In Adamistan lebt dein Ego. Wenn wir dich verstehen wollen, wenn wir an dieses Drehbuch rankommen wollen, wenn wir begreifen wollen, wie dein Geist funktioniert und wie wir ihn ändern können, dann müssen wir dahin.»

«Wenn es ein richtiger Ort wäre, was es natürlich nicht ist, wie würden wir dann hinkommen?»

«Genauso, wie wir hierhergekommen sind. Was hast du denn in den letzten Tagen noch so gesehen? Irgendwelche anderen Dämonen? Schleifen? Hinweise? Orte, an die wir springen können?»

«Nein», sagte ich. «Eigentlich nicht.» Wir saßen schweigend nebeneinander, und ich dachte über das Gefängnis nach, in dem ich die letzte Woche verbracht hatte. Gab es noch mehr Gefängniswärter? «Ich habe eine Menge Gesichter gesehen», sagte ich schließlich. «Die ganzen Leute, denen ich im Lauf der Jahre die Freundschaft gekündigt habe. Sie haben mir abwechselnd erzählt, was für ein erstklassiges Arschloch ich bin.»

DING

«Nicht gerade ein feiner Zug von dir», sagte sie, «dieses Freundschaften-Beenden. Gehört auch dazu, aber ich sehe die Verbindung noch nicht. Waren das Erinnerungen oder eher» – sie deutete mit der Hand zum Bett – «sowas wie diese seltsame kleine erotische Freakshow?»

«Fantasien», sagte ich. «Manchmal haben sie zusammengearbeitet. Einmal waren sie in einer riesengroßen Gruppe und haben mich durch ein Flugzeug gejagt, und ich habe mich versteckt, im –»

«Gut», unterbrach sie mich. «Genau da müssen wir hin. Mach die Augen zu und konzentrier dich auf das, woran du dich noch erinnerst aus dieser Fantasie.»

«Das wird nicht klappen», sagte ich, aber ich tat wie geheißen und schloss die Augen, konzentrierte mich auf die Gesichter der Geister meiner Vergangenheit, und in dem Augenblick spürte ich wieder den scharfen Ruck im Bewusstsein. Wir wurden nach hinten gerissen, durch viele Schichten meines Bewusstseins geschleudert und landeten schließlich ausgerechnet in einer Flugzeugtoilette.

29. KAPITEL

Evelyn und ich materialisierten uns in inniger Umarmung auf einem geschlossenen Klodeckel stehend. Ich schluckte und knackte mit dem Kiefer, um den Druck von den Ohren zu nehmen. «Wow», sagte ich. «Das ging ja leicht.»

«Glück gehabt, dass der Deckel zu war.»

«Warum ist mein Glücksort ein Klo?»

«Vielleicht ist das Unterbewusste aller Menschen ein Klo?» Sie zeigte auf ein Logo innen an der Tür und lachte. Ich reckte den Hals, um es auch sehen zu können.

Adamistan Air – wahrscheinlich haben Sie eine Doku darüber gesehen.

Das Logo war ein Schattenriss meines Gesichts. «Wunderbar», sagte ich.

«Mm-hm», sagte sie. «Die Nase haben sie sehr gut getroffen. In voller Pracht.»

«Sollen wir vom Klo steigen?»

«Ja, ich zuerst. Halt mich an der Hand», sagte sie und stieg hinunter.

«Ich hoffe, unser Kind kriegt nicht meine Nase», sagte ich.

«Ich auch.»

«Deine Nase ist doch sehr schön.»

«Ich meinte ja auch deine Nase», sagte sie.

«Ah.» Ich stieg vom Klo. «Klar.»

Sie entriegelte die Toilettentür, und das Deckenlicht ging aus.

«Lass mich zuerst raus», sagte ich. Ich hatte keine Ahnung, was uns da draußen erwarten würde. Sie drückte sich ans Waschbecken, ich schlüpfte an ihr vorbei, drückte vorsichtig gegen die Tür und spähte hinaus in ein, soweit ich das nach den wenigen von hier sichtbaren Köpfen beurteilen konnte, volles Flugzeug. Ein Mann in Uniform kam näher. Ich schloss die Tür und hyperventilierte.

«Was ist da draußen?», fragte sie.

«Ich habe gerade jemanden gesehen, und sagen wir mal, er kam mir sehr bekannt vor.»

Aus den Lautsprechern knisterte ein *Bing*. «Meine Herren, hier spricht Ihr Pilot. Adam Fletcher. Ich weiß, wie sehr Sie Ihren Flug mit *Adamistan Air* genießen.» Er sprach mit meiner Stimme, allerdings in einer tieferen Tonlage, um professioneller zu klingen. «Wir beginnen jetzt mit dem Anflug auf Adamistan, wo das Wetter wie immer gut ist bei perfekten zweiundzwanzig Grad Celsius. Lehnen Sie sich zurück, entspannen und erfreuen Sie sich an meiner Kompetenz, die unermesslich ist. Danken Sie mir.»

BING

«Ganz Adamistan wird einfach nur von dir bevölkert sein», sagte sie. «Stimmt's?»

«Nein, nicht bloß von mir», sagte ich und wartete auf das bestätigende *Ding*.

Kein *Ding*.

«Kein *Ding*», sagte sie. «Ha, du liegst also falsch. Können wir mal hier raus? Es stinkt.»

«Das heißt, hier laufen nur Adams rum?», fragte ich.

Wieder kein *Ding*.

«Gibt es hier keine *Dings*?» Wie ein Idiot wartete ich auf ein *Ding*, das natürlich nicht kam.

«Wieso sollte es keine *Dings* in Adamistan geben?», fragte sie und band sich das Haar mit einem grauen Gummi aus ihrer Hosentasche zum Pferdeschwanz.

«Wenn man die *Dings* nicht fragen kann, wird es schwierig …» Ich erkannte das Problem. «Wir sind auf dem tiefsten Grund meines Unterbewussten. Da gibt es keine tiefere Ebene mehr, die man befragen kann.»

«Kann gut sein», sagte sie. «Und jetzt mach die Tür auf.»

Ich holte tief Luft und drückte die Tür auf. Wir waren im Heck des Flugzeugs. Eines sehr normal aussehenden Flugzeugs. Ich ging den Gang entlang, Evelyn folgte mir, und ich schaute rasch nach rechts und links – jeder einzelne Kopf war entweder kahl oder von dünnen Strähnen brauner Haare in verschiedenen Ausfallstadien bewachsen.

«Evelyn.» Ich drehte mich flüsternd zu mir um.

«Die sind alle du», sagte sie und sah sich hektisch um. «Mein Gott, die sind alle du. Ich hatte recht.»

«Hey», sagte ein Adam, der am Gang saß und jetzt schnell aufstand. «Wie geht's so?»

«Gut», sagte ich, aber er sprach nicht mit mir.

Ich blieb mitten im Flugzeug stehen, als ein Adam Mitte zwanzig, der gerade mit einem Vollbart experimentierte, mit dem er aber nur obdachlos aussah, aufstand und Evelyn auf die Schulter tippte. «Suchen Sie einen Platz? Neben mir ist einer frei. Setzen Sie sich. Erzählen Sie was von sich.»

Mehrere andere machten Sitze frei. Langsam kam es mir vor wie bei der Raubtierfütterung im Zoo.

«Die starren dich an», sagte ich.

«Aber warum?», fragte sie.

«Du bist», ich öffnete rasch die nächste Gepäckablage, «meine Traumfrau.» Hektisch suchte ich zwischen den Taschen und Jacken. «Und das heißt, du bist auch die Traumfrau von all diesen Adams hier.»

Ich fand eine Spucktüte.

«Ich ziehe mir keine Kotztüte über den Kopf», sagte sie.

«Ich steche natürlich Augenlöcher rein», erwiderte ich.

Die Tüte war zu eng. Ich warf sie auf den Boden.

«Hier ist auch ein freier Platz», rief ein Adam zwei Reihen weiter hinten und klopfte auf einen leeren Fensterplatz.

«Zum ersten Mal in Adamistan?», fragte der Adam auf dem Gangplatz direkt neben Evelyn und stand auf.

Ich wühlte weiter in der Ablage herum, schob noch mehr Taschen und Köfferchen beiseite. Hatte ich Grund, vor mir selbst Angst zu haben? Ich wusste schließlich, zu wie wenig ich fähig war. Ich fand einen großen blauen Hoodie mit dem Logo von *Adamistan Air* darauf.

«Zieh das an», sagte ich, und sie tat es und setzte die Kapuze auf, um ihre Haare zu verbergen. Ich nahm die Brille ab und reichte sie ihr. Sie war offenbar nur ein Accessoire, denn ich konnte ohne genauso gut sehen.

«Reicht das?» Ich sah mich um. «Verhindert das einen Aufstand?»

«Scheint so», sagte sie.

Ein Adam in der Reihe vor mir stand auf und ging zur vorderen Toilette. In seiner Reihe war nur der Fenstersitz belegt, also setzte ich mich in die Mitte und zog Evelyn auf den Gangplatz.

«Halt den Kopf unten», sagte ich.

«Niemand ist über vierzig», flüsterte sie. «Ist dir das aufgefallen? Und wo sind die Kinder? Der jüngste Adam ist, hm, sechzehn vielleicht?»

«Das Alter, in dem ich mit der Schule fertig war.»

Ich wandte mich an den Adam auf dem Fensterplatz. Er war Anfang dreißig. Ich erkannte seine glänzende Hose, ein Fehlkauf, und als jemand «geiles Höschen» aus einem Autofenster rief, traute er sich nicht mehr, sie zu tragen, und warf sie schließlich weg. Er hatte sich heimlich in unsere Richtung gebeugt, um unser Gespräch zu belauschen.

«Wieso ist niemand über vierzig?», fragte ich ihn.

Er stemmte sich auf seine Armlehnen und sah sich um. «War mir noch gar nicht aufgefallen.»

«Sie sind alle ungefähr in unserem Alter.»

Er schaute mich grimmig an. «Ich bin nicht in Ihrem Alter.»

«Sie sind vielleicht fünf Jahre jünger als ich.»

«Genau.»

«Geiles Höschen», murmelte ich.

Er schaute an sich hinab. «Danke?», sagte er, doch der Zweifel hatte sich schon wie ein Dieb in der Nacht in seine Stimme geschlichen.

«Wie ist es denn so in Adamistan?», fragte ich ihn.

«Paradiesisch», sagte er, zog sein Notizbuch aus der Sitztasche und schlug die erste leere Seite auf. «Ihr erstes Mal?»

«Irgendwie schon, ja.»

«Machen Sie sich viele Notizen. Könnte ein gutes Buch draus werden. Die klassische Fisch-auf-dem-Trocknen-Geschichte. Oder eher ein Fisch, der ins Wasser zurückkehrt?»

«Das sind bloß Details», sagte ich wegwerfend, und er lachte.

«Wollte ich auch gerade sagen.»

Ein junger Adam kam den Gang entlang und hielt quietschbunte Päckchen hoch. «Brausepulver?», rief er. «Möchte irgendwer Brausepulver?» Er hatte drei Halsbänder und sechs lederne Armbänder um. Diese kurze Phase hatte ich völlig vergessen. Ich war gerade meiner Heimatstadt entronnen, studierte in fünfzig Kilometer Entfernung, die mir wie fünftausend vorkamen, und feierte das, indem ich alle populären Subkulturen auf einmal ausprobierte und ein Skatepunk-Surf-Jogi-Sportidiot-Grunge-Metal-Goth-Hippie wurde.

«Du hattest Akne», sagte Evelyn. «Wusste ich gar nicht.»

«Ist mit siebzehn ungefähr verschwunden. Meinst du, die jungen Adams haben alle irgendwelche Aushilfsjobs, und so um die dreißig werden sie alle Schriftsteller und arbeiten nie wieder richtig?»

«Eine Gesellschaft, die nur aus Autoren besteht?» Nacktes Grauen lag in ihrer Stimme. «Und wer macht da die richtige Arbeit und macht sich dreckig und bückt sich und benutzt Werkzeuge?»

«Ich hasse Bücken», sagte ich.

«Ich auch», sagte ein Adam in der Reihe vor uns, der ebenfalls zugehört hatte.

«Entschuldigung», sagte ich. «Wir führen ein Privatgespräch.» Ich beugte mich ganz nah zu Evelyn und senkte die Stimme. «Wieso müssen wir überhaupt fliegen?», fragte ich. «Wieso sind wir nicht einfach dort aufgetaucht?»

Sie schnallte sich an, auch wenn wir noch nicht einmal das Gefühl gehabt hatten, das Flugzeug würde sich bewegen. «Du bist Reiseschriftsteller», sagte sie. «Flugzeuge sind ganz wichtig für dich, richtig? Dein Geist weiß, dass alle tollen Reisen mit einem Flug beginnen.»

Ich biss mir auf die Unterlippe. «Stimmt wohl.»

«Hast du mal aus dem Fenster geguckt?», fragte sie.

«Nichts ändert sich. Es ist immer der gleiche Fleck wolkenlos blauen Himmels. Wie ein Plakat.»

«Vielleicht ist das hier Adamistan?», überlegte sie. «Vielleicht ist es einfach bloß dieses Flugzeug, das nie irgendwo ankommt?»

«Ooooh», sagte ich. «Das gefällt mir. Aber für mein Vorstellungsvermögen ist das ein bisschen zu clever.»

«Richtig», sagte sie. «Diese *Dings* sind auch nicht gerade subtil.»

Eine Art Grenzpolizisten-Adam mit einer pompösen Mütze, die ihm vier Nummern zu groß war, kam den Gang entlang. Die Mütze wackelte beim Laufen. Er blieb an jeder Sitzreihe stehen und überprüfte die Passagiere. Neben Evelyn hielt er besonders lange an, und sein Kopf neigte sich immer weiter zur Seite. «Name», bellte er.

«Ev-Adam», sagte sie mit verstellter, tiefer Stimme.

«Geburtsdatum?»

Sie nannte es, ohne zu zögern.

«Name der Mittelschule?», fragte er.

Auch den nannte sie.

«Danken Sie mir», sagte er und ging weiter.

«Ich glaube, das Flugzeug ist nicht echt», sagte ich. «Ist eher so eine Art Warteraum. Sie überprüfen, dass wirklich nur Adams reinkommen, und vielleicht auch nur bestimmte Adams?»

Jemand tippte mir auf die Schulter: ein Adam aus der Reihe hinter mir, der einen Notizblock in der Hand hatte. «Habe grad zufällig gehört, dass ihr zwei Adams neu hier seid? Was sind eure ersten Eindrücke? Mich interessiert alles. Je witziger, desto besser natürlich.»

«Jetzt nicht», sagte ich. «Das ist ein privates Gespräch.»

«Na klar. Klar», sagte er und klang dabei, als hätte er die Unterhaltung von sich aus rasch beendet.

«Von wo reisen Sie an?», fragte ich den Adam neben mir.

«So ein Städtchen namens Berlin», sagte er. «Schon mal da gewesen?»

Ich gluckste fröhlich. «Ein oder zwei Mal. Ist der Flughafen ganz in der Nähe von Adamistan?»

«Es gibt keinen Flughafen.»

BING

«Herrschaften, Sie haben sicher schon bemerkt, dass wir inzwischen eine perfekte Landung hingelegt haben. Es war ein Vergnügen, mich heute an Bord gehabt zu haben, bitte schauen Sie beim Aussteigen im Cockpit vorbei und sagen mir, wie großartig ich Sie heute geflogen habe. Danken Sie mir.»

«Bisschen sehr liebesbedürftig», scherzte Evelyn. «Hast du den Landeanflug bemerkt?»

«Nein», antwortete ich. «Ich glaube nicht, dass wir auch nur eine Kurve geflogen sind.»

BING

«Adams», sagte ein junger Steward-Adam an der Tür, den Hörer der Sprechanlage am Ohr, «es war Ihnen ein Vergnügen, heute von mir bedient zu werden, und Sie hoffen, mich bald wiederzusehen. Bitte bleiben Sie sitzen, bis der Pilot den Leuchthinweis *Tun Sie so, als hätten Sie den Gurt angelegt, obwohl Sie ihn als sinnlose Geste des Eigensinns in Wirklichkeit bloß über den Schoß gelegt haben* ausgeschaltet hat. Danken Sie mir.»

Ich sah hinunter auf den Gurt: Ich hatte so getan, als hätte ich ihn angelegt, obwohl ich ihn als sinnlose Geste des Eigensinns in Wirklichkeit bloß über den Schoß gelegt hatte.

«Endlich», sagte der Adam am Fenster und bewegte den Gurt, den anzulegen er bloß vorgetäuscht hatte.

Alle standen auf und öffneten die Gepäckfächer – ein Massengerangel entstand, als die Adams zankten, schubsten und diskutierten, um aneinander vorbei zu kommen.

«Keiner von denen kann sich anständig anstellen», sagte Evelyn. «Genau wie du.»

«Kann ich mich mal eben hier vorbeizwängen, Sportsfreund?», sagte Fensterplatz-Adam, der sich wie ein Baum im Wind neigte, um nicht an die Luftdüsen über ihm zu stoßen. «Ich habe noch einen kurzen Anschlussflug, und den würde ich ungern verpassen. Da warten Leute auf *mich*.»

Die seltsame Betonung des letzten Wortes, so als würde ihn das Aussprechen schmerzen, ließ mich vermuten, dass er log.

«Ach, leben Sie gar nicht in Adamistan?», fragte ich.

Er trat von einem Bein aufs andere, so gut es eben ging in der Enge. «Ach so, naja, normalerweise schon. Aber heute bin ich bloß auf der Durchreise. Könnten Sie also mal ein bisschen zur Seite treten, damit ich vorbeikann, mein Lieber?»

«Nein», antwortete ich, denn ich wollte Evelyn aus dem Flugzeug schaffen, ehe irgendjemand bemerkte, dass sie eine Sie war und kein Ich.

Die ersten Adams gingen schon von Bord. Wir traten in den Gang. Ich kam mir vor wie ein Gladiatorenneuling, der zum ersten Mal das Kolosseum betreten will. Als wir aus der Flugzeugtür traten, senkte ich den Kopf. Jetzt sah ich, dass die Maschine weder Flügel noch Fahrwerk hatte. Sie stand, wie es aussah, direkt neben einer reich verzierten Stadtmauer. Von der Höhe des Eingangs konnten wir über die Mauer hinweg in eine Wüste schauen. In der Ferne erkannte man eine kleine Zeltstadt.

Ich zeigte darauf. «Was ist das denn?», fragte ich den Adam hinter mir.

«Da leben die Entfreundeten», sagte er. «Halten Sie sich bloß fern davon. Die greifen uns an.»

«Da steht eine riesige goldene Statue von dir», sagte Evelyn und zeigte in die entgegengesetzte Richtung, in die Stadt – ein geschäftiges Durcheinander belebter Straßen und bunt gemischter Architekturstile. Mein Denkmal war eindeutig der Freiheitsstatue nachempfunden. Ich musste gar nicht näher herangehen, um zu wissen, dass ich eines meiner eigenen Bücher unter dem Arm hielt.

«Und ein mächtiger leuchtender Maya-Tempel», sagte ich.

«Und ein Riesenrad.»
Ich rieb mir vorfreudig die Hände. «Das wird so toll hier.»
«Hmmm.»

30. KAPITEL

Wir stiegen hinunter auf eine Straße mit dem fantasievollen Namen Fletcher Boulevard.

Ich konnte das Sammelsurium von Gebäuden sofort zuordnen – die Kathedrale aus Norwich, Reihenhäuser aus meiner Studentenzeit in Nottingham, ein geschäftiger Markt aus Bangkok und ein buddhistischer Tempel aus Chiang Mai.

Wo ich auch hinsah, entdeckte ich Adams, Dutzende Adams – sie gingen oder liefen, fuhren E-Roller oder Fahrrad, aßen Eis aus faustgroßen Waffeln. In allen Ecken steckten Adams, und wenn sie sich nicht bewegten, dann tippten sie auf ihren Laptops oder kritzelten in ihre Notizbücher, ihre Mienen waren äußerst konzentriert, während sie über ihren nächsten großartigen Satz grübelten.

Wir kamen an einem Buchladen namens Fletcherstones vorbei. Im Schaufenster standen alle meine Bücher. «Sich dir das an», sagte ich. Der Laden war offen, aber niemand war drinnen. «Können wir reingehen?»

«Nein», sagte sie. «Du bist schon erregt genug.»

Irgendwie ging Evelyn als ein Adam durch. Ich vermutete, dass es wie bei den Farben war: Wir sehen weniger mit den Augen, mehr mit dem dahinter. Und in einer Welt voller Adams gab es keinen Grund, irgendwen genauer anzuschauen.

Wir liefen in Richtung Platz, schlenderten eine breite, autofreie Straße entlang. Die einzigen Geschäfte waren Buchläden, indische Restaurants und Süßwarengeschäfte. Wir kamen an einem Fußballplatz vorbei, doch niemand betrieb Mannschaftssport. Ein paar Jogger drehten allein ihre Runden, mit riesigen DJ-Kopfhörern. Alle zwanzig Meter fand sich ein Wasserspender. Ich hielt an, um aus einem zu trinken.

«‹Hoher Wasserbedarf›», zitierte Evelyn mich spöttisch. Ich verließ das Haus nie ohne Wasser, nicht einmal im Winter.

Der Platz sah aus wie der an der Straße, in der wir in Berlin wohnten, nur dass ein paar große Werbetafeln ein bisschen Piccadilly Circus für Arme nachahmten.

«Carry on and you'll keep calm», blinkte auf einem der riesigen Bildschirme.

«Müsste das nicht andersrum heißen? Ist das britische Motto nicht ‹Keep calm and carry on›? Ruhig bleiben und weitermachen?», fragte Evelyn.

«Nein», sagte ich. «So herum klingt es für mich viel sinnvoller.»

Wir setzten uns auf eine Bank und beobachteten Adams. Evelyn grinste amüsiert und distanziert, während ich mich fühlte, als stünde ich zur Pausenunterhaltung nackt inmitten eines vollen Fußballstadiums.

«Evelynistan ist ganz anders», sagte sie. «Eher so ein klassischer Dantescher Höllentrip.»

«Du bist immer viel zu streng mit dir.» Ich nickte.

«Der einfachste Weg, ehrlich zu bleiben.»

«Glaubst du, dass ich ehrlich bin?»

Sie schüttelte mit Nachdruck den Kopf. «Darum geht es doch hier. Darum sind wir doch hier. Dein Selbstbewusstsein», sagte sie. «Was glaubst du, wo das herkommt?»

Ein Brausepulververkäufer kam vorbei, er schob einen «guten alten» Holzkarren.

«Ich weiß, es gab Phasen in meinem Leben, da haben die Leute nicht viel von mir gehalten.» Ich versuchte mir wieder eine Theorie zu basteln. «Wenn sowas passiert, hat man zwei Möglichkeiten, richtig? Man kann beschließen, dass sie recht haben oder dass sie vollkommen falsch liegen.»

«Klingt plausibel», sagte sie, legte mir die Hand auf den Oberschenkel und drückte ihn aufmunternd.

«Was sollen wir jetzt tun?», fragte ich.

«Was wir auf Reisen immer tun. Rumhängen, mit Leuten quatschen und dann stark verallgemeinernde, schlecht recherchierte Schlussfolgerungen ziehen.»

«Okay», sagte ich. Ein Adam kam auf uns zu, das Notizbuch gezückt.

«Ich habe gehört, ihr beiden Adams seid neu?», fragte Adam. «Habt ihr irgendwelche zitierfähigen Sätze für mich? Ich schreibe ein Buch. Wird ganz großartig. Ein Klassiker.»

«Worum geht es denn?»

«Um alles. Sämtliche Sachen.» Er nickte stolz. «Die ganze verdammte Menschensoße.»

«Es geht um dich, oder?», witzelte Evelyn.

Seine Wangen wurden rot. «Es hat ganz universelle Themen.»

Zwei Adams kamen die Straße entlang geschlendert – genauso sorglos, wie ich bis vor ungefähr einem Jahr überallhin geschlendert war. «Aber für mich kannst du doch eine Ausnahme machen, oder?», sagte der erste.

«Darüber habe ich eine Doku gesehen», antwortete der zweite.

«Daraus lässt sich ein gutes Buch machen.»

«Hast du Schokolade?»

Ein weiterer Adam hielt sie an. «Habt ihr ein paar gute Anekdoten?», fragte er. «Ich könnte Material gebrauchen.»

«Ich glaube, darüber habe ich eine Doku gesehen.»

«Hat jemand Schokolade?»

«Wird es nicht langweilig, wenn hier alle du sind?», fragte ich den Adam, der neben uns auf der Bank saß und den Finger in ein Päckchen Brausepulver steckte.

Er runzelte die Stirn. «Was meinst du damit, wenn alle ich sind?»

Ich wedelte mit den Armen. «Alle hier sind ich. Du. *Wir.*»

Er sah sich um. «Diese Deppen sind kein bisschen wie ich.»

«Ihr seid alle mehr oder weniger identisch, bloß in verschiedenen Altersklassen. Aber manche auch nicht.»

«Auf keinen Fall», sagte er und warf sich in die Brust. «Ich bin zu Höherem bestimmt.»

«Kannst du uns helfen –», hob ich an.

Sein Lächeln erlosch sofort. Es sah aus, als hätte ihm jemand Essen serviert, gegen das er eine tödliche Allergie hatte. «Hat mich gefreut, Zeit mit euch zu verbringen.» Er sprang auf und rannte in den Buchladen.

«Ich wollte ihn bloß fragen, ob er uns zu dem führen kann, der hier das Sagen hat.» Ich rieb mir den Schädel, denn ich hatte Gefühle. Intensive Gefühle. Ich schaute zum langsam rotierenden Riesenrad. «Singapur», sagte ich. «Ich wusste doch, dass mir der Ort bekannt vorkommt.»

«Ich war noch nie in Singapur», sagte Evelyn.

«Ein echtes Höllenloch.»

«Und dann sieht es so aus?» Sie klang ungläubig. «Ein makellos sauberes Höllenloch.»

«So erinnert sich mein Bewusstsein an Singapur. Aber Singapur ist auch makellos sauber. Das ist mit ein Grund, warum es ein Höllenloch ist.»

«Ich habe dich nie über Singapur reden hören», sagte sie, wieder empört, dass ich ihr eine meiner Ansichten vorenthalten hatte.

«Eines der Länder, die ich am wenigsten mag auf der Welt.»

«Und warum lässt du Adamistan dann wie Singapur aussehen?», fragte sie. «Und was ist so schlimm an Singapur?»

Ich knackte mit dem Kiefer. «Das ist ein Land wie die *Truman Show*, nur dass es Truman verboten ist, irgendwas Interessantes zu tun. Ich habe da mal ein Schild gesehen: Man bekäme eine Strafe von tausend Dollar, wenn man mit dem Skateboard durch eine Unterführung rollte. Und so ist die ganze Stadt. Unter der glänzend glatten Oberfläche verbirgt sich ein total seltsames, autoritäres, dystopisches Steuerparadies. Wäre Golf ein Staat, dann Singapur. Ich fasse es nicht, dass mein Unterbewusstes Singapur ist. Das kommt davon, wenn man zu viel Kontrolle will. Diese Stadt ist schrecklich. Man sieht es nur nicht gleich.» Ich seufzte. «Narzissmus liegt bei mir in der Familie. Meine Onkel sind beide Narzissten. Mein verrückter Großvater war auch einer. Liegt doch auf der Hand, dass der sichere Ort für einen Narzissten von lauter Versionen seiner selbst bevölkert ist, oder?»

«Ja», sagte sie. «Das ist logisch.»

Ich wedelte mit den Armen. «Das ist so traurig. Das ist alles so traurig.» Ich lauschte auf Freudengeräusche von den Adams, doch ich hörte keine. Überhaupt wurde nirgendwo viel geredet. Gelegentlich überlappten sich Monologe, aber das war es auch.

Ich unterdrückte ein Schluchzen, und alle Adams in der Nähe erstarrten.

«Er dreht durch!», rief jemand. «Hilfe!»

Adams rannten herbei. Evelyn schien nicht sicher, ob sie mich vor all den Adams verteidigen sollte, die uns inzwischen umkreisten.

«Raus, raus, raus», schrien sie und zeigten in Richtung Flugzeug.

«Hau ab.»

«Verschwinde.»

Einige packten mich, zerrten mich hoch und versuchten, mich vom Platz zu schieben. Nennt man es auch Gruppenzwang, wenn die Gruppe aus einem selbst besteht? Der Zwang war jedenfalls deutlich zu spüren.

Ich richtete mich auf. Schluckte die Gefühle hinunter. Entschuldigte mich. Dankte ihnen allen für ihre freundliche Zuwendung. Sie schubsten mich weiter herum. Drei Polizei-Adams kamen auf weißen Motorrollern angefahren – der gleiche Roller, den ich selbst besaß.

«Er hat einen akuten Anfall von Gefühlsüberschuss», rief ein Adam, aber ganz ruhig. «Verhaften Sie ihn.»

«Daraus lässt sich ein gutes Buch machen», sagte ein anderer und machte sich Notizen.

In dem ganzen Gedränge war Evelyns Kapuze heruntergerutscht.

«Sie ist kein Adam!»

«Zurück mit euch!», rief ich der Menge zu.

«Lauf los», sagte sie.

Wir hörten Reifen quietschen, drehten uns um und kämpften uns durch die Adams.

«Hierher», rief eine Stimme aus einem Fahrzeug auf der anderen Seite des Platzes, direkt hinter dem Eisengeländer – es war ein Tuk-Tuk. Wir rannten darauf zu. Der Adam-Mob jagte uns nach, wie auch die Adam-Polizisten. Evelyn und ich setzten über das Geländer, und der Tuk-Tuk-Fahrer ließ den Motor aufjaulen. Als Evelyn hineinsprang, drehten die Reifen quietschend durch, ich rannte hinterher, hechtete nach den Stangen an der Seite und stürzte mich hinein. Ich fiel in den Fußraum, als das Tuk-Tuk um die Platzecke schleuderte und den Fletcher Boulevard hinunter raste. Adams kegelten nach links und rechts, Evelyn hielt mich fest, damit ich nicht rausfiel.

«Scheiße, was war das denn?», fragte ich.

«Ihr habt den öffentlichen Frieden gestört», sagte unser Retter, ein Adam in der gleichen braunen Uniform, die Evelyn und ich bei unserem Tuk-Tuk-Rennen quer durch Indien getragen hatten. Wir saßen in Winnie, unserem geliebten Tuk-Tuk. Ich streichelte die gute alte Kiste kurz. Sie war ein wichtiger Teil unserer Liebesgeschichte.

«Frieden wird überbewertet», sagte ich.

«Erzähl das bloß nicht diesen Spießern», rief Tuk-Tuk-Adam uns zu und deutete mit lockerem Daumen über die Schulter. Tuk-Tuks haben winzige, schwache, laut jaulende Motoren. Der Wind peitschte herein, als er Gas gab. Hinter uns heulten Sirenen. Evelyn setzte ihre Kapuze wieder auf. «Keine Sorge», sagte er. «Ich weiß einen Ort, wo wir uns verstecken können.»

«Warum hilfst du uns?», rief ich, als wir um einen Kreisel schlidderten.

«Tolles Material», sagte er. «Ich schreibe ein Buch.»

«Ach so», sagte ich. «Und ich dachte, weil es anständig ist.»

«Klar», rief er. «Das auch.»

Wir sausten durch die belebten Straßen, wo Adams Pläne machten, wie ihr Genie erkannt werden könnte von den wankelmütigen Menschen aus der kontrollierten Halluzination, die wir Wirklichkeit nennen. Wir näherten uns dem Maya-Tempel. Der war viel größer, als ich gedacht hatte, und ragte so hoch auf, dass er die Sonne verdunkelte. Er sah aus wie ein Bauwerk aus einem Indiana-Jones-Film.

«Hat hier irgendwer das Sagen?», rief ich Tuk-Tuk-Adam zu. Wir waren zwar gerade erst angekommen, aber ich wollte schon wieder raus. «Gibt es so eine Art Chef? Oder, keine Ahnung, ein Kontrollzentrum oder so?»

«Ja», sagte er. «Und genau da fahren wir hin.»

31. KAPITEL

Das Tuk-Tuk kam direkt vor dem Tempel, der dicht von Ranken und anderen Pflanzen überwachsen war, schlitternd zum Stehen. Adam schaute in den Rückspiegel und zeigte beim Lächeln dieselben schiefen Zähne, die auch ich im Mund hatte. «Habe ich super gemacht, oder?»

«Ja, hast du», sagte Evelyn.

«Habe euch wirklich aus der Patsche geholfen.»

«Ja», sagte ich. «Danke.»

«Nicht der Rede wert. Es sei denn, ihr wollt gern drüber reden.»

«Kommen sie?» Ich sah mich um.

«Klar.» Er zeigte auf die Pyramide. «Ihr müsst da rauf, und zwar schnell.»

Evelyn und ich stiegen aus dem Tuk-Tuk. «Werden sie uns folgen?», fragte ich.

«Da geht niemand rauf», antwortete er.

Die Kabel, die von allen Seiten zur Pyramide führten, glommen ebenso dunkelrot wie die Pyramide selbst. So als würde Energie hindurchpulsieren. «Das ist ein Kraftwerk, oder?», fragte ich ihn.

«Sowas Ähnliches, ja», sagte er, legte bei seinem Tuk-Tuk wieder den Gang ein und fuhr davon. «Dankt mir!», rief er.

Sirenen.

Wir rannten zur ersten Stufe.

«Irgendwie habe ich gehofft, in meinem Unterbewusstsein würde es keine Treppen mehr geben», sagte ich beim Aufsteigen. Die Stufen führten fast senkrecht nach oben und waren von stachligen Ranken und üppiger, klebriger Vegetation überwuchert. Der Tempel schien eine eigene Klimazone zu bilden. Wir erklommen buchstäblich jede einzelne Stufe auf Händen und Füßen. Die Schwüle war erstickend.

Dreißig Minuten später krabbelten wir heftig keuchend die letzte

Stufe empor und ließen uns erschöpft auf den Rücken fallen. «Nie ... wieder.» Ich hustete röchelnd in die Faust. Hier oben war die Luft spürbar dünner. Die verschiedenen Adams weit unten waren bloß kahle kleine Stecknadelköpfchen, die in ihrem sauber geordneten Größenwahn herumhuschten. Von der Polizei, die uns wegen Störung der öffentlichen Ordnung verfolgt hatte, war nichts mehr zu sehen. Über uns kreiste ein Adler. Ich traute mich nicht, ihn genauer anzuschauen, weil er womöglich mein Gesicht trug.

Hinter uns stand ein einstöckiges Gebäude mit einem eckigen Eingang ohne Tür. Darüber stand in der Kinderhandschrift, die auch schon mein Fach in der Mittelschule geziert hatte, «Die Große Weisheitsbibliothek von Adamistan» – die t-Striche fehlten.

«Oh Gott», sagte Evelyn.

«Genau.»

Drinnen sank die Temperatur erheblich. Ich hauchte mir die Hände warm, als wir durch einen schmalen Gang in einen nüchternen Raum mit kahlen Wänden und hellen Neonröhren schritten. Fünfzehn Meter vor uns standen vier zerbeulte, abgestoßene Aktenschränke aus Metall. Sie sahen aus, als wären sie aus einem Flugzeug gefallen – waren sie vielleicht auch. Jeder Schrank hatte etwa fünfzehn Schubladen, auf jeder klebte ein beschrifteter Streifen silbernes Gaffer-Tape. Wieder meine Kinderschrift, mit einem schwarzen Stift. Rechts von den Schränken saß ein junger Adam auf einem Camping-Klappstuhl, den Kopf gegen den nächsten Büroschrank gelehnt, und schlief. Er trug meine Mittelschul-Uniform. Der Kragen des Polohemds war abgerissen, die Hose hatte ein Loch am Knie.

Wir traten näher, und unsere Schritte auf dem Betonboden weckten ihn. Er sprang geschockt auf und rieb sich die Augen. Ihm fehlte die Brille. «Wer kommt da?», sagte er mit verstellter, tiefer Stimme, die fünfzig Jahre zu alt für seinen elfjährigen Körper wirkte und von der Decke widerhallte.

«Ähm ... ich bin's?», antwortete ich und drehte mich dann zu Evelyn um, die beim Aufstieg Kapuze und Brille abgenommen hatte. «Beziehungsweise wir.»

«Ein Adam», sagte er enttäuscht. «Du dringst unbefugt ein.»

«*Der* Adam», korrigierte ich.

«Das würde jeder anständige Adam von sich behaupten», sagte er widerborstig. «Aber dich», hier grinste er Evelyn anzüglich an, «dich kenne ich gut.» Er leckte sich die Lippen.

«Woher willst du –»

«Wunderbar, dich endlich hier zu haben, süße Evelyn.»

Sie sah sich um. «Ääh ... aber was genau ist das hier eigentlich?»

«Dies ist», sagte er mit einer ausladenden Geste seiner kleinen, haarlosen Hand, «die Große Weisheitsbibliothek von Adamistan.»

«Ich glaube, die von Alexandria war größer», sagte sie naserümpfend. «Ich meine ja nur. Nichts für ungut.»

Er warf sich in die Brust. «Sie ist klein, aber ihr seht doch sicher, dass sie perfekt gestaltet ist.» Er zog eine Schublade des vierten Schranks heraus, neben dem er stand. «In jeder Schublade eine große Weisheit. Die versammelten Weisheiten der Adams. Bitte nichts berühren.»

«Ach, und du bist so etwas wie der Bibliothekar?», fragte ich.

«Nicht korrekt», rief er laut, als befürchtete er, die auf den billigen Plätzen könnten ihn nicht hören. «Ich bin der Hüter der Großen Weisheitsbibliothek von Adamistan.»

«Mein Geist wird von einem gemobbten Elfjährigen gelenkt?», flüsterte ich Evelyn zu. «Das erklärt allerdings einiges.»

«Ich habe mir so gewünscht, dich kennenzulernen», sagte er zu Evelyn. «Du kommst in so vielen der aktuellsten Weisheiten vor.»

«Was ist das denn für eine Weisheit?» Sie zeigte auf die offene Schublade.

Er schaute darauf. «Eine unbedeutende», sagte er und schob die Lade wieder zu. «Es gibt hier viele ganz hervorragende. Augenblick nur ...» Er suchte hektisch auf und ab.

Sie trat an den Schrank, um das Etikett auf der eben geschlossenen Schublade zu lesen. *«Wir sind für den Spaß hier, nicht für die Ewigkeit»*, las sie. «Kann ich die mal sehen?»

«Das ist bloß eine der kleineren Weisheiten», sagte er. «Ich würde euch gern etwas Tiefsinnigeres zeigen. Vielleicht eine der vielen von dir gelernten Weisheiten?»

Wir traten noch näher an ihn heran, bedrängten ihn fast. Widerwillig öffnete er die Schublade wieder. Er war nur knapp groß genug, um das Innere zu erkennen, das mit dunkelrotem Samt gepolstert war. Auf einem erhöhten Purpurkissen ruhte eine Blase, in deren Innerem sich eine Erinnerung abspielte. Ich erkannte die Blase aus der langen, gewundenen Schlange bei meinen Meditationen.

«Das ist ein Vorgedanke», sagte ich.

Er schnalzte tadelnd mit der Zunge. «Nein. Eine Weisheit. Eher ein Nachgedanke als ein Vorgedanke.»

«Man kann sie betrachten», sagte ich zu Evelyn. «Darin werden Szenen abgespielt. Ich kenne sie vom Meditieren.»

Sie reckte den Hals, um etwas zu sehen. «In dieser hier ist ein glatzköpfiger Mann, und der –»

«Das ist mein Großvater», sagte ich. «Er jagt im Garten Tauben.»

«Warum?»

«Er will Taubenpastete machen.»

«Jetzt ist er zur Tür gerannt», erzählte sie, als würde ich nicht selbst zuschauen. «Da ist jemand an der Haustür. Wo bist du denn in dieser Erinnerung?»

«Da, im Wohnzimmer.»

«Wieso zieht er denn jetzt sein Hemd hoch?»

«Er zeigt dem Mann, wie er vier Mal in der Mitte durchgeschnitten wurde.»

«An der Haustür?»

Bibliotheks-Adam wirkte genauso peinlich berührt von dieser Erinnerung und wandte sich ab, hakte die Daumen in die Gürtelschlaufen.

«Kennt er den Mann?», fragte sie. «Was macht er denn jetzt?»

«Er erzählt ihm, dass man ihm mit dreißig nur noch eine Woche gegeben hat. Und jetzt fordert er ihn zum Armdrücken heraus.»

«Er hat zwei Mützen auf, richtig?»

«Ja», sagte ich, konnte aber auch nicht mehr hinschauen.

Bibliotheks-Adam schob rasch die Lade zu und fuhr mit der Hand die Schrankfront hinunter. *«Wenn's beim ersten Mal nicht klappt, finde nachträglich Gründe»*, sagte er und klatschte in die Hände. «Die war wirklich gut, Evelyn.»

«Das habe ich gesagt?», fragte sie mich. «Kann mich gar nicht erinnern. Kann ich es sehen?»

Er zog die entsprechend etikettierte Schublade auf.

«Das sind wir in der Klinik», sagte sie. «Ich hatte ganz vergessen, dass ich das gesagt habe, um deinen Satz zu beenden. Das war so ein heftiger Tag. So viele Formulare und Fragen. Aber wieso ist das denn hier? Das war doch bloß so ein hingeworfener Spruch.»

«Mir gefiel er», sagte ich. «Und es stimmt doch auch, oder? In Gedanken habe ich es jedenfalls so interpretiert: ‹Hab keine Angst, Risiken einzugehen, denn dein Geist wird nachträglich sowieso Gründe für das Scheitern finden.› Ich bin allerdings nicht sicher, ob das auch bei Unfruchtbarkeit funktioniert hätte. Das wäre vielleicht ein bisschen groß für uns beide gewesen.»

«Okay», sagte sie. «Ich weiß gar nicht, ob ich es so gemeint habe, aber steht es mir zu, Fehler in deinen Glaubenssätzen zu finden?»

«In den Weisheiten der Adams wirst du keinen Fehler finden», sagte Bibliotheks-Adam äußerst großspurig.

«Wie lange bist du denn hier oben schon im Dienst, Junge?», fragte ich.

«Ich bin kein Junge. Ich bin der weiseste Adam von allen. Niemand hat unsere Schriften so gründlich studiert wie ich.»

«Hm. Aha. Na gut. Diese Kabel», sagte ich. «Unten auf der Straße führten so dicke, rotglühende Stromkabel in den Tempel hinein. Sind die mit diesen Schränken verbunden? Wird ganz Adamistan hiervon angetrieben?»

Er trat von einem Bein aufs andere. «Nicht direkt, nein.»

«Was dann?», fragte ich.

«Das ist geheim.»

«Vor mir selbst? Du willst mir mein eigenes Wissen vorenthalten?»

«Also …» Er kaute an der Unterlippe.

«Ich würde das wirklich gern wissen», sagte Evelyn. «Wenn es dir nichts ausmacht?»

Das half. «Folgt mir», sagte er schließlich. «Aber NICHTS ANFASSEN!»

Er führte uns hinter die Aktenschränke, wo in Hüfthöhe eine Glasvitrine ebenfalls rot leuchtete. Darin lag ein halber Wurm.

«Trotz», sagte er, «ist offenbar die mächtigste Energiequelle des Universums.»

Ich schnappte nach Luft. «Unfassbar. Das alles da unten ist aus dem hier entstanden?»

«Ja», antwortete er. «Evelyn, hättest du gern eine Privatführung durch die Weisheiten?»

Sie trat einen Schritt zurück. «Ähm, ich habe gerade ziemlich viel zu tun. Ich denke, wir werden bloß ein paar Sachen in Erfahrung bringen und dann so schnell wie möglich verschwinden aus» – sie kicherte nervös – «dem reizenden Adamistan.»

«Wie lange bist du denn schon hier oben?», fragte ich ihn erneut.

«Bisschen schwer zu sagen. Die Zeit vergeht hier ganz eigenartig.»

«Zeitdehnung kann echt fies sein.»

«Jedenfalls», sagte er mit vorgerecktem Kinn, «gefällt es mir gut hier. Niemand belästigt mich.»

«Was ist das denn für eine Maschine dahinten?», fragte Evelyn und zeigte auf die Wand mit der Tür, durch die wir hereingekommen waren. «Sieht aus, als wäre sie auch durch ein Stromkabel mit den Schränken verbunden.»

Die Vorderseite der Maschine war so eine Art Seismograf, eine Nadel zuckte auf und ab. Lichter rotierten und blinkten, vorne wurden lange Papierstreifen ausgespuckt. Im Jahr 1950 könnte sich jemand einen Computer des Jahres 2000 so vorgestellt haben. Gelegentlich stoppte die Maschine, als hätte sie eine komplexe Berechnung beendet, und sprang dann surrend wieder an.

«Das ist der Dinger», sagte er. «Der macht die *Dings*.»

«Ah.» Evelyn lachte. «Die *Dings* kennen wir.»

«Die Weisheiten regeln die *Dings*», sagte ich und kratzte mich am

Kinn. «Irgendwie logisch, oder? Früher dachte ich, die *Dings* zeigten die Wahrheit an. Sie seien sozusagen unparteiisch. Aber wenn sie bloß auf Glauben beruhen, dann sind sie wohl auch nicht zutreffender als alles andere.» Ich wandte mich an Bibliotheks-Adam. «Kannst du mal *Wenn ich die Kontrolle habe, bin ich in Sicherheit* aufmachen?»

Er verschränkte die Arme. «Die ist gerade geschlossen.»

«Warum?»

«Wartung?»

«Ach komm, Junge.»

«Ich bin kein Junge.»

«Du magst diese Erinnerung nicht, was?»

Er senkte das Kinn. «Die mag kein Adam.»

«Mach sie auf.»

Evelyn berührte ihn sacht am Ellbogen. Er zuckte erschrocken zusammen, und diese Schrecksekunde nutzte sie, um ihn sanft beiseite zu schieben. Wir gingen wieder zur Vorderseite der Aktenschränke. Die Erinnerung war ganz links unten.

Wir betrachteten sie gemeinsam, sie und ich, Seite an Seite. Bibliotheks-Adam setzte sich wieder auf seinen Klappstuhl, schlenkerte mit den Beinen und starrte zu Boden. «Ich war kurz davor, sie fertigzumachen», sagte er, als es vorbei war. «Ich wollte sie nur –»

«– in Sicherheit wiegen», sagte ich. «Na sicher, Junge.»

«Glaubst du, an diesem Tag wurde Adamistan gegründet?», flüsterte ich Evelyn zu und hielt mir dabei die Hand vor den Mund.

«Ja», sagte sie. «Am Tag, als du deinen Körper verlassen und dich in deinem Kopf versteckt hast. Ich dachte mir schon, dass die Schlussfolgerung zu schnell war – dass es bei dem Wurmdämon nicht nur um Kontrolle ging. Ich wollte eigentlich, dass du noch wartest, aber du warst schon weg.»

«Was sollte es denn sonst sein?», fragte ich.

«Ähm ...» Sie tippte an die Schublade mit dem Etikett *Du kannst dich nur auf dich selbst verlassen.* «Wollen wir wetten, welche Erinnerung der Ursprung dieser Weisheit ist?» Sie zog sie auf.

Es war wieder die Wurmerinnerung. Triumphierend schob sie die

Lade wieder zu. Ich ließ den Blick über den ganz linken Schrank schweifen, bis ich *Respekt muss verdient werden* fand – mein Problem mit Autoritäten.

Ich öffnete. Wurm.

Vier Etiketten weiter unten stand *Sie greifen dich an, weil du so besonders bist*, und noch eines darunter *Ganz tief drinnen bist du nicht liebenswert, und das musst du verbergen.* «Dieselbe Szene», sagte ich. Meine Beine gaben nach. «Hast du noch so einen Stuhl?», fragte ich Bibliotheks-Adam.

«War bisher nie nötig», sagte er. «Und ihr geht sowieso bald wieder, also …» Er schaute zu Evelyn hoch. «Du darfst natürlich sehr gern auch bleiben. Wir haben so viel zu besprechen und gemeinsam zu entdecken, glaube ich.»

Ich ließ mich zu Boden sinken und lehnte mich an die Schränke. Evelyn setzte sich neben mich.

«Das sind keine Weisheiten», sagte ich. «Das sind Glaubenssätze. Oder eigentlich Irrglaubenssätze. Wir haben das Ganze betrachtet wie eine Art Escape Room. Wo jeder Dämon ein Hinweis ist, der zum nächsten Hinweis führt, und am Ende würde ich mich irgendwie selbst lösen, aber wieso sollte das überhaupt gehen? Wieso sollten Traumata so geordnet und logisch sein?»

«Darum gibt es auch viele verschiedene Glaubenssätze, die vom Wurmerlebnis stammen.» Sie nickte. «Und manche widersprechen sich.»

«Das ist alles eine total zufällige Soße», sagte ich und schloss die Augen. Ich versuchte, all meine Gefühle zu verarbeiten. Die Einzelteile zusammenzusetzen. Uns stoßen Dinge zu, gute wie schlechte. Aus diesen Ereignissen schaffen wir uns Überzeugungen, die zusammen unsere größeren Welterklärungsmodelle bilden. Diese Überzeugungen, diese Glaubenssätze wollen uns helfen, durch die Welt zu navigieren. Aber die Welt widersetzt sich der Navigation, sie ist zu komplex für eine so schlichte Reduzierung. Die Weisheiten und die Modelle, die wir uns daraus bauen, sind immer falsch, aber oft hilfreich, und meistens funktionieren sie, darum verwerfen wir sie nicht.

Je mehr und je länger wir uns nach ihnen richten, desto automatischer folgen wir diesen Maximen. Evelyn hatte ganz recht, als sie von einem Drehbuch sprach.

Ich stand auf. «Wie können wir» – ich wählte meine Worte sorgfältig – «Weisheiten entfernen, die den Adams nicht mehr dienlich sind?»

Bibliotheks-Adam erhob sich ebenfalls. Seine Unterlippe zitterte. «Sie können nicht entfernt werden. Sie sind heilig.»

«Nichts wird jemals entfernt?»

«Nein.» Er legte die Stirn in tiefe Falten. «Also, je weniger man an sie denkt, desto weniger gewichtet der Dinger sie beim Abwägen von Entscheidungen. Ein elegantes System. Möchtest du gern mehr über die Arbeit erfahren, Evelyn? Du bist noch schöner, als die Blasen mich glauben ließen.»

«Mal halblang, Kumpel», sagte ich.

Er kicherte nervös. «War das zu direkt? Entschuldigt, ich bin nicht so geübt im gesellschaftlichen Umgang.»

«Das war süß», sagte Evelyn. «Keine Sorge.»

Er wurde rot. «Vielen Dank.»

«Evelyn.» Ich räusperte mich. «Ich glaube, ich habe draußen an der Treppe etwas liegen lassen. Vielleicht, oder gar wahrscheinlich, eine Weisheit?» Ich deutete mit dem Kopf in Richtung Tür. Sie verstand den Hinweis; er war auch nicht gerade subtil.

Wir gingen nach draußen.

«Was ist denn?», fragte sie, als wir uns in der Sonne aufwärmten.

«Dieser kleine Nerd ist echt ein bisschen widerlich», sagte ich.

«Er ist elf.»

«Er hat sowas Zwielichtiges, so als würde er Unterwäsche von der Leine klauen.»

«Er ist elf», wiederholte sie. «Ich finde ihn süß.»

«Weißt du, was ich finde?» Ich zog die Augenbrauen hoch. «Ich finde, wir sollten den ganzen Laden hier in die Luft jagen.»

«Die Große Weisheitsbibliothek von Adamistan?», fragte sie spöttisch.

«Genau», antwortete ich. «Alle vier Aktenschränke.» Ich zeigte nach unten. «Und Singadamapur gleich mit. Oder zumindest sollten wir die Stadtmauern sprengen und die Leute da draußen in der Wüste hereinlassen. Ich möchte nicht in so einer komischen kleinen Welt leben, die hauptsächlich von mir selbst bevölkert ist und wo intensive Gefühle verboten sind.»

«Aber müsstest du dann nicht ganz neu anfangen? Ohne all deine Weisheiten?»

«Ja, klar», sagte ich. «Aber das klingt für mich nicht so schlimm. Reiner Tisch, bereit fürs Elternsein.»

Sie verzog die Lippen. «Und wie kriegen wir das hin?»

«Du lenkst ihn ab», sagte ich, «und ich verändere hier oben ein paar Sachen.»

«Aber wie soll ich das anstellen?»

Ich legte den Kopf schräg und schürzte die Lippen.

«Was?»

Ich legte den Kopf noch schräger.

«Wie?», fragte sie. «Ich raff's nicht. Sag es mit Worten.»

Ich schüttelte missbilligend den Kopf. «Du sollst natürlich deine weiblichen Reize einsetzen. Dieser Typ ist hormongesteuerter als ein Haufen Teenager auf der Erstsemesterparty. Dem hängt jedes Mal die Zunge aus dem Hals, wenn du ihn bloß kurz von der Seite anschaust.»

«Er ist elf.»

«Schenk ihm einfach ein bisschen Aufmerksamkeit. Mach noch einen Blusenknopf mehr auf.»

Ihre Schultern sackten herab. «Ich bin doch kein Lockvogel.»

Ich winkte ab. «Na gut, dann nicht. Egal. Wenn wir wieder reingehen, lach einfach über seine Witze oder bitte ihn, dir mal zu zeigen, wo die Wunder Wirklichkeit werden oder sowas. Ich brauche bloß fünf Minuten, um seine beschissene Bibliothek zu zerstören und die Stadt in die Luft zu jagen.»

Sie seufzte. «Du wirst ihm das Herz brechen.»

«Das hat ihm das Leben schon gebrochen. Darum versteckt er sich ja hier oben. Ich werde den kleinen Spinner befreien.»

Hand in Hand gingen wir wieder hinein. «Das mit *Wir sind für den Spaß hier, nicht für die Ewigkeit* verstehe ich immer noch nicht», sagte Evelyn. «Die anderen sind schon klar – die kamen alle aus einem bedeutsamen Augenblick. Aber diese bezog sich doch bloß auf die Verrücktheiten deines Großvaters, der irgendwen an seiner Haustür ärgert.»

«Das ist in meiner Familie genetisch. Ich habe schreckliche Angst, dass ich eines Tages einfach durchdrehe – bevor ich es allen Zweiflern gezeigt und etwas von bleibendem Wert geschaffen habe.»

«Trotz», sagte sie lachend.

«Ich glaube, diese Angst ist auch der Grund dafür, dass ich ständig so in Eile bin. Dass ich ein Workaholic bin. Meine Bücher sind kleine Versuche, unsterblich zu werden, so albern das auch ist.»

«Ein Kind zu kriegen ist dafür auch ganz gut.» Sie stieß mir den Ellbogen in die Seite. «Für die Unsterblichkeit, meine ich. Soweit überhaupt irgendwas für Unsterblichkeit sorgen kann.»

«Ja, aber wenn das Kind meine Gene kriegt? Ich glaube, in manchen Monaten war ich heimlich froh darüber, dass du nicht schwanger geworden bist. Was, wenn das Kind krank wird oder zu viele Mützen aufsetzt oder meine Nase kriegt?»

«Auf meiner Seite sind die Gene erstklassig», sagte sie. «Tipptopp.»

«Ich weiß. Das habe ich sofort überprüft.»

«Also», sie nahm mich in den Arm, «alles wird gut. Oder auch nicht, aber das ist dann auch okay. In deiner Familie gibt es mehr Verrücktheit als in meiner, aber auch mehr Liebe. Und überhaupt», sie lachte auf, «wir sind für den Spaß hier, nicht für die Ewigkeit, oder?»

Ich lächelte. «Stimmt. Oder jedenfalls halbwegs. Und jetzt lass uns diese Welt in Brand setzen.»

Wir gingen auf die Aktenschränke zu. Bibliotheks-Adam staubte sie gerade mit einem langen, knallroten Staubwedel ab.

«Habt ihr die Weisheit gefunden?», fragte er.

«Ja», sagte ich. «Ich glaube schon.»

Er staubte die Schublade ab, auf der *Je weniger ich fühle, desto weniger können andere mich fühlen lassen* stand.

«Ist das die Trennung von Sarah?», fragte ich.

Er nickte.

«Darum ist Adamistan so strikt gegen Gefühle», sagte ich. «Oder jedenfalls weite Teile von Adamistan.»

«Die darunter heißt *Andere Leute fühlen zu viel; ich fühle zu wenig*», sagte Evelyn strahlend. «Ich erinnere mich, das hast du in Indien zu mir gesagt, auf der Wiese, wo wir mit den Tuk-Tuks trainiert haben. Ich habe gedacht, du erzählst Mist.»

«Die hängen direkt zusammen», sagte ich. «Darum stehen sie auch untereinander. An dem Tag in London habe ich mir geschworen, meine Emotionen unter Kontrolle zu behalten, mir nicht zu viele Gefühle zu erlauben. Mit der Zeit hat sich das gewandelt, ist noch tückischer geworden: *Andere Leute fühlen zu viel; ich fühle zu wenig.* Den Satz habe ich in den letzten Jahren sehr oft gesagt und gedacht, dieser Glaubenssatz würde mir nützen. Er hilft mir auch – aus einer plötzlichen Laune heraus in ein anderes Land zu ziehen, an Vipassana-Retreats teilzunehmen, die mich in den Wahnsinn treiben, sehr offene, persönliche Bücher über mein Leben zu schreiben in der Hoffnung, dass andere Menschen sich dadurch mit ihren ganzen Neurosen weniger scheiße fühlen. Aber er hat auch dazu geführt, dass ich Menschen verletzt habe, zum Beispiel die, die in der Wüste um Adamistan herumirren, weil ich mir einrede, andere Leute müssten genauso funktionieren wie ich, könnten genauso viel unterdrücken wie ich. Können sie aber nicht. Sie leiden. So wie ich auch leide. So wie du leidest, wenn ich mich in meine Arbeit flüchte und dir das Gefühl gebe, du seist verrückt, bloß weil du Emotionen zeigst, die ich nicht zeige, denn ich habe mir ja eingeredet, dass ich sie gar nicht besitze. Ich besitze sie aber. Sie sind bloß alle runtergeschoben und hier hineingestopft. In dieses seltsame Gebilde hier. Das ist die schlimmste Lüge von allen.»

«Bitte nicht so melodramatisch», sagte Bibliotheks-Adam. «Der Satz ist praktisch und bequem *und* wahr, das ist alles.»

Ich zeigte mit dem Finger auf ihn. «Du leidest», sagte ich. «Wir fühlen nicht weniger als andere Menschen. Eher noch mehr. Wir sind weich. Sensibel. Wir essen Würmer und verstecken uns in Schränken und klettern aus Fenstern. Wir ziehen uns in unsere eigenen Welten im Kopf zurück, und die bringen wir dann zu Papier. Wir sind Weltmeister im Unterdrücken unserer Gefühle. Aber das wollen wir nicht mehr sein.»

«Bitte hör auf!» Er krümmte sich, als sei er verwundet.

«Die Lügen, die man sich selbst erzählt, wiegen ebenso schwer wie die, die man anderen Menschen erzählt», sagte ich, und Evelyn nickte und schloss langsam die Augen. Mir kamen die Tränen. Von oben hörte man eine Art Gurgeln, und eine Papröhre senkte sich aus einem Loch in der Decke.

«Das Rohr der Einsichten.» Bibliotheks-Adam strahlte. «Hurra. Eine neue Weisheit.»

«Das ist eine Papröhre», sagte ich. Sie wurde an einigen Stellen mit Paketklebeband zusammengehalten. Zwei neue Vorgedanken purzelten heraus und fielen in den vierten Aktenschrank, in zwei unbeschriftete Schubladen, die sich geöffnet hatten. Bibliotheks-Adam suchte in seinen Taschen nach einem Stift.

«Die Weisheit steht auf der Kugel geschrieben», erklärte er. «Ich schreibe sie ab, und dann reibe ich sie von der Blase, damit man die Erinnerung darin betrachten kann.» Er hielt die beiden Blasen hoch und drehte sie, um den Text zu lesen. *Ich fühle nicht weniger als andere Menschen, ich fühle mehr* und *Die Lügen, die man sich selbst erzählt, wiegen ebenso schwer wie die, die man anderen Menschen erzählt.* Profunde Weisheiten», sagte er und schrieb sie auf zwei Papierstreifen. «Würdige Ergänzungen.»

Er klebte die Streifen auf die Vorderseiten der Schubladen. Er hatte uns den Rücken zugewandt, und ich zwinkerte Evelyn zu.

«Ähm ... gibt es hier irgendeinen Ort, wo ich dir in Ruhe ein paar Fragen stellen kann?», fragte sie. «Ich würde gern einiges darüber wissen, wie das hier alles funktioniert. Vielleicht draußen? Wo es warm ist.»

«Ich bin schon seit vielen Weisheiten nicht mehr draußen gewesen», sagte er.

«Es ist so schön da», sagte sie. «Ich könnte dir ein paar Sachen … zeigen?»

Sein Blick zuckte nach links und rechts. «Hmm.»

«Ich setze mich einfach solange auf diesen Klappstuhl», sagte ich und nahm Platz. «Ich werde über die neuen Weisheiten nachdenken. Was das alles zu bedeuten hat. Außerdem habe ich eine Deadline. Vielleicht feile ich noch ein bisschen an den Sätzen.»

Sie griff nach seiner Hand; er nahm sie. Langsam gingen sie hinaus. «NICHTS ANFASSEN!», rief er über die Schulter.

Kaum waren sie außer Sicht, sprang ich auf, packte die beiden neuen Vorgedanken, wie ich sie immer noch nannte. Dann ging ich hinter die Schränke, zerschlug mit dem Ellbogen die Vitrine und steckte den kleinen, braunen halben Wurm in die Hosentasche. An seine Stelle ließ ich die Vorgedanken fallen.

Sofort fing das Kabel unter der Vitrine an zu knistern, Funkenbögen sprühten in alle Richtungen. Ich zog das T-Shirt aus und hielt es in die Funken, und als es Feuer fing, trug ich es nach vorn, öffnete Schubladen und steckte die Samtkissen an. Die Vorgedanken waren explosiv, wie sich herausstellte. Hinter mir war ein fernes Grollen zu hören wie von einem erwachenden Vulkan. Bald brannten die Schränke lichterloh, und ich rannte zum Ausgang.

Ich schaffte es gerade noch nach draußen, bevor eine gewaltige Explosion das Dach der Großen Weisheitsbibliothek von Adamistan einstürzen ließ.

«Was hast du getan?», rief Bibliotheks-Adam und wollte wieder hineinrennen. Ich hielt ihn fest.

«Mein Lebenswerk ist zerstört!»

«Dieses Bauwerk ist ein Gefängnis», sagte ich. «Ich lasse dich frei.»

«Lass mich los!»

«Vertrau mir.»

«Zwing mich nicht, dir wehzutun!» Er wand sich ein wenig, dann boxte er mich in den Bauch.

«Freundchen, du bist elf. Und ich weiß, du kannst nicht kämpfen, weil ich es auch nicht kann. Wir sind fürs Weglaufen gemacht.»

«Dann lauf doch weg», sagte er.

Ich schaute ihm direkt in die Augen. «Ich weiß, wie scheiße es ist, elf zu sein. Und zur Schule zu müssen. Ich weiß, die Welt kann dich nicht leiden, aber es wird besser – so viel besser. Und Frauen, mein Freund. Frauen sind unglaublich. Ich will nicht behaupten, dass du viele haben wirst, aber die wenigen, mit denen du zusammen sein wirst, die sind spektakulär: stark, witzig, verrückt, klug, ohne Angst vor Gefühlen. Es kommt so viel Gutes auf dich zu.»

Er hörte auf, sich gegen mich zu wehren. Ich ließ ihn los. Er setzte sich auf die breite oberste Stufe und wischte sich mit dem Handrücken die Tränen weg. «Du hast alles zerstört», sagte er, als Evelyn sich neben ihn setzte und den Arm um ihn legte.

«Nein», sagte ich. «Komm mit uns runter nach Adamistan, dann wirst du sehen.»

Unten streckte ich ihm die Hand hin und half ihm die letzte Stufe hinunter. Die Veränderungen in Adamistan waren bereits deutlich zu sehen. Musik dröhnte durch die Luft – David Hasselhoffs einflussreiches Meisterwerk *Looking for Freedom* lief ohrenbetäubend laut. Mir fiel ein, dass ich kürzlich eine Dokumentation über den Fall der Berliner Mauer gesehen hatte. Wir gingen in Richtung Stadtgrenze. Um uns herum lagen sich überall Adams in den Armen, schauten sich in die Augen, tanzten, redeten, weinten. Niemand schrieb allein oder monologisierte. Die Gesprächsfetzen, die wir aufschnappten, klangen auch ganz anders:

«Erzähl mir etwas von dir.»

«Ich? Nein, ich bin überhaupt nicht beschäftigt.»

«Kann ich dir dabei helfen?»

«Das mag ich so an dir. An uns allen, allen Adams.»

«Das ist eine tolle Hose. Vor allem dieser Orangeton gefällt mir.»

Wir liefen durch die Menge zum Flugzeug. Irgendwo rannte Bibliotheks-Adam weg von uns und schloss sich dem Straßenfest an. Neben dem Flugzeug standen drei Adams auf dem Dach von Winnie, unserem Tuk-Tuk, und schlugen mit Vorschlaghämmern auf die Stadtmauer ein. Großer Jubel brandete auf, als das erste große Stück herausbrach. Evelyn und ich blieben stehen und sahen zu, und bald kamen bekannte Gesichter, Menschen, die ich aus meinem Leben verbannt hatte, durch die schmale Lücke in der Mauer in die Stadt.

Als wir das Flugzeug bestiegen, war es leer. Wir setzten uns in die erste Reihe. Ich legte den halben Wurm auf den leeren Sitz neben mir.

BING

«Meine Damen und Herren, hier spricht Ihr Pilot Adam Fletcher. Wir werden in Kürze zu unserem Rückflug in die sogenannte Realität abheben. Bitte schließen Sie die Augen, entspannen Sie sich, und genießen Sie meine Kompetenz, die unermesslich ist. Danken Sie mir.»

32. KAPITEL

Tag 10 von 10: Vormittags und nachmittags

Ort: Badezimmer

Stimmung: Manischer Stolz

Nach einem ereignislosen neunten Tag traf endlich ein, was so lange unvorstellbar schien. Ich schaute mich im Badezimmerspiegel an. Ein hageres Gesicht schaute zurück, die Wangen eingefallen. Während ich mich wusch, dachte ich – ganz vernünftig, ruhig, gemessen und kein bisschen manisch – *Ain't it funny how time slips away?*
Tag zehn, Tag zehn, Tag zehn.
Die Meditation am neunten Tag war ergiebig und erkenntnisreich gewesen. Die Empfindungen waren zurückgekehrt. Mein Geist war ruhig gewesen, und selbst wenn er es mal nicht war, hatte ich auf diese Veränderung gutmütig reagiert. Ich hatte etwas Wichtiges erkannt: Meine Gedanken, ob heftig oder heiter, laut oder leise, zentriert oder zerstreut, waren ein ebenso gutes Ziel der Achtsamkeit wie mein Atem. Diese Offenbarung veränderte alles, denn nun war nicht mehr wichtig, dass mein Geist leer war oder ob es Empfindungen gab oder nicht. Das Entscheidende war, was Goenka die ganze Zeit schon gesagt hatte – am Ufer zu sein, nicht in der Strömung. Jetzt konnte ich die Frage beantworten, mit der ich vor zehn Tagen hergekommen war. Die Frage, was ich beim Meditieren fühlen, davon lernen oder mitnehmen sollte:
Bei der Meditation geht es darum, eine kleine Lücke zwischen Reiz und Reaktion zu schaffen, zwischen Wirkung und Gegenwirkung,

Input und Output. Das klingt womöglich trivial, aber wenn das Ziel ist, seine schlimmsten Impulse, seine schädlichsten Irrglaubenssätze und Programmierungen zu begreifen und in gewissem Umfang abzumildern, dann ist es ungeheuer wichtig.

Wir haben nur sehr wenig Kontrolle über das, was uns zustößt, ob als Kinder oder als Erwachsene. Autonom entscheiden können wir nur, wie wir darauf reagieren. Wir sind nicht unsere Gedanken – Einfälle, die oft flüchtig, feindlich, widersprüchlich oder gewalttätig sind, wie ich hier so quälend erfahren musste.

Wenn wir achtsam sind, während wir unseren Flip-Flop über krabbelnde Ameisen halten oder einen Mann beobachten, der das Kerngehäuse aus unserem Apfel schneidet, oder bevor wir in spanischen Restaurants Wein nach Leuten schütten oder einen Hilferuf mit einem schlichten *Nein* beantworten, dann können wir ganz kurz innehalten und bemerken, wie wir reagieren, wohin unser Geist sich bewegt und ob wir ihm dorthin folgen wollen – an einen Ort voller Selbstzweifel, Hass, kleinlicher Rachsucht oder gar oberflächlicher, narzisstischer Ruhmsucht. Einen Ort wie Adamistan.

Das Gebiet der Meditation war riesig und vielfältig, und ich hatte es gerade erst zu erforschen begonnen, aber dafür hatte ich noch mein ganzes Leben Zeit. Ich spürte meine Vergänglichkeit sehr deutlich. Ich wusste, ich war geboren und würde eines Tages vergehen. Ich wollte nicht mehr im Retreat sein. Wollte bei ihr sein. Wollte hinaus in die Welt, fühlen, erfahren, lieben, meinen Geist aus dem Gleichgewicht bringen – auf so viele interessante Arten wie nur möglich. Das Leben ist nicht dann am interessantesten, wenn man es unter Kontrolle hat, sondern wenn man die Kontrolle abgibt.

Nach den ersten Einheiten dieses Tages ging ich darum in der Kantine auf den jungen Uri Geller zu.

«Ich weiß, Sie haben gesagt, niemand dürfe am zehnten Tag abreisen, aber ich möchte gehen.»

«Das ist nicht möglich», sagte er.

«Ich kann nicht eine Minute länger meditieren. Ich habe eine schwangere Freundin, zu der ich unbedingt muss. Womöglich braucht sie mich. Ich brauche sie.»

Er zog die Nase kraus. «Lassen Sie mich mit dem Kursleiter sprechen, ja?»

33. KAPITEL

Ein paar Minuten später führte der junge Uri Geller mich in ein kleines Büro neben dem Meditationssaal zu einem privaten Treffen mit Penfold. Dieser saß hinter einem Kiefernholzschreibtisch. Es passte irgendwie nicht, ihn auf einem Bürostuhl und von Schriftstücken umgeben zu sehen, wie eine mittlere spirituelle Führungskraft.

Er deutete auf den leeren Stuhl, der mit der Rückenlehne an der Wand stand. Der Stuhl quietschte, als ich mich daraufsetzte. Ich kam mir vor wie ein ungezogenes Kind, das zum Direktor muss.

«Ich höre, Sie wollen uns gern verlassen?», fragte er. Seine Stimme klang flach und stumpf, wie deutsche Äcker.

«Haben wir nur drei Minuten Zeit?», fragte ich zurück und sah mich nach der kleinen Glocke um. Die Worte kamen schwerfällig und ungestalt wie verbeulte Dosen über meine Lippen. Schockierend, wie leicht man Dinge verlernen kann, die man für selbstverständlich hält.

«Nein», sagte er mit einem Blick zur Tür. «Wir haben so lange Zeit, wie Sie brauchen.»

Ich lehnte mich zurück und räusperte mich. «Ich habe das Gefühl, dass ich sehr von meiner Zeit hier profitiert habe, dass ich jetzt aber fertig bin.»

«Ich verstehe», sagte er ruhig, weil offenbar alle, die hier arbeiteten, jederzeit unausstehlich ruhig sein mussten.

Ich wollte sie alle am Kragen packen und schreien: «DER FEIND HEISST NICHT GEFÜHL. DER FEIND HEISST UNWISSENHEIT. DER FEIND HEISST GLEICHGÜLTIGKEIT.»

«Sie haben sich verpflichtet, bis zum Ende zu bleiben», fuhr er fort.

«Ich weiß. Und dies ist das Ende.»

«Morgen ist das Ende.»

«Eigentlich ist jetzt schon das Ende.»

Er hob abwehrend die Hand. «Ich möchte Sie bitten, mir zu vertrauen. Es ist wirklich wichtig, dass Sie nicht heute schon weggehen. Wir haben gemeinsam eine Gruppenerfahrung begonnen, und die funktioniert nur, wenn die gesamte Gruppe sie gemeinsam beendet.»

«Aber es sind doch schon Leute abgereist. Jede Menge.»

«Einige, ja. Aber nicht so kurz vor dem Ende. Wenn Sie uns heute verlassen, werden andere anfangen zu zweifeln, und das wird einen Schneeballeffekt auslösen. Goenka hat diesen Tag nicht ohne Grund den Abbremstag genannt. Da ist so viel hochgekommen, und das braucht Zeit, um sich wieder zu setzen, ehe Sie bereit sind, in die Welt zurückzukehren.»

«Es hat sich gesetzt», sagte ich. «Ich muss in mein Leben zurück.»

Er zögerte. «Warum glauben Sie, dass Sie nicht bleiben können?»

«Ich kann nicht mehr meditieren. Ich glaube nicht daran. Oder anders, ich glaube schon daran. Ich glaube bloß nicht, dass es im Augenblick für mich das Beste ist. Und mit Goenka habe ich so meine Probleme. Mit ihm hatte ich schon immer Probleme. Dass er behauptet, kein Guru zu sein, aber sich haargenau benimmt wie ein Guru.»

«Ich verstehe.»

«Das Problem ist gar nicht, *was* Sie hier lehren», sagte ich in reichlich selbstgerechtem Ton, «sondern *wie* Sie es lehren. Darf ich Ihnen eine persönliche Frage stellen?»

«Aber sicher.»

«Zweifeln Sie je daran, wie die Technik hier gelehrt wird?»

Er blinzelte heftig und schaute dann weg. Das breite, selbstgefällige Grinsen wich aus seinem Gesicht. «Ja», sagte er schließlich. «Aber es ist … eine Art Gesamtpaket. Es soll möglichst vielen Menschen helfen. Und ich glaube, das tut es.» Er nickte, zufrieden mit seiner Antwort. «Was immer Sie zum Gegenstand Ihrer Abneigung machen – den Kurs, Goenka, die Meditation, mich, es kann alles sein, denn es geht gar nicht um die Sache –, Sie entscheiden, diese Abneigung zu fühlen, sich mit dieser negativen Empfindung zu identifizieren.»

«Ich weiß.»

«Also lassen Sie es. Sie müssen nicht meditieren, wenn Sie nicht wollen. Sie können einfach still hinten sitzen und Ihre Saṅkhāras erforschen, herausfinden, welche Aversionen dahinterstecken.»

Ich stöhnte. «Sie können doch nicht alles bloß auf ein Saṅkhāra oder Begehren oder Abwehren reduzieren. Das vereinfacht die Dinge zu stark. Fast schon respektlos. Wir sind keine Würmer.»

Er sah mich verwirrt an, und ich verstand wieso. Ich hatte das gleiche Problem schon mehrmals gehabt in den letzten Tagen: Er war nicht in meinem Kopf. Meine Erfahrungen in diesem Retreat waren so intensiv gewesen, dass ich leicht vergaß, dass sie nur meine waren, dass sie sich zumeist in den tieferen Schichten meines Denkens abgespielt hatten.

Ich richtete mich auf. «Irgendwann muss es doch erlaubt sein zu sagen: ‹Ich habe lange und sorgfältig über etwas nachgedacht, die meiste Zeit mit gleichmütigem Geist, und bin zu dem Schluss gekommen, dass es nicht gut für mich ist.› Warum kann ich nicht eine rational herbeigeführte Präferenz haben? Goenkas Weg kann doch nicht der einzig richtige sein.»

Er seufzte. «Aber im Leben gibt es so viele Situationen, in denen wir nicht einfach weggehen können, sondern etwas aushalten müssen, richtig?»

Ich lächelte. Er wusste nicht, wie viel Mühe ich darauf verwandt hatte, ein genau gegenteiliges Leben zu führen. Und wie erfolgreich ich damit gewesen war. Erst jetzt, und nur dank dieser Erfahrung, hatte ich begriffen, was das mich und die Menschen um mich herum gekostet hatte.

«Dabei hilft Ihnen die Technik», sagte er, als ich nicht antwortete, weil ich nachdachte und über seine Schulter aus dem Fenster sah. Es war eine Weile her, dass ich ein Gespräch geführt hatte; ich war eingerostet.

«Bald werden Sie wieder in die Welt draußen zurückkehren, und

Sie werden sehen, wie sehr Ihnen alles, was Sie hier gelernt haben, helfen kann.» Ihm schwoll die Brust vor Selbstsicherheit. «Halten Sie weiter aus. Wenn Sie wollen, können Sie Goenka auch als speziell für Sie gedachte Provokation betrachten, die eine Reaktion bei Ihnen hervorrufen soll. Sie können entscheiden, dass er aktiv Ihren Geist aus dem Gleichgewicht zu bringen versucht.»

Ich lachte. «Darin ist er ziemlich gut.»

Penfold lächelte. «Und Ihre Aufgabe ist es, das nicht zuzulassen.»

Irgendwie war es mir nie in den Sinn gekommen, dass Goenka vielleicht, nur vielleicht, absichtlich so nervig und repetitiv war, um unseren Gleichmut herauszufordern. Aber ich würde mich nicht von Goenka unterkriegen lassen.

Trotz. Da war er wieder.

«Okay», sagte ich. «Dann werde ich wohl bleiben. Ich kann aber jetzt schreiben, oder? Und nach dem Mittagessen können wir reden?»

Er schaute zur Uhr. «Am Mittag ändern sich die Regeln, ja.»

Es war drei Minuten vor zwölf. Schreiben. Das hatte ich noch mehr vermisst als reden.

Ich dankte ihm und lief zu meinem Spind in der Kantine, von wo ich Notizblock und Stift holte, die ich – womöglich ein bisschen melodramatisch – küsste. Ich trug so vieles im Kopf mit mir herum: Ideen, Phrasen, Witze, Geschichten, Sätze, so vieles, was ich Evelyn, mir selbst, Ihnen da draußen erzählen wollte.

In der Kantine schlug ich das Notizbuch auf und schüttete alles hinein, woran ich mich erinnern konnte – Freddy, den Apfelficker, den Wurm, Sarah, den Dreier, Adamistan.

Mein Kopf war so schwer gewesen. Die Gedanken mussten ins Freie.

In einer dreißigminütigen Raserei leerte ich meinen Kopf aufs Papier. Aus jedem der Tage, deren Zahl ich jeweils in der linken oberen Ecke notierte, wurden mehrere Seiten. Als es vorbei war, als die Flutwelle von Wörtern abebbte, lehnte ich mich zurück und betrachtete das Tintengekritzel, denn meine Handschrift war seit der Mittelschule nicht besser geworden. Dann brach ich wie üblich in Tränen aus – bloß der jüngste Ausbruch eines sehr emotionalen Mannes. Um mich herum waren andere Männer, es hätte mir etwas ausmachen sollen, tat es aber nicht. Ich war so ungeheuer dankbar, dass dies mein Beruf war, dass ich weder ein Wurm noch mein jüngeres Ich auf einem Schulhof war, das gezwungen wird, einen Wurm zu essen. Ich dachte an Evelyn, dass ich ohne sie gar nicht hier wäre, dass ich dies alles nicht gelernt hätte, wenn sie nicht gegen meine schlimmsten Neigungen angekämpft hätte.

Ein Fremder bot mir ein Taschentuch an. Das löste den Bann, und ich schaute auf und sah mich um – ich war der Einzige, der schrieb. Ich hörte auf. Später würde ich noch genug Zeit dafür haben. Aber zuerst war da etwas anderes, was ich vermisst hatte. Menschen. Einer ganz besonders. Er hieß Freddy.

34. KAPITEL

Ich schob die Tür zur hinteren Terrasse auf. Ein erschreckend großes rothaariges Gesicht sprang mir in den Weg.

«Wie war es?», fragte der rote Zottelbär, und ich überlegte, ob meine Augen jetzt wohl auch so leuchteten wie seine, da ich in das Geheimnis eingeweiht war. Zum Club gehörte. Einer von seinen Leuten war.

«Schrecklich», sagte ich. «Warum hast du mich nicht gewarnt?»

«Du hättest mir nicht geglaubt. Niemand, der sowas noch nicht mitgemacht hat, würde es glauben.»

«Ich werde sie zu überzeugen versuchen», sagte ich. «Aber nein, ich hätte dir nicht geglaubt. Und bei dir? Wie war dein fünftes Mal?»

Er holte tief Luft, was ihn eher außer Atem zu bringen schien. «Es ist einfach ein komplett irrer Prozess, oder? Es kam alles Mögliche hoch. Neue Dämonen. Ich bin in dunkle Tiefen getaucht. Mein Körper ist gut damit klargekommen, aber es gab ein paar Einheiten, da hat mein Geist laut geschrien, dass ich flüchten sollte.»

«Ja», sagte ich. «Kann ich nachvollziehen. Und wird es ein sechstes Mal geben?»

«Auf jeden Fall. Und diesmal warte ich nicht wieder zwei Jahre. Und du?»

«NIE WIEDER.»

Wir lachten.

«Wir werden sehen», sagte er, und ich entschuldigte mich, um Freddy zu suchen. Es ist schon seltsam, während einer so intensiven Erfahrung mit jemandem ein Zimmer zu teilen, ihn heulen und schluchzen zu hören, mitzubekommen, wie sich sein Innerstes nach außen stülpt, und ihm keinen Trost anzubieten. Wir hatten beide unser Zimmer und einander an die Belastungsgrenze gebracht. Ich fühlte mich ihm äußerst nahe, und doch wusste er nichts über mich. Er hielt am hinteren Ende der Terrasse Hof, an dem niedrigen Zaun, über den ich am vierten Tag klettern wollte, als so viel passiert war. Er schien froh zu sein, wieder ein Publikum zu haben.

«Was für ein Ritt, Jungs. Ich habe das Gefühl, in den Krieg gezogen zu sein, bloß dass ich selbst beide Seiten war. Versteht ihr, was ich meine? Natürlich. Haben wir gewonnen? Keine Ahnung. Aber wir haben es geschafft, und das sollte uns doch was sagen.» Er hob das Kinn. «Wir verlassen diesen Ort als Eroberer.»

Ein paar seiner wenigen Zuhörer johlten. Er entdeckte mich, kam auf mich zu, und wir umarmten uns unbeholfen, ehe der junge Uri Geller auftauchte und uns daran erinnerte, dass es heute noch keinerlei körperlichen Kontakt geben solle.

«Einen Augenblick», sagte ich zu Freddy und bedeutete Uri Geller, mir zu folgen. Wir traten ein paar Schritte beiseite. Ich versuchte, mich zu erinnern, an welchem Tag ich Apfelficker verpfiffen hatte, aber die Tage verschwammen alle miteinander. «Was ist eigentlich mit den beiden Menschen passiert, die geredet haben?», fragte ich ihn.

Sein Blick wanderte beim Nachdenken über die Gruppe. Ich fragte mich, wie viele Leute wohl beim Reden ertappt worden waren.

«Ich glaube, es war am vierten oder fünften Tag», erklärte ich. «In der Nähe des Wohnblocks für Mehrfachteilnehmer?»

«Ich erinnere mich», sagte er. «Als ich sie traf, redeten sie. Ich habe ihnen gesagt, dass ich ihre Bestrafung mit den Kursleitern besprechen müsste. Das machte sie wütend, und sie sind gegangen.»

Ich war nicht bestraft worden, als ich abzuhauen versucht hatte. «Gibt es hier Bestrafungen?»

«Selten. Schon gar nicht bei mildernden Umständen», sagte er, und wir wussten beide, wovon er sprach. Nur ich wusste aber, dass es gar keine mildernden Umstände gegeben hatte. Scham stieg auf. Ich wartete ab, wie lange sie anhalten würde.

«Nochmals mein Beileid wegen Ihres Großvaters», sagte er.

Ich kehrte zu Freddy zurück, der am Ende einer langen Bank saß, und setzte mich auf die Bank gegenüber.

«Du hast es also geschafft», sagte er lächelnd. «Du kannst mir glauben, ich hatte da meine Zweifel.»

«Und du hast es auch geschafft. Gut gemacht, Kumpel.»

Er wischte sich das Haar in die Stirn. «Es war aber haarscharf», sagte er. «Ich habe echt was durchgemacht.»

«Wem sagst du das», meinte ich, doch es war schon klar, dass er es *mir* sagte.

«Also», hob er an, und ich bereitete mich auf einen Monolog unbegrenzter Länge vor. «Ich bin verrückt geworden. Ich war einfach nur irre. Ich habe mit dem Kopf einen Baumstamm gerammt.» Er berührte die Wunde an seiner Stirn. «Wer verteilt Kopfstöße an Bäume? Der Baum hat doch nichts falsch gemacht. Das ist einfach ... Ich kam nicht weg. Nicht raus. Irgendwie haben alle Menschen, denen ich jemals wehgetan hatte, alle meine Dummheiten, alle Frauen, die ich verloren habe, alle Momente, in denen ich versagt habe – die haben alle eine Party gefeiert, und ich war mittendrin, auf einem Tisch festgeschnallt. Sie sind alle abwechselnd ganz dicht an mich rangekommen, direkt vor meine Nase, und haben mir ins Gesicht gelacht. Alle. Das hat ewig gedauert.»

Ich nickte mitfühlend.

«Eine sehr trostlose Erfahrung», fuhr er fort. «Am vierten Tag bin ich weinend aufgewacht und zu Kevin gegangen.»

«Zum Kursleiter?», fragte ich, denn ich nahm an, er meinte Penfold.

«Ja. Und ich habe zu ihm gesagt: ‹Diese Technik scheint zu funktionieren, Kevin, dieses ganze Zeug kommt in mir hoch. Aber *wie* funktioniert es?› Kevin versuchte, mir eins von Goenkas Gleichnissen zu erzählen, irgendwas mit brennenden Holzscheiten. Ich habe ihn mittendrin unterbrochen. ‹JA, GUT, ABER WIE FUNKTIONIERT ES, KEVIN?› Da hat er ganz tief Luft geholt. ‹Das wissen wir nicht so richtig›, hat er gesagt. ‹Nur, dass es funktioniert.›»

«Das tut es auf jeden Fall», sagte der Mann neben mir.

«Goenkas Gleichnisse sind die schlimmsten», fügte ich hinzu.

«Bisschen weniger Goenka und ein bisschen mehr Meditation wäre besser gewesen», sagte Freddy. Ich zuckte erschrocken zurück. «Ganz ruhig», sagte er. «Niemand hat irgendwas von mehr Meditation gesagt.»

«Aber hast du denn Antworten bekommen», fragte ich Freddy.

«Worauf?»

«Was du jetzt tun sollst? Deine Ehen? Deine Nachbarn? Dein Job? Dein Hund?»

«Ich mache meine Weltreise, und ich komme nicht zurück.»

«Schön für dich.»

«Und du?», fragte er.

«Nie wieder», sagte ich. Mein neues Mantra.

«Wirklich nicht?», mischte sich ein Österreicher mittleren Alters ein. «Für mich haben zehn Tage nicht gereicht.» Er war schon bei seiner zehnten Vipassana. «Das Wichtigste für euch alle ist jetzt», sagte er voller Überzeugung und schaute uns beiden nacheinander in die Augen, «das Programm weiter durchzuziehen. Macht es, wie Goenka sagt – jeden Tag zwei Stunden meditieren.»

«Zwei Stunden!», schnaubte ich. «Wer hat denn zwei Stunden übrig?» Wenn ich erst ein Baby zu Hause hatte, würde ich wahrscheinlich kaum noch zwanzig freie Minuten finden.

«Alle, die einen ausgeglichenen Geist wollen», sagte er, und ich glaubte ihm, aber das spielte keine Rolle, denn ich wollte keinen ausgeglichenen Geist. Was ich wollte, wurde hier nicht angeboten.

Jetzt war es beinahe Zeit zu gehen, um sie wiederzufinden.

35. KAPITEL

Nachdem ich am nächsten Morgen geholfen hatte, das Retreat aufzuräumen und zu putzen, und eine großzügige Spende dagelassen hatte, damit auch andere diese außerordentliche, erschütternde Erfahrung machen konnten, stellte ich meinen Rucksack neben das Tor und wartete auf den Kleinbus. Ich dachte an die vielen Stunden, in denen ich genau diesen Augenblick herbeigesehnt und nicht geglaubt hatte, dass ich ihn jemals erreichen würde.

Ich war wahnsinnig stolz auf mich.

Die zehntägige Vipassana war eine echte mentale Prüfung gewesen. In so etwas sollte man nicht so unvorbereitet hineinstolpern. Es war ein Fehler von Evelyn gewesen, mich hierherzuschicken, auch wenn sie die richtigen Gründe dafür gehabt hatte. Aber man kann auch durch falsche Entscheidungen zu den richtigen Antworten gelangen. Ich hatte das Gefühl, gerade noch so meine psychische Gesundheit bewahrt zu haben. Jetzt hatte ich einen Haufen Arbeit vor mir, aber die konnte auch nicht schwerer sein als das, was ich hier bereits geschafft hatte.

Ich holte tief Luft und schaltete mein Handy an. Nachdem der Schwarm von Benachrichtigungen und Messages hereingeprasselt war, schrieb ich an Evelyn. Sie hatte mir seit dem vierten Tag jeden Tag ein Bild geschickt – jeden Tag ein Foto eines anderen positiven Schwangerschaftstests.

> Adam: Ganz egal, was ich dir erzähle, wie
> ich es darstelle, aufhübsche, rechtfertige,
> lass mich nie nie nie nie nie nie nie nie nie
> wieder eine Vipassana machen.
>
> **Evelyn: So gut war's?**

Der Zug brauchte frustrierend lange nach Berlin, dem schmutzigen, stinkenden, sexy Mekka des ungehemmten Hedonismus. Ich wollte es genießen. Das Spiel der Empfindungen spielen – nicht geduldig und beharrlich, sondern ungeduldig und launisch.

Aber vor allem wollte ich sie.

Nein, ich begehrte sie.

Ich musste ihr sagen, wie viel und was sie mir alles bedeutete. Wie falsch ich mich selbst eingeschätzt und wie falsch ich mich im letzten Jahr verhalten hatte. Die künstliche Befruchtung und die Drohung der Unfruchtbarkeit hatten uns beinahe zerbrochen, wie schon so viele Paare. Ich hatte nicht verstanden, was mit ihr geschah, wie ihre Psyche einen Knacks bekam, bis mir hier das Gleiche passierte. Aber jetzt war sie schwanger. Und ich hatte an Selbsterkenntnis gewonnen. Ich würde die Techniken der Vipassana und der Achtsamkeit anwenden, um die automatischen Muster zu durchbrechen, denen mein Geist folgte. Wir beide, sie und ich, bekamen eine zweite Chance. In neun Monaten würden wir Eltern sein.

Ich rannte von der U-Bahn-Station zu unserer Wohnung, die inzwischen plattgesessenen Kissen und Matten in der großen blauen IKEA-Tasche. Und da war auch schon unsere graue Tür.

Unsere Treppe.

Viele, viele Stufen. Waren es schon immer so viele Stufen gewesen? Hatte jemand Stufen hinzugebaut? Ich hätte fitter sein sollen. Ich war so viel gegangen. Aber anscheinend war ich nicht fit.

Zweiter Stock.

Dritter Stock.

Vierter Stock.

Ich zog meinen Schlüssel aus der Tasche, aber sie hatte mich schon kommen hören. Sie behauptete immer, meine Schritte auf der Treppe zu erkennen. Sie seien ganz typisch und besonders. Die Tür flog auf, und wir stürzten einander in die Arme, drehten uns unelegant und krachten gegen die Wand. Ich stieß mir den Kopf am Schlüsselschränkchen.

«Ich habe dich vermisst», sagte ich, vergrub mein Gesicht in ihren

Haaren und inhalierte den Duft – die Tropen. Urlaub. Ja, wir könnten das ganze Geld, das wir gespart hatten, weil wir die letzten beiden IVF-Bomben nicht mehr brauchten, in einen Flug investieren und dorthin reisen, wo die Erinnerungen so frisch waren wie die Kokosnüsse.

«Bist du noch schwanger?», fragte ich. Die Antwort lag auf der Hand. Sie strahlte und leuchtete so, wie ich mich am siebten Tag gefühlt hatte.

«Hab vor einer Stunde einen Test gemacht», sagte sie. «Und der Strich war so was von fett, kann ich dir sagen. Schwanger sein ist ein teures Hobby. Aber diesmal fühlt es sich anders an.»

«Kann kaum teurer sein als der Versuch, schwanger zu werden», sagte ich und hob sie hoch.

Wir tappten in Richtung Schlafzimmer, ich versuchte, sie aufs Bett zu werfen, doch ich ließ sie eher darauf fallen, weil ich gegen eine Kiste getreten war. «Ist das die Erfolgsbox?»

«Ja.»

«Was ist drin?»

«Dafür hat sich das Warten jedenfalls nicht gelohnt», sagte sie, während ich meinen Pullover auszog.

«Das wird gleich ganz anders», sagte ich.

«Irgendwelche entscheidenden Veränderungen?», fragte sie und nahm meine Hände, um mich zu bremsen, als ich ihr an die Wäsche ging: das Spiegelbild der Szene, als sie es wegen ihres Eisprungs so eilig hatte. «Ich hatte befürchtet, wenn du rauskommst, legst du ein Keuschheitsgelübde ab und verlebst den Rest deiner Tage in einer kargen Hütte.»

«Keuschheit?» Ich lachte schallend, wand mich aus ihrem Griff und riss ihr die Kleider vom Leib, und wir hatten großartigen, erschütternden, intensiven Sex – erfüllt von Saṅkhāras des Begehrens. Ich liebte jedes einzelne davon, so wie ich sie liebte.

«Dieses Retreat war das Härteste, was ich je durchgemacht habe», sagte ich, als wir fertig waren und verschwitzt auf dem Bett lagen, ihre Haare meine Brust kitzelten und wir auf die schwebenden Staubkörner starrten, die im herrlichen Nachmittagslicht tanzten. Ich fuhr mit dem Finger langsam ihren Arm hinauf.

«Was?», fragte sie. «Härter als die letzten anderthalb Jahre? Als die Unfruchtbarkeit?»

«Ja», antwortete ich, ohne zu zögern. «Hundertmal härter. Da konnte ich mich nirgendwo verstecken.»

«Wow.» Sie schaute mich an und versuchte offenbar, sich das vorzustellen. Es sollte ihr eigentlich leichtfallen. Sie war selbst so weit gewesen – eine verwirrte, verängstigte Wärterin ihres eigenen versagenden Geistes.

«Aber ich hab auch unglaublich viel gelernt», sagte ich. «Es war wie tausend Stunden Therapie. Trotzdem hättest du mich nicht dahin schicken dürfen.» Ich erzählte ihr vom Wurm. Von ihrem Dreier. Von Adamistan. «Ich bereue es nicht», sagte ich. «Und du hattest recht. Es ist möglich, dass jemand anders dich besser kennt als du dich selbst, aber nur, wenn du dich gar nicht wirklich kennenlernen willst, was bei mir der Fall war.»

«Ich habe auch Dinge getan, auf die ich nicht stolz bin», sagte sie. «Ich glaube, ich habe am Ende auch versucht, dich wegzuschieben. Ich habe uns mehr leiden lassen als nötig.»

«Ich hätte mehr tun sollen», sagte ich. «Ich habe es bloß nicht verstanden.»

«Vielleicht.»

«Jedenfalls», sagte ich, «kann Elternsein kaum schwieriger sein als Unfruchtbarkeit, oder?»

Es dauerte ziemlich lange, bis wir uns von unserem Lachanfall erholt hatten.

36. KAPITEL

Vier Monate nach dem Retreat

Ich stand in dem Raum, der einmal unser Kinderzimmer werden sollte, der Evelyns Zimmer gewesen war, dem Raum, in dem so viele meiner verstörenden Sexfantasien im Retreat gespielt hatten. Ich hatte eine Bohrmaschine in der Hand und einen zutiefst verwirrten Ausdruck im Gesicht. Evelyn hatte mir ihre Hilfe angeboten, aber ich hielt es für wichtig, das hier allein zu tun. Sie sollte nicht die einzige Person im Haushalt sein, die mit schweren elektrischen Werkzeugen umgehen konnte.

Ich kniff die Augen zusammen und versuchte, die idiotische Anleitung zum Zusammenbau einer Wickelkommode zu lesen. Man sollte den Wickeltisch irgendwie am Kommodenunterbau und dann an der Wand befestigen. Der Text hätte genauso gut Chinesisch sein können. Ich nahm ein Brett in die Hand, das als 3 a oder vielleicht auch 7 b bezeichnet war, und warf es, ganz erwachsen und vernünftig, mit einem lauten Schrei gegen die Wand.

Eine Stimme sprach zu mir. Es war Goenkas. «Ärger ist aufgekommen», sagte er. «Hach, wie gut. Mal sehen, wie lange er anhält.»

Ich nahm einen tiefen, beruhigenden Atemzug.

Ein ... linkes Nasenloch.

Aus ... beide Nasenlöcher.

Wo saß das Gefühl wohl? Ich folgte ihm bis tief in die Kehle. Was hatte es für eine Form? Es war ... gezackt. Nein, sternförmig? Ich hielt es fest und betrachtete es wie ein Entomologe einen seltenen Schmetterling. Wollte ich das Spiel der Empfindungen mitspielen?

Nein.

Vor mir lag Arbeit, und Ärger würde dabei nicht helfen. Schon vor langer Zeit hatte ich entschieden, dass ich schlecht im Bauen von Sachen war, dass mein Geist eben nicht so strukturiert und systematisch funktionierte wie der anderer Männer anscheinend, aber dieser Glaubenssatz half mir nicht. Er war falsch. Dumm. Ich konnte das. Das hier war bloß Lego für Erwachsene.

Ich musste nur akzeptieren, dass ich es nicht besser wusste als die Anleitung. Dass sie mich führen und ich ihr folgen sollte. Ich hob das Stück Holz auf und blätterte zurück zur ersten Seite.

«Ist die Farbe überhaupt schon trocken?» Evelyn stand im Bademantel im Türrahmen und rieb über die kleine Schwellung darunter – eine Art Zwang, der sich bei ihr entwickelt hatte, wie auch die ständigen Schwangerschaftstests. Unsere Mülleimer waren voll davon.

Ich schaute mir das Meeresblau an, das wir am Vormittag aufgetragen hatten. «Trocken genug», sagte ich und malte ein X an die Wand.

«Ich fasse es nicht, dass du dieses Ding schon gekauft hast.» Sie betrachtete die auf den Dielen verstreuten Einzelteile der Wickelkommode. «Es ist noch zu früh.»

«Ich baue ein Nest.»

Sie lächelte. «Das sehe ich.»

«Tritt zurück, Liebling. Ich werde dieser Wand jetzt eine Lektion erteilen.»

«Wir haben gleich den Ultraschall-Termin.»

«Ich muss vorher nur noch rasch meditieren», sagte ich. Ich meditierte immer noch, erfreulicherweise jetzt ohne Goenka, und bloß zwanzig Minuten am Tag, nicht die verordneten zwei Stunden.

Es hilft.

Eine Stunde später traten wir aus der U-Bahn-Station, und ich sollte nun zum ersten Mal Evelyns Frauenärztin begegnen. Im Warteraum tauchte ich durch verschiedene Erinnerungen an die Kinderwunschklinik und konnte kaum fassen, dass wir nie wieder an diesen grässlichen Ort zurückkehren mussten. Hier hatten sie das gleiche Poster an der Wand – «Das Wunder des Lebens».

«Du vermisst bestimmt das Masturbatorium, oder?», scherzte Evelyn.

«Ich sollte uns *Die Schule der lesbischen Vampire* runterladen.»

Sie tätschelte meine Hand. «Danke, nicht nötig.»

«Ich bin ein bisschen neugierig, wie der Film ausgeht.»

«Sollten wir ihnen irgendwas schicken?», fragte sie. «So als Dankeschön?»

«Der Vampirschule?»

«Der Klinik natürlich.»

«Wir haben ihre monströse Rechnung bezahlt. War das nicht nett genug?»

«War jeden Cent wert.»

Eine Frau rief Evelyns Namen auf, dann waren wir in einem Behandlungszimmer, Evelyn legte sich hin, den entblößten runden Bauch in die Luft gereckt. Ich drückte ihre feuchte Hand, wir grinsten uns an, und ich merkte, dies war einer jener Augenblicke.

Ein Ritus.

Ein Ritual.

Ein Wegzeichen auf einem für sie und mich neuen Pfad, der aber von einem größeren Wir schon reichlich ausgetreten war. So wie ich mit den anderen Meditierenden Schritt zu halten versucht hatte, die auf dem Weg zur Erleuchtung sicher einen großen Vorsprung hatten, so versuchten Evelyn und ich jetzt, die Eltern von Kindern der Lust einzuholen. Die waren nicht darauf eingestellt, dass immer alles schiefgehen konnte, für sie waren solche Momente eher freudig als furchterregend.

Die Ärztin schmierte ihr Zauber-Gel auf Evelyns Bäuchlein und rieb einen ganz speziellen Dildo darüber.

Es begann mit einem Geräusch.

Schnell.

Rasant.

BUM BUM BUM BUM BUM BUM BUM BUM BUM BUM

Sollte es so schnell sein? Hat meins auch mal so schnell geschlagen?

«Ein wunderschöner Herzschlag», sagte die Ärztin auf Deutsch, und ich musste lachen bei der Erinnerung an den Arzt, der glaubte, er habe Evelyns Sprachzentrum permanent verändert.

Linien auf dem Monitor. Die Ärztin drehte an einem Regler, und ein Bild erschien, ein Schneesturm, der aufflackerte und wieder verschwand, als sie ihren Joystick über Evelyns Gebärmutter schob. Das Schneegestöber erinnerte mich an Evelyns Geist, der in meinen Erinnerungen auftauchte und wieder verschwand. Im Auge des Sturms lag ein Gummibärchen. Nein, eine Kaulquappe.

«Und sehen Sie sich nur dieses Herz an», sagte die Ärztin anerkennend, als sähe sie ein Kunstwerk, nach dem sie sich schon lange gesehnt hatte. «Das ist ein wunderschönes Herz. Und wir sollten eigentlich auch erkennen können … Wenn wir bloß … Da haben wir … Jawohl, ein Mädchen», sagte sie und beugte sich vor. «Mit neunzigprozentiger Sicherheit.»

Ich fing an zu weinen. Jetzt hatten wir eine viel größere Auswahl an Namen.

Die Ärztin hielt inne. Wandte sich an mich. «Alles in Ordnung?»

«Ganz und gar nicht», sagte ich. «Aber das ist okay. Machen Sie weiter.»

Ich zog eine Packung Taschentücher aus der Hosentasche. Evelyn weinte auch und drückte meine Hand so fest, als wollte sie sie abbrechen. Ich hob ihre Hand an meinen Mund und küsste ihre Fingerknöchel. Alles war gut. Besser als gut. Unser Bilderbuch-Embryo würde eine Bilderbuch-Tochter werden.

«Kommst du allein nach Hause?», fragte ich Evelyn, als wir wieder auf der Straße standen und Passanten an uns vorbeiliefen, die alle mal ein Fleck auf einem verschneiten Monitor gewesen waren, betrachtet von grinsenden Eltern, die sich an den feuchtkalten Händen hielten.

Ihre Miene sagte: *Echt jetzt?* «Was denkst du, wie schwanger ich schon bin?»

«Okay», sagte ich. «Ich komme nicht so spät.»

«Bring was zu essen mit», sagte sie und stieg die U-Bahn-Treppe hinab.

Ein weiteres Wartezimmer. Teure Möbel. Skandinavisch. Keine

Poster, nur Gemälde – Originale, leuchtend bunte abstrakte Wirbel, die wohl Bergpanoramen darstellen sollten, wie ich beschloss, und sprudelnde Bäche und robuste Menschen, die in der Natur aufblühten. Nur ich allein wartete.

Eine Tür glitt auf.

«Adam», sagte ein gutgekleideter, gepflegter Mann Anfang vierzig. Er erinnerte mich ein wenig an Penfold – aber als Designer-Upgrade. «Willkommen.»

Ich ging hinein. Setzte mich. Schwenkte einmal durch meinen Körper, vom Kopf bis zu den Füßen. Welche Gefühle waren da? Welche Wahrnehmungen? Mit welchen wollte ich mich identifizieren?

Aufregung.

«Was hoffen Sie denn hier zu ergründen?», fragte mein neuer Therapeut.

«Ich möchte lernen, Menschen besser zu lieben», sagte ich und grinste dabei nicht einmal. Es ist überhaupt keine Schande, ein bisschen Hilfe zu brauchen. Manche Dinge tauchen nicht auf, um dann wieder zu verschwinden. Sie schwären im Unterbewussten, schlummern so lange und so tief vergraben, dass man gar nicht mehr von ihrer Existenz weiß, und dass sie beeinflussen, wie man die Welt sieht, sich in der Welt bewegt und wie im Gegenzug die Welt auf einen reagiert. Ich wollte weiter versuchen, an sie heranzukommen, sie zu verstehen, sie herauszufordern, sie an die Oberfläche zu holen – mit Evelyn, mit Freunden, durch so ehrliches Schreiben wie das hier, durch Meditation, durch Therapie und durch Gespräche mit meiner Tochter.

Er nickte fast unmerklich. «Dann fangen wir doch am Anfang an. Erzählen Sie mir von Ihrer Familie», sagte er. «Von Ihrer Kindheit.»

«Meiner Kindheit?» Ich machte es mir in seinem teuren Polstersessel gemütlich. «Ain't it funny how time slips away?»

ENDE